금형사상공 나의 삶 나의 꿈

이 책에 실린 사진은 개인 소장 사진(17, 27, 217, 245, 305, 332쪽)을 제외하고, 모두 금속노조 현대자동차지부가 보유하고 있는 자료 사진을 제공받아 게재한 것입니다.

금형사상공
나의 삶
나의 꿈

정갑득 지음

도서출판 은빛

목 차

책을 묶으며 / 8

제1장 | 삶의 뿌리

- 아버지의 마지막 편지 / 16
- 아버지의 담배 불빛 그리고 트랜지스터라디오 / 20
- 농고(農高) 진학 / 23
- 금서와 시국강연회 / 25
- 첫 직장의 철야 근무 / 28
- 처음 만난 노동조합 / 30
- 나의 '불온사상' 학습기 / 32
- 울산의 6월 민주항쟁 / 35
- 신혼 단칸방, 자식들의 상처 / 37
- 유담보를 안고 울산으로 날아가다 / 42
- 나는 금형사상공이다 / 45

제2장 | 현대 자본의 노동 통제

- 사원 추천제도 / 48
- '똥구르마' 현대차 / 50
- 현장의 군사 문화 / 54
- 선착순 '뺑뺑이 돌리기' 인사고과 / 58
- 회사의 노조 간부 회유 / 60

제3장 | 누가 나를 이 길로 가라 하지 않았네

- 민주노조실천노동자회 결성에 참여하다 / 66
- 4 · 28 연대 투쟁 – 현대중공업노조 탄압에 손을 맞잡다 / 68
- 야만의 시간 / 74
- 우리는 이렇게 산다 / 80
- 성과 분배 투쟁 / 83
  3대 집행부의 과제 / 투쟁의 흐름 / 퇴각 /
  신발 깔창의 고문 공포, 성과 분배 투쟁의 마무리
- 현대차노조 5대 위원장 선거 출마와 패배 / 98
  다시, 현장으로 / 패배의 아픔
- 6대 임원 선거와 집행부 활동 / 101
  새로운 민주노조의 실천적 모범 / '국민과 함께하는 노조'와 7대 임원 선거
- 96~97 노개투 총파업 투쟁 / 107
  철저히 준비한 투쟁 / 논란이 된 경고 파업 / 날치기, 총파업으로 맞서다 /
  신출귀몰한 위원장들 / 승리한 정치 총파업의 파급력
- 민주노총 위원장 출마 그리고 낙선 / 125
- 국가 부도, 1998년 구조조정의 회오리와 그 뒤 / 130
  벼랑 끝으로 몰린 노동자, 민중 / 거침없이 밀어붙인 현대차의 구조조정 /
  굴뚝 농성 / 구조조정의 후유증
- 피폐한 현장, 이계안 사장과 만남 / 143
- 대우자동차 해외 매각 반대 완성차 4사 공동 투쟁 / 150
  투쟁을 결의하다 / 착오, 주관과 객관 / 쓰라림과 교훈
- 산별노조로 한 걸음 한 걸음 / 158
  금속 3 조직 통합 / 금속노조 위원장 당선과 활동 / 울산 촌놈, 서울 생활
- 쌍용차 투쟁 / 168
  누가 쌍용차 노동자를 투쟁으로 내몰았나 / 보급 투쟁 / 국가폭력 /
  33명이 삶을 포기했다

제4장 | 징역살이, 갇힌 삶

- 나의 대학 / 180
- 대용감방(代用監房)의 칼잠 / 182
- 주례구치소, 단면과 일상 / 186
- 전주교도소 가는 길 / 192
- 감방 동지 그리고 생활 수칙 / 194
- 못난이 사과 먹기 / 197
- '졸대 위협'과 구더기 / 200
- 순천교도소, 문어 다리와 적응력 / 205
- 겨울나기와 칼 만들기 / 210
- 고의로 형량 늘리기, 국가보안법 위반 / 213
- 파랑새가 되어 날아가고 싶었던 날 / 215
- 영등포구치소에 갇힌 군상(群像)들 / 220

제5장 | 사람, 참사람

- 임동식 / 228
- 서영호 열사 / 231
- 양봉수 열사 / 234
- 정재성 동지 / 239
- 별이 된 최경철 동지 / 241
- 반장 조동래 / 242
- 변하지 않은 우정, 이상락 / 244

제6장 | 잔상(殘像)과 단상(斷想)

- 두려움, 안타까움 그 뒤의 희망 / 248
- 노동자가 정치 세력화에 나서야 하는 까닭 / 250
- 내 인생 최고의 오류, 광고비 사건 / 254
- 16.9퍼센트 비정규직 합의는 올바른 판단이 아니었다 / 256
- 금형사상공이 생각했던 세상과 현실 / 260
- 노동운동의 미래를 다시 세우는 길, '양극화 극복' / 262
- 국무위원도 정보기관의 감시를 받고 있었다 / 269
- 정부의 행정 관료가 자본에 포섭돼 있다 / 270
- 민주노동당 국회의원 출마, 낙선 / 271
- 민주노동당의 실패를 교훈 삼아 민주노총 중심의 대안 만들어야 / 273
- 무엇을 목표로 할 것인가 / 276
- 진실보다 다수의 인식이 여론이다? / 278
- 올바른 노동조합 활동 / 280
- 똑똑한 자가 세상을 주도한다, 노동대학원 설립 / 287
- 티뷰론 축제 / 292
- 서울역을 지나며 생각한 선전·홍보 / 294
- 노동조합은 무엇을 해야 하나 – 고르바초프, 오바마의 의견을 읽으며 / 298
- 노동조합을 할 수 있는 권리 / 303
- 일반직, 관리직들은 지금까지의 선택을 뒤돌아보아야 할 때다 / 308
- 재벌의 여론 조성과 언론 통제 / 313
- 노동조합에서 정파란 무엇인가 / 315
- 노사 관계는 무엇인가 / 318
- 기존 질서의 파괴 없이는 새로운 질서를 만들 수 없다 / 322

글을 닫으며 / 330

책을 묶으며

"기록하지 않는 역사는 사라진다" 10여 년 전부터 박태주 박사에게 금형사상공(金型仕上工)1)으로 노동운동을 하며 살아온 34년의 삶을 기록으로 남기자는 말을 귀에 못이 박이도록 들었다. 정년퇴직 후 4년여 가까이 엄두도 내지 못하고 망설이다 결국 그의 집요한 채근에 글을 쓰게 됐다. 먼저 글을 쓰기까지 계속 독려하며 지지해준 박 선배에게 감사드린다.

나는 1984년 울산 현대자동차에 입사했다. 울산은 20개 가까운 현대 계열사가 몰려 있어 '현대왕국'이라 불리었다. 당시 현대자동차뿐만 아니라 '현대왕국' 어느 곳에도 노동조합은 없었다. '현대왕국'에 노동조합이 만들어진 것은 1987년 6월 항쟁 이후다. 6월 항쟁의 불꽃은 노동자 대투쟁으로 이어졌다. 그해 7월 5일 당시 현대엔진(현 현대중공업 엔진사업부)을 시작으로 삽시간에 '현대왕국' 계열사 전체로 노동조합 설립의 열기가 확산했다. 현대자동차는 7월 28일 노동조합의 깃발을 올렸다.

---

1) 금형(금속 틀)을 연마하고 다듬으며 미세하게 수정하는 작업을 하는 노동자. 기능에 대한 자부심이 크다.

이에 현대계열사 회사 측은 어용노조를 앞세우거나 민주노조 설립을 주도한 노동자들을 온갖 트집을 잡아 고소·고발하고 해고를 남발했다. 이에 맞서 현대자동차와 현대중공업을 비롯한 현대계열사 노동자들은 어용노조를 해체하고 스스로 만든 민주노조를 지키기 위해 대규모 파업·농성을 전개했다. 87년 7·8월 울산 노동자 대투쟁이 일어난 것이다. 돌이켜보면 새로운 시대의 출발이었다. 노조 없던 현장이 노조 있는 현장으로 바뀌었다.

우리 세대 남성들이 직장을 다니는 가장 큰 이유는 처자식을 먹여 살리고 행복하게 살기 위한 것이다. 그러나 87년 당시 직장생활은 저임금에 장시간 노동은 물론이고 온갖 부당함이 횡행했다. 이러한 현실을 인식하고 개선해야 한다는 응축된 갈구가 노동조합으로 분출된 것이다.

노동조합이 설립되자 회사 측은 물리력으로 제압하려 했다. 출퇴근 유인물을 배포할 때 시비를 걸어 폭력을 행사하는 등 노동조합을 와해하려 온갖 방법을 동원했다. 회사 측과 충돌이 있을 때마다 두들겨 맞는 쪽은 우리 조합원들인데도 병원에서 발부한 진단서의 치료 기간은 항상 회사 측이 몇 배나 길었다. 새삼 자본의 힘을 깨달을 수 있었다.

　1993년 5월 발표한 울산 지방 노동사무소 국감 자료에 의하면 1992년 2월 현대자동차는 법규부를 만들었다. 경비과 260명, 법규과 60명, 송부과 5명 등 총 326명은 노동조합의 일거수일투족을 샅샅이 사찰했다. 유인물 배포나 각종 집회 현장을 촬영하고 구호나 연설 내용을 낱낱이 기록했다. 태권도, 유도 등 전 국가대표 선수를 포함한 무술 유단자를 기동타격대로 구성하기도 했다. 사원 1,180명을 사찰해 신상을 비롯해 성향을 분석하고 주요 대화 내용까지 수집했다.

　노동은 모든 사람의 권리이자 의무다. 자신이 일한 만큼 가져가면 세상은 아무런 문제가 없을 것이다. 그러나 다른 사람의 노동을 부당하게 착취해 부를 축적하고 사회를 지배하고 있어 세상이 혼란스럽다. 힘있는 자가 힘없는 자를 억눌러 고통스럽게 하고 힘있는 국가가 힘없는 국가를 침략해 짓밟는다. 세상은 이러한 불평등을 마치 자본주의의 당연한 원리인 양 교육하고 세뇌하고 있다.

부당함을 비판하거나 바로잡겠다고 나서는 사람에게 가해지는 폭력을 정당한 것으로 언론과 사법부를 통해 둔갑시켰다. 힘있는 자들의 공고한 카르텔은 쉽사리 무너지지 않는다. 그러나 우리는 그것을 조금씩 무너뜨려 왔다. 그것이 투쟁의 역사다. 투쟁을 통해 오늘날의 민주주의를 획득했고 인권과 언론 자유와 복지를 현실화하려고 노력했다.

나는 노동조합을 통해 올바른 민주주의를 정착하고 공정한 부의 분배를 실현할 수 있다고 믿었다. 노동운동은 세상을 올바르게 만들어 가는 가장 큰 동력이라는 확신은 지금도 변함없다. 그러한 신념으로 그동안 투쟁을 조직했고 앞장서 왔다.

노동조합 간부, 활동가들은 다른 직원들보다 일찍 출근해 조합원들에게 유인물을 배포한 뒤 늦지 않게 각자의 부서로 달려갔다. 퇴근 후에는 각종 집회나 회의, 학습모임 등을 했다. 그렇게 하루를 보내다 보면 어느새 밤이 깊었다. 당시 활동가 대부분의 일상이다. 뜻을 함께하는 동지들과 부당하고 불평등한 노동환경 개선을 요구하며 끈질기게 저항하며 투쟁했다. 또한 노동법 개악을 저지하고 노동기본권을 확보하기 위해 대정부 투쟁을 했다.

그 대가(代價)로 나는 전주, 순천, 부산, 울산, 서울에서 징역을 살았다. 긴 세월 동안 노동운동을 통해 무엇을 추구했고 무엇을 이루었는지 뒤돌아보면 역사의 장을 넘기는 그 마디마디에 동지들이 죽어갔다. 구속과 수배, 그리고 해고로 가정이 파탄 나서 길거리로 내몰리는 아픔을 겪었다. 그 길을 다시 가라 하면 다시 갈 용기는 나지 않는다. 그러나 열심히 살아왔다며 스스로 위로하게 된다.

나는 조합원들을 위해 희생했다고 생각해 본 적이 없다. 부당한 것을 바로잡아야 한다고 스스로 결단해 걸어온 길일뿐이다. 열심히 일해 번 돈으로 정직하게 가족을 먹여 살렸고 비굴하게 살지 않았다. 전부는 아니지만 하고 싶은 말을 하면서 살았다. 내 국민연금 수령액은 같이 입사해 함께 퇴직한 동료들보다 30여만 원이 적다. 구속과 해고로 인한 것이지만, 오히려 다행으로 여긴다. 혹여 내가 미처 인지하지 못한 채 나의 직위(職位)를 이용해 개인적 이익을 추구한 게 있었다면 매월 30여만 원 부족한 연금으로 갚아나가는 것이라고 생각한다.

천년을 산다는 학처럼 고고하게 살고 싶었다. 뒤돌아보면 내 삶에도 몇 군데의 오류와 깊은 상처가 있다. 이 모든 것을 가감 없이 기록하고자 했다. 글을 쓰면서 기억력의 한계를 실감했다. 2009년 노동조합에서 발행한 현대차노조 20년사를 참조했다. 이 글은 나의 시각으로 기록한 글이다. 당연히 다른 시각이 있을 수 있다.

민주노총이 합법화되기까지 노동조합 활동 관련으로 구속, 해고된 동지가 5천여 명 된다는 자체 통계가 있다. 5천 분의 1에 해당하는, 현대차노조의 수많은 활동가 가운데 극히 일부인 내 삶과 투쟁의 기록이다. 비판받을 일이 있다면 달게 받을 각오다.

현재 소통하고 있지 않은 동지들의 이름은 될 수 있는 대로 실명을 쓰지 않았다. 동지들에게 누(累)가 될 수 있다고 생각했기 때문이다. 나보다 많은 활동과 더 많은 고통을 받은 동지들에게 위로와 함께 미안함을 전한다.

이 글의 대부분은 내 삶의 청춘, 노동조합 활동에 대한 기록이다. 이

글 속에는 노동조합 활동 과정에서 의견 차이를 나타내는 부분이 있다. 누구의 잘잘못은 가리려는 것이 아니다. 다만, 내가 어떤 신념으로 살았고 어떻게 실천했는가를 사실 그대로 쓰고 싶었다. 이를 통해 나로부터 우리가 그리고 우리로부터 내가 사회를 발전시키고 진보의 길에서 승리할 수 있을까 고민했다.

나는 글 쓰는 전문가가 아니다. 투박하고 부족한 글을 읽는 모든 분에게 미리 송구하다는 말씀부터 드린다. 그리고 제 삶을 들여다보는 따뜻한 관심, 격려로 새길 것이다.

| 제1장 |

삶의 뿌리

아버지의 마지막 편지

"계절이 동지를 향하여 달음질친다. 사람의 마음도 초조해지는 것은 아닐가 좀더 가라앉아라. 인생 조금 천천히 살자. 지금 우리가 살고 있는 이 고장 이 나라는 어수선한데 그동안 너희들 별고 없겠지. 이곳도 모두 건강에는 별 탈이 없다. 그런데 요즘 모두들 정신병동에 가야 할 사람들인 것만 같구나. 오늘까지 살아온 내 경험으로는 진실 이외에는 필요충분조건이 없는 것 같은데 별다른 것들을 생각하고 있는 것 같고…… 내가 장자(莊子)가 되어 네게 물어보자. 너 살아왔고 살고 있는데 내일 또한 살아가야지 이 모든 과정을 통하여 추하지 않았나!"
(중략)

"이런 것을 사고하는 소위 이상주의자들을 뭐라고 해야 정확한 표현이 되는가. 장자는 '어리석은 자'라고 부른다. 참으로 우자(愚者)인 것이다. 제발 이런 우자(愚者)의 꿈을 버려라. 또는 양심인 양, 도의적인 양, 정의인 양 입을 떠벌리면서 사람 사람을 배반하는 비굴한 행동은 없는가. 또는 모든 것을 숨겨두고 큰소리 땅땅 치는 교만성은 없는가"
(중략)

1988년 아버님의 마지막 편지. 내가 노동운동에 나선 걸 확인한 아버님은
"정의를 떠벌이면서 사람을 배반하는 비굴한 행동은 없는가를 돌아보라"고 충고하셨다.

"추하고 우(愚)하고 비굴하고 교만한 것이 세상을 지배하는데 여기서 벗어나는 것이 진정한 자유인이며 인간다운 인간일게다."(중략)

"현실에 살고 실현성을 설계한 방향으로 참되게 좁은 길을 가거라. 세상을 궁극적으로 받아들이고 모든 것을 내(內)에 쌓아야 할 것이다. 제발 잘난 것 안 하는 게 좋을 것이다. 참고하라. 토련(손녀)이가 보곱은데 언제쯤 오기 될는지 이만. 十二月 十九日"

아버지께서 1988년 12월 19일 내게 쓰신 유언 같은 마지막 편지다. 아버지는 이 편지를 쓰시고 이듬해 5월 영영 내 곁을 떠나셨다.

아버지께서 편지를 쓰시기 직전인 1988년 10월 나는 노동조합 동료 10여 명과 함께 '해고결사대'라는 이름으로 회사 본관 앞에 관을 짜들고 전한수·윤봉학 동지의 부당해고 철회, 복직을 요구하는 단식농성을 벌였다. 두 동지는 1987년 현대차노조가 만들어진 이후 조합 활동과 관련해 회사 쪽에 의해 일방적으로 해고됐다.

우리는 노동조합 설립 이후 처음으로 9일간 철야 단식농성투쟁을 벌인 끝에 두 동지의 복직 약속을 받아냈다. 이때 '해고결사대', 모두가 삭발까지 했는데 그 모습을 보신 아버지께서 편지를 쓰신 것으로 기억한다.

아버지는 내 사상의 기틀을 잡아주신 분이다. 새벽까지 밤을 새워

아들과 함께 토론하는 다정한 친구이자 스승이고 다른 한편으론 혹독한 비판자이셨다. 아버지의 이 마지막 편지는 이후 내게 끊임없이 각성을 촉구하는 평생의 화두가 됐다.

편지를 읽고 스스로 몇 가지를 다짐했다. 교만하지 말자, 남을 지배하기 위해서가 아니라 모두가 평등한 세상을 만들기 위해 활동하자, 근무 시간에는 열심히 일하자, 진실하게 살자, 불의와 타협하지 말자, 추하게 살지 말자, 가짜가 아닌 진짜로 살자 등이다.

이 다짐들을 제대로 실천했냐고 나 자신에게 물으면 노력했지만 부족한 것이 많았다고 고백할 수밖에 없다. 지금까지 살아온 67년의 세월을 돌이켜보면 올바로 잘 산다는 게 참으로 어려운 일이라고 새삼스레 느낀다. 같이 노동운동을 해오다 권력이나 자본의 힘 앞에 지조와 신념을 저버리고 변절한 몇몇 선후배를 보며 하루 죽 세끼에 만족하는 삶이 마지막까지 지켜야 할 숙명이라고 스스로 다짐하고 있다.

아버지의 담배 불빛 그리고 트랜지스터라디오

나는 1958년 경남 창녕 낙동강 변에 15가구 정도가 사는 자그마한 마을에서 태어났다. 지금은 4대강 정비사업으로 마을 전체가 창녕 합천보 밖으로 옮겨갔다. 창녕 합천보 아래 있는 공원축구장이 내가 살았던 마을이다.

어린 시절의 아버지를 생각하면 늦은 밤 200자 원고지에 파카 만년필로 글을 쓰시던 모습이 아련히 떠오른다. 아버지와 나는 같은 방에서 생활했는데, 아버지가 글을 쓸 때 사각거리는 여린 만년필 소리를 들으며 잠이 들곤 했다. 자다가 밖에 나가 소변을 보고 다시 방에 들어가는데 여닫이문 창호지에 빨간 불빛이 반짝이다 사라지고 또 반짝이다 사라지곤 했다. 방으로 들어가던 발길을 멈추고 한동안 그 불빛을 바라봤다. 아버지의 담배 불빛이다. 그때는 버스 안이나 방 안에서도 담배를 피우던 시절이었다. 아버지는 하루에 담배 두 갑을 피던 애연가셨다. 어머니는 담배 필터를 모아 몇 날 며칠 물을 바꿔가며 담가놨다 몇 개의 베개를 만들어서 사용하셨다. 아버지는 낚시도 즐기셨다.

1919년생인 아버지는 중국 만주 철령에서 17살에 일본으로 유학을 떠나 일본대학 제2중학교(5년제)를 마친 후 일본대학 법문학부 전문부 경제학과(3년제)에 진학해 1944년 졸업했다. 해방 후 경북 성주로 돌아와 교사 생활을 했는데, 1950년 한국전쟁의 좌우 극한 갈등을 피할 수 없었던 것 같다. 우리는 성장하면서 가족의 과거사를 알아서도, 알려고 해도 안 되는 것으로 교육받고 성장했다. 학력도 이 책을 쓰다 서류 뭉치 속에 있던 공무원 인사기록 카드에 적혀 있는 것을 보고 알았다. 이제 일흔을 넘긴 우리 형제들이 아버지에 대해 아는 것은 일본에서 유학하셨다는 것뿐이다.

　아버지에 대한 기억 중 가장 인상적인 것은 트랜지스터라디오를 듣던 모습이다. 아버지는 담뱃갑 두 개 정도 크기의 작은 트랜지스터라디오에 본체보다 몇 배나 큰 배터리를 검은 고무줄로 칭칭 감아 묶어 들고 다니며 라디오를 들으셨다. 고요한 한밤중이나 낚시를 가지 않은 날에는 라디오로 자주 일본 방송을 들으셨다. 아버지는 당시 냉전 체제 분단국가에서 박정희 군사독재 시절 일어났던 각종 시국사건의 전말(顚末)을 정확히 알고 계셨다. 국내 언론은 침묵을 강요받던 시대였으니 일본 방송을 통해 사건의 전모(全貌)를 파악하셨던 것 같다. 아버지는 종종 신문을 보시면서 "너희들은 모르겠지만 세상은 진실이 가려지는 아픔의 시대"라고 말씀하시곤 했다. 시대를 가슴 아파하면서 사셨던 것 같다.

　우리 형제들에게 아버지는 "너희들은 정치, 군인, 경찰 이 세 가지 직업은 가지지 말라"고 가르치셨다. "기술을 배워서 먹고사는 게 가장 행복한 길"이라고 하셨다. 특히 "잘나 보이는 것 하지 마라, 무엇인가 있어 보이지만 아무것도 없는 허상이고 거짓과 위선이다"라고 강조하셨다.

농고(農高) 진학

중학교 2학년 때 아버지는 창녕 이방의 중·고등학교 수학 교사직을 그만두고 대구로 이사했다. 그때까지 우리집이 있던 창녕 마을에는 전기가 들어오지 않았다. 밤이면 호롱불 밑에 온 식구가 옹기종기 모여 앉았다. 호롱에 기름이 떨어지면 10리 밖 면사무소가 있는 시장까지 걸어가 됫병으로 석유를 사 와야 했다.

대구로 이사한 뒤 아버지는 퇴직금을 사기당하고 하시는 일마저 잘 되지 않았다. 하루아침에 우리 가족은 도시 빈민이 됐다. 이후 고등학교 졸업할 때까지 학교에 도시락을 싸간 기억이 없다. 대구로 전학한 뒤론 야간자율학습 때문에 저녁 8시까지 학교에 있었기 때문에 점심과 저녁 모두 도시락이 필요했지만 나는 두 끼를 모두 굶었다.

야간자율학습을 마치고 집에 도착하면 저녁 9시가 지나 몸은 파김치가 됐다. 당시 시내버스 요금이 입석 10원, 좌석 15원이었는데 등교 때는 버스를 타고 하교 때는 이마저도 아껴야 할 형편이었다. 1974년 중학교를 졸업한 후 공립인 대구 농림고등학교 축산과에 진학했다. 상고는 주판알 튀기느라 계산적이고, 공고는 쇠를 깎느라 삭막하니 인간성 지키는 데는 농고가 적합하다는 아버지의 말씀 덕분에 내린 결정이다. 또한 일반 사립 고등학교보다 등록금이 절반밖에 되지 않는 것도 이유였다. 대학은 성적이나 경제적으로 감히 생각도 못했다.

대구농림고 2학년 때 담임선생님을 찾아가 휴학하겠다고 말씀드렸다. 등록금을 매번 제때 내지 못해 추궁당하는 것이 창피했기 때문이다. 담임선생님은 가족관계 등을 살펴보더니 "아버님도 전직 교사셨네, 지금 휴학하면 졸업하기 힘들다. 어렵더라도 조금만 더 참아 보라"고 타일렀다. 이후 등록금을 제때 내지 못했다고 추궁당하는 일은 없었다. 선생님의 배려에 무사히 졸업할 수 있었다. 그때 이원식 선생님의 격려는 지금도 잊을 수 없다.

내가 다니던 대구농림고는 키 큰 순서대로 번호를 정했다. 과목에 따라 2시간의 실습 시간이 있는데 축산과는 소똥, 돼지똥, 닭똥 등을 청소하는 힘든 일이 많아 원활한 작업을 위해 키 큰 학생부터 우선순위를 정했다. 내 번호는 우리 반 63명 중 28번이었다. 내 앞뒤 번호인 27번 조강제와 29번 이상락도 가정형편이 좋지 않았다. 모두 가난이 고통스럽긴 마찬가지지만 이를 벗어나는 방식은 제각기 달랐다. 조강제는 공부를 잘해 서울대에 진학했고 졸업한 뒤 학교 교사직을 하다가 행정고시에 합격해 공무원이 됐다. 이상락은 2학년 때 경제적 이유로 자퇴했다가 검정고시를 거쳐 대학을 졸업한 뒤 신학대학을 나와 목사가 됐다. 나는 고등학교를 졸업하고 군 복무를 마친 뒤 공장 노동자가 돼 노동운동에 뛰어들었다.

금서와 시국강연회

　1977년 고등학교를 졸업하고 1978년 11월 17일 군에 입대했다. 입영 영장을 받고 입대를 기다리던 어느 날 조강제가 찾아와 책 두 권을 내밀었다. 한완상 전 서울대 교수의 『민중과 지식인』과 고(故) 리영희 한양대 교수의 『8억인과의 대화』다. 박정희 군사정권에 의해 금서로 지정된 책이었다. 학교에서 배운 것과 전혀 달라 심장이 요동치는 충격을 받았다.

　이후 조강제는 한완상 교수 초청 강연이 대구 명성예식장에서 열린다며 함께 가자고 했다. 강연 전 150여 명이 손뼉을 치며 통기타 반주에 맞춰 '내게 강 같은 평화'라는 노래를 불렀다. 종교행사를 앞세운 반정부 시국강연회였다. 사회자는 한완상 교수가 당국의 제지로 오지 못했다는 소식을 전했다. 다른 강사가 강단에 섰다. 박정희 대통령을 박정희 씨라고 부르며 서슬 퍼렇던 군사독재정권을 거침없이 비판하는 강사의 모습이 당당해 보였다. 강연을 다 듣고 나올 때 강제는 강당 양옆에 서서 지켜보던 사람들을 가리키며 "저놈들이 중앙정보부[2] 직

---

2) 현재의 국가정보원을 말한다. 국가정보원은 1961년 6월 10일 중앙정보부라는 이름으로 만들어졌으며 1981년 1월 14일 국가안전기획부(안기부)로 변경됐고 1999

원"이라고 귀띔해 줬다. 그리고 그와 시내 술집에서 막걸리를 마셨다. 강제가 거침없이 쏟아내는 박정희 정권의 유신독재에 대한 비판을 들었던 기나긴 11월의 쌀쌀한 밤이었다.

입대 후 다음해 박정희 유신독재 정권이 무너지는 10·26 사건이 일어났다. 민주화의 열망이 들끓었지만, 전두환 신군부는 12·12 쿠데타를 일으키고 집권의 음모를 획책했다. 당시 나는 원주 육군 제1 하사관학교3)에 차출돼 단풍하사4)를 달고 혹독한 훈련을 받고 있었다. 하사관학교에서 후배 기수들은 정규교육을 받지 않고 매일 고강도의 집회시위 진압훈련만 받아야 했다.

이듬해 전두환 정권이 5·18 광주 민주화운동을 무자비하게 총칼로 짓밟고 정국의 전면에 등장했다. 그때 나는 하사관학교를 졸업하고 자대에 배치되어 최전방 철책에서 근무했는데 북한에서 띄워 보낸 전단(일명 삐라)을 주워보며 광주에서 민간인 학살이 자행된 걸 알 수 있었다.

북한의 전단과 대남방송에는 전두환 국가보위비상대책위원회(약칭 국보위) 상임위원장에 대한 비판이 많았는데 철저히 언론이 통제된 철책에서는 이해할 수 없는 내용이었다. 민간인 통제구역 안 철책 근무는 일정 기간 간격을 두고 교대했다. 당시 철책 근무 후에는 1개 중대씩 돌

년 1월 8일부터 현재의 이름을 쓰고 있다.
3) 1951년 창설되어 운영되다 2001년 3월 명칭이 변경되어 현재는 부사관학교로 불린다.
4) 군에서 하사관 후보생이 받는 계급으로 병장보다 높고 하사보다는 낮다.

아가며 삼청교육대 외부 경계근무를 서기도 했다. 아침이면 연병장에서 모였다가 도로 공사 등을 위해 행진하는 모습을 멀리서 바라봤다. 삼청교육대, 이름은 많이 들어 익숙했지만 어떤 교육을 하는지는 몰랐다. 보안상 비밀이었기 때문이다.

시간이 흘러 군 복무기간으로 예정된 33개월에 1주일이나 지나 1981년 7월 제대했다. 전역한 뒤 6개월가량 대구 시립도서관을 드나들며 책을 읽었다. 이때 아버지께서 내게 원했던 삶은 열심히 노동으로 먹고살되 책을 많이 읽어 깊이 사색하고 세상을 내다보며 조용히 사는 것이었다. 아버지는 나에게 『좁은 문』, 『손자병법』, 『노자』, 『장자』, 『백범일지』, 『상대성 원리』, 『불교와 자연과학』, 『수학의 약점』 등의 책들을 사 주기도 하셨다.

하사관학교 졸업 앨범에 담긴 사진이다. 상명하복, 상대제압을 독려하는 군대가 체질적으로 맞지 않았다.

첫 직장의 철야 근무

1982년 부산 국비 직업훈련소에서 다듬질 2급 자격증[5]을 취득하고 이듬해 창원 통일산업에 취업했다. 통일교 자본으로 설립된 통일산업은 벌컨포와 공작기계를 생산했다. 통일산업은 이후 주식회사 통일, 세일중공업, 통일중공업 등으로 몇 번 이름이 변경됐고 현재는 S&T중공업이다. 나는 방위산업체인 이 회사에서 밀링머신 조립공으로 생애 첫 노동자 생활을 시작했다.

당시 이 회사에선 빠듯한 납품 일정을 맞추기 위해 밤샘 철야와 휴일 특근이 잦았다. 아침 8시 출근해 다음 날 아침 8시까지 24시간 긴 시간을 쉬지도 자지도 못하고 일하며 쏟아지는 잠과 피로를 이겨내야 하는 게 큰 고역이었다. 처음 철야와 특근을 했을 때는 밀려오는 피로와 '이렇게 언제까지 버틸 수 있으려나' 하는 막막한 감정을 주체하기 힘들었다. 그래도 결혼한 선배 노동자들은 가족을 책임져야 하므로 잘 버텼다. 철야를 하면 연장에 야간 수당이 더해져 돈이 되기 때문이다.

---

5) 주조나 단조로 만들어진 기계 부품을 깎고 다듬는 작업을 평가하는 자격증. 1991년 기계조립자격증으로 통합되면서 폐지됐다.

밤새 하던 일을 아침 출근자에게 인계하고 퇴근할 때는 회사 식당에서 아침을 먹고 회사 앞 가게에서 소주를 한잔할 때가 많았다. 소주를 마시는 이유는 낮에도 잠을 쉽게 잘 수 있기 때문이다. 이때마다 식도를 타고 온몸을 찌릿하게 적셔주는 알코올의 맛이 달았다. 허름한 한옥 단칸 자취방에 돌아와 연탄불을 살피고 대충 씻은 후 그대로 잠에 곯아떨어졌다. 점심도 거른 채 오후 5시쯤 비몽사몽 일어나 회사 식당에 가 저녁을 먹고 다시 자취방에 돌아오곤 했다. 그제야 정신이 들어 '이렇게 평생을 살아야 하나' 막막함에 빠졌다.

처음 만난 노동조합

1984년 통일산업은 동양기계를 흡수 통합해 주식회사 통일이 됐다. 통일산업은 공작기계, 벌컨포, 소총 등을 생산하는 방위산업체였고 동양기계는 대형자동차 미션을 생산하는 업체였다. 회사 통합 전 통일산업에는 노조가 없었지만, 동양기계에는 한국노총 산하 금속노련에 소속된 노조가 있었다. 회사가 통합되자 기존 동양기계 노동조합이 주식회사 통일노동조합으로 바뀌면서 이전 통일산업에 근무한 노동자들도 자연히 조합원이 됐다.

어느 날 비밀리에 점심 식사를 거부하고 본관 앞에 집합하라는 노조의 지침이 현장에 내려왔다. 점심시간이 되자 관리직 외에는 아무도 식당에 가지 않고 하나둘씩 모두 본관 앞으로 모여들기 시작했다. 본관 2층 사무실에서 밖을 내다보는 사람이 있었는데 한 손에 업무용 노트를 들고 있었다. 여유롭고 당당해 보였다. 노동조합 위원장이라고 했다.

본관 입구에 300~400여 명이 모였다. 작업복 차림의 깡마른 사람이 육성으로 자신을 노조 사무장 '문성현'이라고 소개하며 소리를 질렀다. 기억에 남는 것은 "오늘 점심 식사를 거부해 배는 고프지만 일은 열심히 하자"는 당부였다. 태업이었다. 내가 태어나서 처음으로 노동조합의 단체행동에 참여했다, "이런 것이 노동조합이구나" 하는 것을 깨달았다. 신선한 충격이었다.

그날은 전체 공장에서 잔업 없이 퇴근했다. 퇴근하다 회사 앞길 건너 조그마한 구멍가게에 많은 직원이 모여 점심을 걸러 허기진 속을 빵과 막걸리 등으로 채우고 있었다. 그들이 주고받는 이야기에는 본관 앞에서 집회를 이끌었던 노조 사무장이 서울대 출신이고 회사에서 과장으로 승진시키겠다는데도 거부하고 조합 활동을 한다는 말이 있었다. 후일 노동운동의 대열 안에서 선후배로, 동지로 인연을 맺은 문성현 선배를 그렇게 만난 것이다. 저러다가 잡혀갈지도 모른다는 걱정도 있었다. 전두환 군사독재 시절이었다.

한 달 후 현장에서 노동조합 대의원을 선출한다고 했다. 그때만 해도 나는 노동조합 대의원이 어떤 역할을 하는지 몰랐다. 대의원 후보 추천 용지가 나돌기 시작하던 1984년 11월 나는 울산 현대자동차로 이직했다. 청송 친구와 급여를 비교해 보니 현대자동차가 더 많았기 때문이다.

나의 '불온사상' 학습기

통일산업에 근무하면서 시간 날 때마다 앨빈 토플러의 『제3의 물결』, 에리히 프롬의 『건전한 사회』, 캘빈 홀의 『프로이트 심리학 입문』 등 책을 읽었다. 또 일본인 학자 고이즈미 신조우가 쓴 『공산주의 비판의 상식』(김화규 역, 1984, 도서출판 선지사)이라는 번역서도 읽었다. 당시 사회주의나 공산주의 관련 이념 서적 대부분이 금서였다. 그러나 『공산주의 비판의 상식』은 공산주의 이론을 조목조목 비판한 책으로 금서가 아니었다.

역설적으로 나는 『공산주의 비판의 상식』을 통해 공산주의와 사회주의에 관심을 두고 그 이론을 이해할 수 있었다. 고이즈미 신조우가 마르크스와 사회주의, 계급과 민족, 착취, 공산당 선언, 임금 인상 결과 등을 하나하나 나열하며 비판한 이론은 당시 스물다섯 살 젊은 노동자의 심장을 뛰게 했다. 그때 밑줄 쳐가며 인상 깊게 읽었던 내용 가운데 하나다.

"지금 자본가에 고용되고 있는 노동자가 그 노동에 의하여 자기 노동력의 가치와 같은 정도의 가치를 산출한 경우에는 --- 즉 좀 구체적으로 말하자면, 노동자나 그의 가족의 생활자료를 만들기 위하여 가령 N시간의 노동을 필요로 하는 경우, 그 노동자가 꼭 N시간만 노동을 하여 그만둔다고 한다면 --- 틀림없이 한편에서 소모(消耗)한 만큼의 가치가 타면에서 만들어질 것이다. 거기에는 어떠한 가치증감(價値增減)이 생기지 않으나 만약에 이런 경우에 앞의 자본가가 노동자에게 N+m 시간의 노동을 시킨다고 한다면 거기에는 m시간의 노동에 의한 가치의 증가가 생긴다. 이것이 바로 마르크스가 말하는 잉여가치(剩餘價値)이며, 이것이 자본가의 자본에 대한 이윤(利潤)이 되는 것이다.

이런 의미에서는 이윤은 착취의 결과이고, 생산수단(生産手段)이나 생활자료가 이 착취의 수단이 될 때에 비로소 자본이 된다."

이런 글을 읽으면서 여기에 무슨 문제가 있다는 것인지 이해할 수 없었다. 오히려 이 글을 비판한 내용이 잘못된 것 같다는 생각이 들었다. 나는 이 책을 통해 사회 현실에 대해 많은 것을 깨닫고 눈떴다. 금서를 읽으면 국가보안법으로 사법 처리가 되던 시절, 금서를 비판한 책을 통해 내가 사는 이 땅의 현실을 알아갔다. 이후에도 고이즈미 신죠우의 『칼 마르크스 그 이론과 실제』라는 번역서를 읽으며 마르크스 이론을 공부했다.

"계획자, 운동 분석자, 혹은 과학적 관리자들이 노동자로부터 자유롭게 생각하고 활동할 자유를 점점 더 빼앗아감에 따라 노동은 더욱 반복적이고 무사고(無思考)적으로 되어가고 있다. 생활은 부정되고 통제의 필요성, 독창성, 호기심, 자주적인 사고(思考) 등은 거부되고 있다.

그 결과 필연적으로 노동자의 생활은 도피, 싸움, 무관심, 파괴행위, 심리적 위축현상을 띠게 된다."(J. J. Gillespie, Free Expression in Industry, The Pilot Press, 1948.) (중략)

인간은 함께 일한다. 수천 명의 인간들이 자동차, 지하철, 버스 혹은 기차를 타고 와서 물밀듯이 공장으로 사무실로 들어간다. 그리고 그들은 전문가들이 측정해 놓은 리듬에 따라, 전문가들이 고안해낸 방법에 따라 너무 빠르지도 않고 너무 느리지도 않게 다같이 큰 전체의 한 부분이 되어 함께 일한다. 저녁이 되면 이들은 거꾸로 흘러간다. 조직이라는 사닥다리의 꼭대기에 있는 사람이나 바닥에 있는 사람이나, 머리가 좋은 사람이나 우둔한 사람이나 교육을 많이 받은 사람이나 교육을 별로 받지 않은 사람이나, 그들은 모두 같은 신문을 읽고, 같은 방송을 듣고 영화를 본다. 의문의 여지 없이 일제히 보조를 맞추어 생산하고 소비하고 함께 즐긴다. 이것이 바로 생활의 리듬이다. 그렇다면, 우리의 사회는 어떤 인간을 필요로 하는가?" 『건전한 사회』에리히 프롬 / 김병익 역 / 1982 / 범우사)

당시 이런 글들은 나에게 충격적이었다. 평생 처음 보는 글들이 내 마음을 흔들었다. 알고 싶은 게 많아졌지만, 공장에 매여 있는 처지에 좋은 책을 접할 기회가 많지 않았다. 당시는 길거리 손수레에 넓은 합판을 얹어 그 위에 여러 가지 책들을 촘촘하게 꽂아 장사하는 사람들이 있었다. 책 한 권에 보통 1,000원이나 1,500원에 팔았다. 내가 읽었던 앨빈 토플러의『제3의 물결』등 대부분 책은 이런 손수레에서 구매한 것이다.

울산의 6월 민주항쟁

1987년 1월 14일 서울 남영동 치안본부 대공분실에서 서울대 학생 박종철이 고문을 받다가 숨지는 사건이 발생했다. 6월 10일 '박종철 고문살인 조작 은폐 및 호헌철폐 국민대회'를 하루 앞두고 연세대 앞에선 이한열 학생이 경찰이 쏜 최루탄에 맞아 숨지기도 했다. 그해 연초부터 전국 곳곳에서 전두환 군사독재정권에 맞서 반정부 집회와 시위가 잇따랐고 민주화에 대한 국민의 요구는 높아갔다. 나는 퇴근한 뒤 부서 동료나 입사 동기들을 설득해 거의 모든 집회에 참여했다. 집회·시위에 한 번 참여했던 동료들 대부분은 부담스러워했다.

울산에서 6월 항쟁 집회나 시위는 당시 주리원백화점(현 뉴코아아울렛)이나 신정동, 태화로타리 등에서 진행하고 시청 방향으로 거리행진도 했다. 거리행진 때는 참여한 군중이 모두 "전두환은 물러가라. 좋다~ 좋다~"라며 '홀라 송'을 제창(齊唱)하고 "호헌철폐, 독재타도"를 외쳤다. 이에 맞서 경찰은 최루탄을 쏘며 행진이나 시위를 막으려 다급히 움직였다.

나는 시위 현장에 뿌려지는 유인물을 주워 속주머니에 넣어두었다가 다음날 출근해 화장실 문 안쪽에 붙여놓고 많은 동료가 읽을 수 있도록 했다. 회사는 청소하는 분들을 다그쳐 유인물 제거에 급급했다.

집회·시위 현장에서 참여 군중과 경찰 사이의 대립이 갈수록 격해졌다. 경찰은 나날이 강경해졌고 시민들은 격렬하게 저항했다. 이 과정에서 시내 번영교 앞에 세워둔 닭장차[6]라 불렀던 경찰버스가 불태워지고 버스 안에 있던 SY-44 최루탄[7] 박스가 태화강에 버려지는 일도 있었다. 경찰은 옛 주리원백화점 앞 도로에 누워 평화적인 시위를 하고 있던 시민들에게 위험천만하게 최루탄을 쐈다. 인근 상인들은 눈가에 묻은 최루 가루를 씻어내고 마실 수 있게 물을 건네며 시위대를 응원했다.

6월 18일 전국 16개 도시에서 시민과 학생 150여만 명이 거리시위에 참여했다. 6월 26일 국민평화대행진에는 130만여 명이 한꺼번에 길거리로 쏟아져 나와 6월 항쟁의 절정을 이뤘다. 결국 전두환 군사정권은 6·29선언을 통해 개헌을 발표하고 국민에게 굴복했다.

---

6) 당시 경찰버스를 닭장차로 불렀던 이유는 버스 유리창마다 닭장처럼 철망을 씌었기 때문이다.
7) 우리나라에서 1980년대 시위 진압을 위해 사용된 최루탄의 하나. 총에 장착해 발사됐으며 45도 이상 공중 발사하도록 규정돼 있었으나 직격 발사로 생명을 앗아가는 사건이 일어나기도 했다. 대표적으로 1987년 6월 9일 연세대생 이한열이 SY-44 직격 최루탄에 머리를 맞아 숨졌다.

신혼 단칸방, 자식들의 상처

나는 1985년 결혼했다. 신혼집은 작은 여닫이 바깥문을 열고 좁은 부엌을 지나 다시 자그마한 미닫이문을 열고 허리를 굽혀 들어가야 하는 단칸방이었다. 2년 뒤 1987년 4월, 그 방에서 첫딸을 낳았다. 부엌엔 연탄 아궁이와 조그마한 석유곤로[8]가 있고 이사할 때 입사 동기 윤식이가 만들어준 폭 20여 센티 길이 60여 센티의 선반이 시멘트 블록 벽에 붙어 있을 뿐이었다. 선반 위에 놓인 그릇 몇 개, 수저 몇 벌, 양은 냄비 몇 개가 주방용품의 전부였다. 동료 노동자들 대부분이 거의 다 그렇게 살았다.

여름에 퇴근해 좁은 부엌 모서리에 옷을 벗고 쪼그리고 앉아 물 몇 바가지를 뒤집어쓰는 것이 온종일 뒤집어쓴 먼지를 씻어내는 방법이었다. 휴일이면 동네 공중목욕탕에 모두 모여들었다. 돌잔치나 손님이 오면 옆집에서 그릇이나 밥상을 서로 빌려 쓰곤 했다. 생활용품을 서로 빌리고 빌려주는 일종의 품앗이, 공동체 생활을 통해 부족함을

---

[8] 1960년에서 1970년대에 걸쳐 널리 사용된 조리기구. 1980년대 이후 가스레인지와 전자레인지가 보급되면서 사용이 점차 줄어들었으나 일반 서민층에게는 여전히 중요한 조리기구였다.

채워야 했다.

 노동조합 활동의 나날은 자식들의 마음에 크고 작은 흠집을 낸 듯하다. 둘째 녀석 근이는 100일도 되지 않을 때부터 아빠가 수배돼 도망 다니는 가운데 성장했다. 군 복무 시절, 일요일에 내무반에서 TV를 보는데 뉴스에서 아버지가 연행되는 장면이 나왔다. 누구에게 이야기도 못 하고 마음고생이 심했다고 했다. 아마 내가 금속노조[9] 위원장으로 있을 때 경기도 포천에서 서울시경 광역 특별수사대에 의해 체포돼 영등포경찰서로 이송되는 장면을 봤을 것이다.

 첫째인 딸 련이는 건축설계를 전공했는데 일 년 휴학 때 선배가 소개해 경기도 파주 건축현장에서 8개월여 레미콘의 강도를 측정하는 일을 했다. 그때 회사 과장이 이력서를 보고는 아버님이 현대자동차에서 노동조합 활동하시냐고 물어 그렇다고 답했다고 한다. 그러자 과장은 자신이 의무경찰로 군 복무 시절 노개투[10] 때 울산에 파견돼 너희 아버님을 검거하려고 했다는 이야기를 전했다. 과장은 "애를 썼

---

[9] 전국금속노동조합의 약칭이다. 영문 표기는 Korean Metal Workers' Union (약호는 KMWU)이다. 금속노조는 2001년 2월 108개 사업장에 3만여 명의 조합원으로 출발했다. 출범 당시에는 중소기업, 하청업체 노동조합들을(이) 중심이었으며 그 외 대기업·대공장 노동조합은 전국금속산업노동조합연맹에 속해 있었다. 이후 2006년 현대자동차, 기아, GM대우(현 한국GM), 쌍용자동차 4개 완성차를 비롯하여 대다수 대공장 노동조합이 조합원총회를 통해 금속노조에 가입하면서 산별노조로의 전환이 마무리됐다.
[10] 1996~1997년 노동법개정투쟁을 말한다. 노동법 개악을 막고, 재개정을 요구하는 노동계의 전국적 총파업투쟁이 전개되었다.

지만 너무나 신출귀몰 도망을 잘 다녀 결국 체포하지 못했다"고 하는데 딸아이는 속으로 '에고~ 에고~'했다고 한다. 이 소리를 듣고 나는 웃어야 할지 울어야 할지 몰랐다.

딸아이는 같은 대학 건축과 친구가 좋은 일이 있어 자기가 한턱낸다고 해 식사했던 이야기도 했다. 그때 딸아이가 좋은 일이 뭐냐고 물으니 택시 운전을 하는 아버지가 노동조합 선거에 출마해 위원장에 당선됐다고 했다. 조합원이 몇 명이냐고 물었더니 100여 명 된다고 했는데, 딸아이는 아무 말도 안 했다 한다. 내가 15만 금속노조 위원장으로 있을 때였다.

1987년 6월 항쟁 때의 일도 떠오른다. 런이가 태어난 지 두 달밖에 안 됐을 때다. 하루는 시위에 참여하고 귀가해 방에 들어갔는데 런이가 울고불고 자지러졌다. 옷에 묻은 최루 가루가 자극한 것이다. 세심하지 않았던 그날이 자식들에게 안겨 줬을 여러 흠집과 반추되어 새삼스럽다. 그때 이후 집회 참석하는 날은 집에 들어가기 전 옷을 깨끗이 털었고 단칸방에 들어갈 때는 옷을 부엌에 벗어 두고 들어갔다. 그때의 무심함이 마음 아프다.

1990년 4·28 투쟁으로 구속됐다. 91년 6월 전주교도소에서 만기 출소했을 때도 눈에 선하다. 울산 집에 들어섰는데 근이와 3살 된 런이가 엄마 뒤로 숨었다. 근이는 백일도 첫 생일도 챙겨 주지 못했는데 걸어서 뛰어다녔다. 아내에게 미안했다. 어린 아들딸 키우며 옥바라지와 가족 투쟁하는 모습이 눈에 밟혔다.

 1992년 성과 분배 투쟁으로 구속됐을 때의 가족을 생각하면 그저 먹먹하기만 하다. 당시 노동조합 업무 대부분이 마비되고 구속자와 해고자 생계비도 중단됐다. 당연히 우리 가족은 생계가 곤란했다. 어쩔 수 없이 우리 가족은 대구 누나 집에서 살았다. 누나가 잘해줬지만, 더부살이 처지에서 눈칫밥을 먹어야 했다. 당시 가족이 대구에 있다는 소식을 듣고 노동운동을 계속해야 하는가 고민이 많았지만, 선택의 여지는 없었다. 가끔 아내는 당시 대구에서 찍었다는 사진을 내밀며 힘들었다고 했다. 지금도 아내가 내민 사진 속 어린 두 자식의 모습을 보면 콧날이 시큰하다.

현대자동차노조 초대 위원장 선거

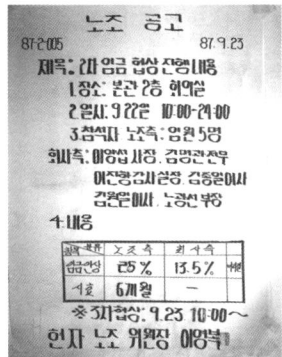
87노조 공고

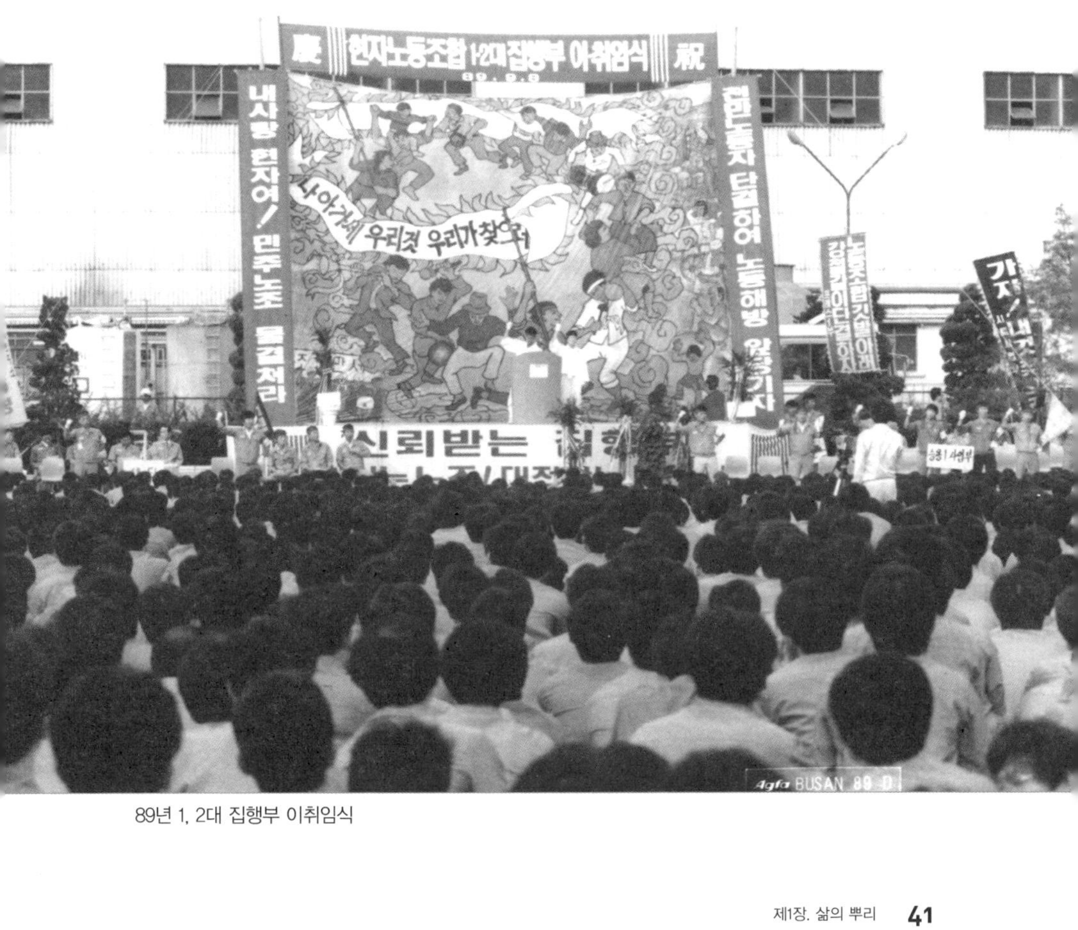

89년 1, 2대 집행부 이취임식

제1장. 삶의 뿌리

유담보[11]를 안고 울산으로 날아가다

　순천교도소에 있을 때는 가끔 울산으로 날아가는 꿈을 꿨다. 어느 추운 겨울날, 같은 사동에 있다가 출소하는 동지로부터 낡은 유담보 하나를 선물 받았다. 유담보는 양철 물통이나 고무로 만든 물주머니다. 따뜻한 물을 넣으면 몸을 따뜻하게 할 수 있다. 잠잘 때 안고 자는 것이다. 긴 복도 중앙에 교도관이 근무하는 곳에 책걸상과 3구 연탄난로가 있다. 난로 위에 물통이나 주전자로 항상 물을 데우고 있는데 가끔 우호적인 교도관이 낮은 목소리로 유담보를 달라고 해 물을 채워줬다. 일반수들이 형평성 문제를 제기하기 때문에 자주 채워주지는 못하고 추운 날 가끔 눈치를 보며 몰래 채워줬다.

　유담보에 따뜻한 물이 채워지는 날은 천하를 얻은 기분이었다. 보온을 위해 유담보를 여러 장의 수건으로 돌돌 말아 싸고 모포로 또 싸고 싸서 고이 간직하다 책 읽는 시간이 지나면 풀어서 안고 잤다. 훈훈한 온기에 온몸이 사르르 녹았다. 세포 하나하나가 풀리는 듯했다. 행복했다. 천하가 부럽지 않았다. 물이 식을 때까지 모처럼 포근한 잠을

---

11) 보온 물주머니를 말하는 일본어다.

갔다. 그런 날은 어김없이 꿈속에서 가족이 있는 울산으로 날아갔다. 내가 안아 주어야 할 딸과 아들, 아내가 그리웠다.

1996년 12월 노개투를 준비할 때도 아린 기억이 있다. 현장에서 투쟁 준비를 거의 마무리하고 집안 정리를 했다. 베란다에 비가 새지 않도록 보수하고 집 안 구석구석을 손질했다. 보고 있던 책들도 책꽂이에 가지런히 정리하고 없애야 할 메모지나 자료들도 말끔히 치웠다. 이런 내 모습을 보더니 아내가 한마디 툭 던졌다. "해 달라고 할 때는 않더니만 또 갈 준비 하나 보네." 기억이 잘 나지 않는데, 아내는 내가 감옥에 가기 전에는 반드시 연탄 창고를 수리하고 책 정리를 하더라고 했다. 그때마다 아내는 또 감옥 갈 준비한다고 짐작했다니 미안함에 콧날이 시큰했다. 정리를 마치고 나니 이번이 3번째 징역이 되겠구나 싶었다.

1998년 나는 전직 위원장 이헌구, 윤성근과 함께 외환위기 구조조정에 맞서 34일간 약 90여 미터 굴뚝 중간쯤에서 고공농성을 했다. 그때 도르래로 가족들이 가져온 갈아입을 옷을 올리고 세탁물은 내려보냈다. 갈아입을 옷 속에 항상 쪽지가 담겨 있었다. 내용은 안부를 묻고 근황을 전하는 싱거운 거였지만, 그 쪽지를 몇 번이고 읽고 또 읽었다. 쪽지는 우리 가족의 소통 방식이었다. 위에서 아내와 어린 아들딸을 내려다보면 어느 때보다 먹먹했다.

손녀 채안이를 안고 친정에 들러 자서전을 쓰고 있는 나를 보고 간

련이가 메일을 보내왔다. 메일에서 련이는 자식을 낳아 길러보니까 이렇게 예쁘고 행복한데, 아빠는 사랑하는 처자식을 떠나 한평생 무엇을 추구했는지 이제는 알고 싶다며 도울 일이 있다면 돕겠다고 쓰여 있었다. 그리고 꼭 읽어보고 싶다고 했다. 딸과 아들은 밖에서 아빠 이야기를 철저하게 비밀로 숨기며 살아왔다. 그만큼 마음의 상처가 아팠기 때문일 것이다.

나는 금형사상공이다

나는 금형사상공이라는 일을 사랑했다. 어느 때 어느 자리에 있거나 나는 금형사상공이었다. 그 이하도 그 이상도 아니라는 생각을 버린 적이 없다. 노동조합의 내 직책은 나의 것이 아니고 나를 선택한 조합원들의 것이다. 맡겨진 역할과 임무가 끝나면 금형사상공으로 돌아갔다. 물론 구속, 수배, 해고 등으로 일터에 돌아가지 못할 때도 있었다. 돌아간 일터는 나를 항상 평안하게 했다. 한 가지 아쉬운 것은 금형사상공으로서 최고의 경지에 이르지 못한 것이다.

금형은 어떤 희열에 취하게 하는 마력이 있다. 문제점을 하나하나 해결할 때의 짜릿함은 그 일을 해본 금형사상공만이 알 수 있다. 금형쟁이가 느낄 수 있는 자부심이고 가슴 벅참이다. 금형쟁이로 열심히 살아가며 주변의 모든 것이 올바로 작동되는 세상이 왔으면 좋겠다고 생각했다. 금형쟁이가 세상을 바꾸겠다고 나서지 않아도 되는 정직한 세상이 동지들과 내가 꿈꿔온 세상이다.

91년 성과 분배 투쟁으로 해고됐다가 1993년 7월 23일 임금협상안이 조합원총회에서 통과되고 재입사 형식으로 복직돼 금형부에 출근했다. 감방에서 철문에 난 그라인더 자국을 보며 그리워했던 그라인더를 다시 잡았다. 3년 전 내가 쓰던 개인 공구통을 조합원들이 잘 보관하고 있었다. 고마웠다. 열쇠가 없어 그라인더로 자물쇠를 자르고 공구통을 열었는데 콧날이 시큰했다.

공구는 3년 전 그 모습 그대로였다. 마치 오랜 친구가 반기는 듯했다. 공구통에서 풍겨 나오는 기름 냄새가 온몸을 촉촉이 적시는 것만 같았다. 공구의 방청유 향기가 맛있는 음식 냄새에 코를 벌렁벌렁하게 하듯 좋았다. 수배와 구속, 법정투쟁을 거쳐 울산, 부산, 전주, 순천을 돌며 징역살이했던 시간이 주마등처럼 흘러갔다. 3년 만에 실형 전과 2범으로 다시 사상 2반 2조로 금형사상공의 자리로 돌아갔을 때다.

6대 위원장 임기가 끝난 다음 날 금형사상공으로 현장에 돌아갔다. 기계 소리, 그라인더 소리가 가득하고 이따금 용접 불꽃이 주위를 환하게 비추는 나의 일터, 그곳이 마음 편한 고향 같았다. 예전과 같이 공구통은 나를 기다리고 있었다. 부서 조합원들은 내가 매번 구속됐다가 석방되거나 해고됐다 복직할 때, 그리고 위원장 임기를 마치고 현장으로 돌아올 때마다 조촐한 환영식을 열어주었다.

| 제2장 |

현대 자본의 노동 통제

사원추천제도

1984년 당시 현대자동차에는 현장 생산직 사원을 모집할 때 사원추천제도가 있었다. 나보다 먼저 현대자동차에 입사한 청송 출신 친구인 조동래에게 이력서를 보냈더니 같은 부서 위진동 대리에게 부탁해 추천해줬다.

이력서를 제출하고 한 달 뒤 현대차로부터 입사 시험을 보라는 통보를 받았다. 간단한 필기시험과 면접을 치렀다. 입사 시험을 본 뒤 연락이 없어 포기했는데, 두 달이 지나 합격했다며 사흘 뒤 출근하라는 통보가 왔다. 통보를 받자마자 주식회사 통일에 사직서를 냈다. 대구 집에 가서 필요한 서류를 챙기고 창원 자취방 정리와 동료들과 이별주를 마시는 등 빠르게 움직였다. 한 손엔 이불 보퉁이 또 다른 한 손엔 책보자기를 챙겨 든 채 시외버스를 타고 울산으로 향했다. 조동래는 형님이 사는 아파트에 살았다. 나는 조동래의 소개로 같은 단지 내 15평 아파트 두 칸짜리 방 가운데 한 칸을 월세로 얻었다. 집주인도 현대자동차에 다녔다. 집에서는 잠만 자고 밥은 회사 독신자 기숙사 식당에서 해결했다.

앞에서 밝혔듯이 입사 당시 현대자동차에는 노동조합이 없었다. 노동조합은 1987년 6월 항쟁 이후 활화산처럼 타올랐던 노동자 대투쟁의 한가운데에서 만들어졌다. 나는 통일산업에서의 신선한 충격이 있어 노조에 대해 호감이 있었다. 당연히 노조가 만들어질 때부터 적극적으로 활동했다. 회사는 노동조합을 무력화하기 위해 조합 활동을 열심히 하는 사원의 추천인을 불러 추궁했다. 나를 추천한 친구 동래와 위진동 대리도 사무실에 불려가는 일이 잦았다. 명백한 부당노동행위이지만 회사의 추궁은 계속 이어졌다. 나 때문에 곤혹스러웠을 그들에게 늘 미안했다.

'똥구르마'[12] 현대차

현대차에서 나는 치공구부 금형사상공으로 배치받았다. 당시 현대자동차 노동자들은 회사를 '현대 똥구르마'라고 불렀다. 자기가 다니는 회사가 썩 좋은 회사가 아니라는 생각 때문이다. 이 때문에 어떤 동료는 두 번이나 입사와 퇴사를 반복하기도 했다.

현장 분위기는 딱딱하고 살벌하기까지 했다. 회사 경비들은 출근하는 노동자들을 임의로 세워놓고 머리카락 길이를 문제 삼아 규정 위반이라며 바리캉[13]으로 밀어버리기도 했다. 이를 거부하면 회사에 아예 출입조차 할 수 없었다.

머리가 길고 짧다는 판단의 객관적인 기준이나 근거는 무엇일까. 회사는 머리가 귀까지 내려와선 안 되고 앞머리 길이는 어떻고, 뒷머리 길이는 어떻고 등의 규정을 내세웠지만, 실제 현장에선 경비들의 자의적 판단에 따라 좌우됐다. 군사독재정권의 통제 방식이 산업현장에 횡행했지만 아무도 항변하지 않았다. 아니 못 했다.

---

12) 일본어의 くるま(구루마)에서 음을 따온 말이다. 손수레, 리어카를 말한다.
13) 이발기의 프랑스어로 "bariquand"에서 유래했다 한다.

당시 치공구부(현 프레스금형 기술부) 현장 노동자들은 노란색 안전모를, 사무실 관리직은 흰색 안전모를 썼다. 이를 우리는 '백 바가지'라고 불렀다. 마치 조선 시대에 양반들만 갓을 쓸 수 있었듯 안전모 색깔로 회사 안에서 신분이 구분됐다. 사내식당에서는 칸막이로 관리직과 생산직을 분리해 식사하도록 했다. 관리직 식탁에는 일반 식당에서 흔히 볼 수 있는 고춧가루, 소금, 후추, 종이 티슈 등이 미리 준비돼 있었지만, 생산직 식탁 위에는 아무것도 없었다.

아침 8시 출근해 '잔업', 곧 연장근로 4시간을 더하면 밤 10시가 된다. 만약 저녁 시간에 다른 일이 있어 잔업을 하지 못할 때는 조·반장 눈치를 봐야 했다. 저임금 때문에 잔업은 일상이었다. 그런데 조·반장에게 밉보이면 잔업에서 배제됐다. 생활비를 충당하기 위해는 잔업

90년대초 작업장 모습

몇 개 이상, 특근 몇 개 이상을 한다는 목표를 세우고 일하던 때이다. 믹서기와 아이들 그림책 몇 권도 월부로 사야 했던 시대였다. 이 땅에 사는 노동자 대부분이 당시 같은 수준의 생활을 했을 것이다. 저임금, 장시간 노동을 바탕으로 한 수출 증대가 국가의 기본 경제정책이었기 때문이다.

장시간 노동은 20~30대 젊은 현장 노동자들도 육체적 한계를 느낄 정도로 힘들었다. 점심이나 저녁 식사 시간에는 최대한 빨리 식사를 끝내고 공장 바닥에 빈 종이 상자나 스티로폼을 깔고 쪽잠으로 피로를 풀었다. 겨울철 10분간 휴식 시간에는 햇살이 드는 곳에 쪼그려 앉아 따스한 햇볕을 쬐기도 했다. 난방 장치가 있었지만, 경비 절감을 위해 일정 온도 이하로 내려가야 가동했다. 경유를 연료로 쓰는 대형 온

풍기가 몇 대 있기는 했으나 넓고 높은 공장의 찬 공기를 데우는 데는 역부족이었다.

우리 부서는 한 달에 한 번씩 일주일 주기로 조별로 돌아가며 야간 근무를 했다. 겨울철 야간 근무 때는 손이 곱을 정도로 추웠고 여름에는 대형 선풍기를 틀어야 일을 할 수 있었다. 없는 것보다는 나았지만 선풍기 바람도 뜨거웠다.

우리 부서는 쇠를 깎는 그라인더 소리와 크레인 등 각종 장비의 소음이 심해 항상 귀마개를 하고 작업했다. 그리고 그라인더 작업할 때 뿜어 나오는 쇳가루 분진으로 공기가 탁해 마스크를 썼다. 특히 여름에 마스크를 쓰고 하루 12시간을 버티는 것은 그야말로 고역이었다. 몸속까지 파고든 쇳가루와 땀이 범벅돼 흘러내린 녹물로 속옷이 붉게 젖을 정도였다.

프레스 생산부에서 철판을 성형(成形)하여 금형을 만드는 것이 우리 부서의 업무였다. 금형을 만드는 일은 매우 정교하면서도 힘든 일이다. 그런데도 우리가 만든 금형이 프레스에 매달려 '쿵쿵'거리며 문짝, 후드, 트렁크 등이 찍혀 나오는 것을 보면 보람을 느꼈다. 금형은 집요하면서도 정성을 다해야 하는 일이다. 이 때문에 작업자 대부분이 고집이 세고 자부심이 높았다.

현장의 군사 문화

작업 현장은 2시간 일하고 10분간 휴식을 한다. 화장실 가는 것도 이 시간에만 허용됐다. 근무 시간에 불가피하게 화장실을 이용하려면 화장실 입구 벽에 비치된 목록에 이름과 대·소변 여부, 몇 시 몇 분에 들어갔다가 나왔는지를 빠짐없이 기록해야 했다.

한번은 작업자가 설사로 화장실에 들어가 있는데 부서장이 발로 화장실 문을 쾅쾅 차면서 "근무 시간에 화장실에 왜 있느냐?"고 소리쳐 동료들의 원성을 사기도 했다. 생리현상도 죄가 되고 작업 중 안전사고가 나면 관리자가 눈치채지 않게 상처를 숨기며 해고 등의 불이익을 당할까 봐 전전긍긍해야 했다.

컨베이어 라인에서는 코피를 흘려도 교체해 줄 인원이 없어 화장지로 코를 막고 작업을 계속해야 한다는 이야기도 들렸다. 먹고살기 위해서는 근로기준법, 산업안전보건법 등을 무시해도 눈 감은 채 살아가는 시대였다. 퇴근 후에는 대부분이 술로 분노를 삭이고 무겁게 처진 어깨로 집으로 향하곤 했다.

어떤 때는 부서장이 사무직 직원에게 천장 가까이 설치된 이동 크레인 위에 올라가 작업하는 모습을 비디오로 촬영하게 했다. 그리고 촬영된 동영상을 부서 회의 때 함께 보고 현장 통제 지침을 만들었다. 대부분은 작업자의 유동(流動)이 많다며 금형 주위를 벗어나지 말라는 것이었다. 작업을 위해 용접도 필요하고 공구를 가지러 간다거나 주위를 정리하기 위해 움직여야 하지만 무시되고 현장 통제 지침은 그대로 하달됐다. 또한 이곳저곳에 앉아 있는 작업자를 촬영해 모두 일하지 않고 앉아서 놀고 있다며 추궁했다. 이때 용기 있는 현장 반장이 작업장 전체를 촬영해야 일하는 사람과 쉬고 있는 사람을 판단할 수 있다며 쉬고 있는 사람만 촬영해선 현장 상태를 객관적으로 판단하기 어렵다고 얘기했다 한다. 관리직들이 현장 작업자에 위에 군림하며 통제하던 시절이었다.

노동조합이 만들어지고 강압적이고 비인격적인 행태는 조금씩 사라져갔다. 작업환경도 안전하고 쾌적하게 개선돼갔다. 우리 부서에는 현대자동차 최초로 현장 화장실에 에어컨을 설치하기도 했다. 곧이어 에어컨 화장실이 울산공장 전체에 설치됐다. 타부서 대의원들이 우리 부서 사례를 말하며 요구했기 때문이다.

화장실에 에어컨이 설치될 당시 나는 2대 대의원이었다. 대의원으로서 작업장 안전 등의 개선사항을 설문 조사했다. 그때 무더운 여름에 더워서 화장실 사용이 불편하므로 에어컨을 설치하자는 요구가 나왔다. 부서 대의원들이 토론을 통해 간담회 안건으로 가져갈 것인가를 논의했다. 사실 나는 조금 무리한 요구라고 생각했다. 당시 조합원 대다수는 쪽방에 살고 있었다. 쪽방의 구조는 대부분 여닫이 출입문을 열면 작디작은 부엌이 나오고 그곳을 지나 작은 미닫이문을 통해 방으로 들어가야 했다. 무더운 여름에는 뜨거운 바람이 나는 선풍기 하나로 살아야 했다. 그런데 의외로 부서에서 요구안을 수용해 에어컨을 설치했다. 이때 나는 반성했다. 현실에 순응하고 적응해 아무 생각 없이 살았다는 것을 깨달았다.

학습모임에서 들었던 "파괴 없이는 새로운 것을 건설할 수 없다"라는 창조적 파괴가 어슴푸레 느껴지다 확신으로 다가왔다. 낡은 것을 버리고 새로운 것을 창조한다. 창조적 파괴라는 말을 비판한 보수 학자들의 생각을 알 수 있었다. 그들은 기존의 질서와 형태를 지켜야 하고 우리는 부숴서 새로운 것을 만드는 것이 노동운동이 가야 하는 길이란 것을 깨달은 것이다. 본관이나 현장사무실 화장실에는 에어컨이 설치돼 있다. 그런데 여러 장비에서 뿜어지는 열(熱) 때문에 가마솥 같은 현장 화장실에 에어컨 설치를 하자는 조합원들의 요구를 왜 과도하다고 생각했을까? 우리의 생각이 아니라 다른 생각, 사고방식에 길들어져 있었기 때문이다.

당시 부서장은 이사대우였다. 이사대우로 승진하면 따로 사무실이 주어지고 사무실 문밖에 여비서가 각종 업무를 보좌해주던 시절이다. 기혼인 부서장과 미혼인 여비서는 나이도 많이 차이 나는데 그렇고 그런 사이라는 소문이 자자했다. 회의나 결재 때문에 이사실에 들어

갈 때 다리를 꼬고 앉아서 신문을 보고 있는 여비서에게 가벼운 목례를 하고 들어간다는 말이 현장에 나돌았다. 그 말에 화가 났다. 그러나 어쩔 수 없었다. 단지 화가 난 마음으로 세상을 못마땅하게 볼 뿐이었다. 노동조합이 만들어지고 대의원이 된 뒤 부서 대의원 4명이 함께 이사실에 찾아가 책상을 '쾅쾅' 치며 이 문제를 강하게 항의한 적이 있다. 결국 그 부서장은 이사로 진급 못 하고 회사를 떠나야 했다.

군부독재 시절 모두가 억눌려 있었다. 산업현장에는 화이트칼라, 블루칼라의 구분이 명확했고 지배자와 피지배자의 경계가 뚜렷했다. 억누르고 짓밟는 것이 당연시됐던 시대였다. 그래도 민주화와 더불어, 노동조합의 투쟁으로 권위주의와 차별은 하나하나 깨져 갔다.

선착순 '뺑뺑이 돌리기' 인사고과

하루는 반장이 나를 불렀다. 당시 현장에는 작업장 반마다 철제 책상과 걸상이 있었다. 현장에서 제작한 긴 탁자에 긴 걸상이 양쪽으로 놓여 있었는데, 아침 조회 때나 오전, 오후 10분간 휴식 시간에 쉬는 곳으로 주로 반장이 이용하는 자리였다.

이곳에 반장이 나를 불러놓고 올해는 입사한 지 1년이 안 됐기 때문에 A등급을 주고 싶어도 줄 수 없다고 했다. 당시 나는 A등급이 무엇인지 몰랐다. 반장이 현장 작업자에게 A·B·C 세 등급으로 인사고과를 매기는데, A등급에게는 시급을 50원 더 주고 C등급은 50원을 덜 주는 제도였다. 나는 84년 입사한 후 85년과 86년 연속해 A등급을 받았다. 이 때문에 입사 동기들보다 정년퇴직 때까지 시급이 100원 더 많았다. A등급을 받고 나서는 난감했다. 우리 반에 C등급을 받은 동료의 투덜거리는 소리를 들을 때마다 마치 내가 무슨 죄라도 지은 것 같았다. 이후 회사 생활을 하면서 선임들을 제치고 신입사원에게 A등급을 준다는 것은 어떤 소신이 없이는 어렵다는 것을 알았다.

1987년 노동조합이 설립되고 적극적으로 조합 활동을 하게 되면서

더는 A등급을 받지 못했다. 그때 나에게 A등급을 주었던 손주일 반장은 현재 경주에 나와 같은 마을에서 500미터 거리에 살고 있다. 경주에 이사하고 인사드리러 갔더니 본인이 쓴 세 권의 시집과 수첩 등을 챙겨 주시면서 반가워했다. 참으로 고마운 인연이다.

이후 노동조합은 단체협약을 통해 등급 제도를 폐지했다. 등급제는 군대에서 선착순 달리기 '뺑뺑이'를 돌려 일찍 도착한 병사에게만 앉아 쉴 수 있게 특혜를 주는 방식과 다를 바 없었다. 당연히 없애야 할 제도였다. 등급제가 없어진 뒤에도 현대차는 승승장구해 세계적인 자동차 회사로 발전해 나갔다.

회사의 노조 간부 회유

위원장을 맡은 6대 집행부 때의 일이다. 나는 시간이 날 때마다 회사 공장장실을 방문했다. 그때마다 노동조합 간부들에게 술 사고 접대하는 행위를 못 하게 요구했다. 세상에는 공짜가 없다. 임금 협상 때였다. 교섭 시간이 다가오는데 교섭단 가운데 몇몇이 시내 가든에 모여 있었다. 이유를 물으니 위원장의 독선 때문이라고 답했다. 나는 독선을 하지 않는다며 협상장에 오도록 했다. 그리고 임금 협상을 이어갔다. 나는 그날의 모임이 회사의 접대를 중지시킨 것에 대한 반발이라고 생각했다.

임금 협상 기간이 몇몇 간부에게는 회사의 접대를 받을 수 있는 대목일지도 모른다. 회사는 노조 간부들에게 조합원들이 생각하는 만큼 많은 돈을 쓰지는 않을 것이다. 기껏 술 몇 잔이면 될 것으로 생각할 것이다. 그들은 그렇게 해도 회유할 수 있다고 판단했을 것이다. 물론 교섭단 다수는 조합원의 권익향상에 최선을 다한다. 어느 날 대의원 대표 3명이 집단 사퇴했다. 뒷이야기를 들어보니 자신이 회사를 위해 많은 일을 했는데 무시했다는 것이었다. 당시 대의원 대표는 사업부 대의원들이 모여서 선출하는 간접선거였다. 사퇴한 사업부는 대표를 다시 선출해 조합업무를 이어갔다.

　당시 회사는 해외 공장 견학이라는 이름으로 노조 간부에게 여행 기회를 제공하기도 했다. 특혜다. 나는 이 여행을 노사 모두에게 부끄러운 일이라고 생각했다. 회사가 보내주는 특혜성 해외여행을 다녀오는 노조 간부 가운데 일부가 회사와 지나칠 정도로 쉽게 타협하는 것만 같아 안타까웠다. 여행 경비 500만 원 정도에 타협이라니, 6대 집행부 내내 간부들만의 해외여행을 중단시키고 사업부별 모범 조합원을 선발해 해외여행을 다녀오도록 했다. 나는 정년퇴직 때까지 단 한 번도 회사에서 보내주는 해외 견학이라는 명분의 여행을 가지 않았다.

　노사협력팀에서 노조 간부를 접대하며 관리했던 모 부장은 6대 집행부 출범 후 미국 코넬대학으로 유학을 떠났다. 그 후 그는 노사협력팀으로 복귀하지 못했다. 회사의 노조 간부 회유를 뿌리 뽑고 대의원 대표 선거 개입을 차단하기 위해 이후에 노동조합은 대의원 대표 선출을 직선제로 바꿨다.

　나와 같이 노동조합 임원을 했던 사무직군의 한 동지는 현장 복귀 후 사업부 노무 담당자 옆자리에 근무했다. 그 동지는 노동조합 관련 회의가 끝날 때쯤 몰려드는 전화에 노무 담당자가 '바쁜데 순서대로 보고하라.'며 투덜댄다고 했다. 대체 노동조합이 어디로 가고 있는지 모르겠다며 한탄했다. 정년퇴직을 몇 달 앞둔 무렵, 회사 식당 게시판에 붙은 대자보를 조합원들이 읽고 있었다. 그때 나이 많은 한 조합원

1989년 임금 요구안 수용하라 조합원 행진

1989년 임투승리 결의대회

이 '요즘 노동조합 활동가들은 회사에 포섭되지 않은 놈이 없는 것 같다.'라며 한탄했다. 부끄러워서 고개를 들 수 없었다. 물론 그분의 말씀처럼 활동가 모두가 그렇지는 않을 것이다. 그러나 조합원의 한탄에 귀 기울여야 한다.

금속노조에서 임기를 마치고 현장에 복귀했을 때 같은 조에서 근무하는 동료가 사업부 대의원 대표 선출을 위한 사업부 선거관리위원회 위원장을 맡았다. 투표가 끝나고 개표 직전 사업부 노무 담당자로부터 전화를 받았는데, 그는 1등이 몇 표, 2등이 몇 표인지 추측했다고 한다. 개표 결과 담당자가 이야기한 것과 불과 14표밖에 차이가 나지 않았다. 3천여 표를 정확히 분석했다는 이야기다.

이런 사실을 조합원들과 활동가들은 이미 알고 있다. 회사 측의 노조 활동 개입이 부당노동행위로 범법행위라는 것도 알고 있다. 범법행위를 하면서도 회사는 부끄러워하지 않는다. 오히려 최근에는 더욱 과감하게 지역 언론까지 동원해 임원 선거에 관여하고 있다고 의심할 만한 증거들이 나오고 있다. 건강한 노동조합이 올바른 노사관계를 만들고 회사 발전에 이바지할 수 있다. 노사 모두가 새겨야 한다.

물론 활동가들도 노무부와 사적 관계를 이용해 선거에 이기겠다는 생각을 버려야 한다. 노무 담당자의 급여 등 노무관리에 드는 인건비만 수백억 원에 이를 것이라고 추정되는데 노무 조직이 학연, 지연 등 개인적 관계로 자신을 도와줄 것이라고 착각하지 않아야 한다. 그들은 오직 회사에 충성해 자신의 이익, 또 회사의 이익만을 좇을 뿐이다. 노동조합 활동을 넘어 노동자로서 깨달아야 한다.

회유하는 쪽보다 회유당하는 쪽이 더 추하다. 회사의 순간적 유혹에 길들어져 성실하게 일하는 조합원을 멀리하고 사회변혁의 전망을 밝히는 노동운동을 등지고 민주주의를 훼손해 무엇을 얻겠다는 것인가? 결국은 허무만 남게 되어 자신의 삶을 황폐화할 것이다.

민주적 활동가들은 선거 때마다 상대 후보보다 회사와 싸운다. 회사가 어용 세력을 지원하고 그들의 당선을 위해 온갖 술수를 다 부리기 때문이다. 조합원들은 다수의 활동가와 조직이 회사 측에 포섭돼 그놈이 그놈이라고 말한다. 이 때문에 흑백 구분이 되지 않는다며 자조 섞인 말을 한다. 활동가는 원칙을 가지고 스스로 냉철히 보고 이를 극복해야 한다.

현대차노조 임원 선거에서 회사의 뜻을 관철하기보다 관철하지 못한 경우가 더 많았다. 조합원들이 알고 있고 올바른 선택을 했기 때문이다.

| 제3장 |

누가 나를
이 길로 가라 하지 않았네[14]

---
14) 조호상의 시 「누가 나를 이 길로 가라 하지 않았네」에서 따옴.

민주노조실천노동자회
결성에 참여하다

1987년 12월 16일 제13대 대통령 선거가 있었다. 6월 민주항쟁으로 생애 첫 내 손으로 직접 대통령을 뽑아 정권교체를 이룬다는 기대와 설렘에 부풀었다. 당시 울산에는 야당 조직이 거의 없었기 때문에 흥사단 울산분회(1999년 3월 울산흥사단으로 개칭)에서 투·개표 참관인을 조직했다. 현대차노조 활동가 13명 정도가 참관인으로 참여했다. 대통령 선거가 끝나고 참관인으로 참여한 7명이 '울타리회'를 결성해 비공개 활동을 시작했고 자본론, 경제사 등을 학습하고 토론했다.

이후 '울타리회' 회원을 포함 15명이 모여서 '민주노조실천노동자회'15)(약칭 '민실노')를 결성하고 현장 선전지 『투쟁의 선봉』을 발행했다. 나도 생전 처음으로 조직에 가입했다. 조직원들은 노조 및 지역의 각종 집회에 열성적으로 참여했다. 또한 인천과 서울에서 이목희, 김문수

---

15) '민실노'는 1988년 임금 협약이 위원장의 직권 조인으로 마무리되자 이에 반발해 그해 10월에 만들어진 현장 조직이다. 이에 앞서 9월 '민주노동자실천협의회(민실협)'가 구성되었다. 민실협이 조직을 확대하며 민실노로 이름을 바꾸었다. 민실노는 주로 승용1공장, 금형부, 상용5공장 등 현장 소모임에 참여했던 활동가 23명이 주도했다. 이들은 계급적 노동운동을 지향했다. 〈진숙경(2008)『노동조합 내부 민주주의와 현장조직』한국노동연구원〉

등이 내려와 변증법적 유물론, 노동조합 운영 사례 등을 교육하고 국가보안법으로 구속되고 고문받았던 경험 등도 공유했다. 모임 후 재래시장 노점 등에서 해물파전에 막걸리를 마시며 늦은 밤까지 열띤 토론을 했다. 그때마다 사회의 모순을 알아가며 새로운 세상을 꿈꾸는 시대의 소명의식에 젖어 청춘의 심장이 뛰었다. 그렇게 퇴근 후 집회, 학습모임, 조직회의를 하고 나면 늘 밤은 깊었다.

현대차노조 초대 집행부는 연대 투쟁을 외면하고 노동조합을 민주적으로 운영하지 않았다. 당시 대통령 선거를 앞두고 공장 담벼락에 나란히 붙어 있는 노사의 현수막이 이를 잘 보여준다. 「좌경세력 척결해 산업평화 이룩하자」, 노동조합의 현수막이다. 「공산주의자를 색출 추방해 자유민주주의를 수호하자」, 회사 명의의 현수막이다. 노사는 정당한 조합 활동을 좌경세력으로, 공산주의자로 몰아갔다. 우리는 노동조합을 어용으로 규정하고 노조 민주화 투쟁에 모든 힘을 모았다.

2대 임원 선거에 '민실노'는 김강희를 위원장 후보로, 나는 임원 후보 다섯 명 가운데 사무국장 후보로 참여했다. 7명의 위원장 후보가 출마했고 이상범 후보가 압도적 표 차로 당선됐다. 우리는 가장 젊었으며 그만큼 원칙적이었다. '민실노'는 재출마한 어용 집행부를 제치고 2등을 했다.

4.28 연대투쟁
- 현대중공업노조 탄압에 손을 맞잡다

현대중공업노조 탄압에 손을 맞잡다

1990년 4월 현대중공업노조(이하 현중노조)가 파업에 돌입하면서 공권력 투입이 예고됐다. 이에 맞서 현대그룹 산하 노동조합과 울산에 있는 노동조합들이 연대 투쟁을 선언했다. '민실노'는 유인물을 통해 공권력 투입에 맞선 강력한 저지 투쟁을 주장했다. 당시 회사는 '민실노' 회원을 외부로부터 조종받는 체제 전복 세력, 좌경세력, 사회주의자, 공산주의자로 몰며 어떻게든 조합원과 분리하려 했다.

2대 집행부는 현대중공업에 대한 대단위 공권력 투입에 맞서 현대그룹 산하 노동조합과 지역 노조들이 강력한 저지 투쟁을 해야 한다고 주장했다. 그리고 현대자동차 전체 공장에서 70~80여 명의 선봉대를 구성해 경주 도투락월드에서 1박 2일 집체교육을 하며 각각의 임무와 역할을 나눴다. 선봉대는 조합원을 보호하며 투쟁을 전개하다 장렬하게 전사한다고 목소리를 높였다.

1990년 2월 6일 현중노조는 부산고등법원에서 열린 재판 방청에 조합원을 동원했다. 1년 전 128일간 파업을 통해 노태우 정권의 노조 파괴

음모에 맞섰던 지도부에 대한 재판이었다. 이 문제로 경찰은 2월 9일 이영현 노조위원장을 구속하고 우기하 수석부위원장에 대한 사전구속영장을 발부했다. 2월 10일 경찰은 노조 사무실을 압수수색 했다. 수사망을 피해 다니던 우기하 수석부위원장이 4월 20일 연행돼 울산남부경찰서 대용 감방16)에 수감됐다. 다음날 조선사업부 노동자들은 작업을 거부하고 투쟁에 돌입했다. 연이어 열린 노조 대의원 간담회에서 23일부터 파업 돌입을 결의했다. 공장 안에서는 2천여 명이 천막을 치고 밤샘 농성을 하며 구속자 석방과 노조 탄압 중단을 요구했다. 4월 28일 새벽 4시경, 정부는 '울산30작전'이라는 이름으로 전투경찰 115개 중대 1만4천500여 명의 병력과 해상경찰 함정 8대, 화학 소방차 6대 등 특수 장비와 헬리콥터를 동원해 현대중공업 파업을 강제 해산시키려 했다.

공권력이 투입될 당시 현대차노조는 본관 앞 잔디밭에서 대의원들과 선봉대가 텐트를 치고 철야농성을 하고 있었다. 그때 나는 1공장 선봉대 지대장을 맡았다. 조합원들은 경찰이 현대중공업에 들어가지 못하게 본관 앞 도로에 바리케이드를 쳤다. 4월 28일 해 뜰 무렵 구름이 낮게 드리워 음울했다. 경찰은 양정동 새마을아파트17)에서 하차한 후 방패를 앞세우고 현대자동차 정문 쪽으로 낮은 내리막길을 줄지어 걸어왔다. 포장도로를 울리는 경찰의 군홧발 소리는 섬찟하기까지 했다.

---

16) 구치소나 교도소 등 교정 시설이 없는 지역에서 형사 사건으로 구속기소 돼 일심 재판을 기다리는 미결수를 경찰서에서 가둬 두는 곳. (Daum 국어사전)
17) 울산 양정동 새마을아파트는 2002년 현대건설이 재건축 사업을 수주해 2007년 양정 현대홈타운(양정 힐스테이트)으로 바뀌어 오늘에 이르고 있다.

1990 집회장으로 가는 조합원들

여러 명의 조합원이 바리케이드 뒤에 서서 구호를 외치며 막아섰다. 그런데 경찰이 앞으로 다가올수록 대열이 흐트러졌다. 이대로 가면 속수무책으로 경찰이 정문을 지나 현대중공업으로 갈 수 있을 것만 같았다. 순간 나는 바리케이드를 넘었다. "동지들! 겁먹을 필요 없다. 저지해야 한다."고 소리쳤다. 깨진 보도블록이 날아가기 시작했다. 경찰과 격렬하게 맞붙었다. 도로는 아수라장이 되었다.

회사 안쪽 담벼락 밑에 밤새 만든 화염병이 있었다. 경찰과 대치가 길어지면서 조합원들이 던진 화염병 불꽃이 흐린 날씨에 이곳저곳에 춤을 추듯 했다. 당시 전투경찰은 방패를 비롯해 안전보호구로 무장하고 최루탄 발사기와 휴대용 최루탄을 소지하고 있었다. 시위대는

1990년 현대중공업 4.28 연대투쟁

깨진 보도블록과 짱돌, 화염병으로 전투경찰과 맞섰다. 화염병은 선봉대 대원들이 양정동, 염포동의 슈퍼마켓을 샅샅이 훑어 빈 병을 사 모아 만든 것이다.

정문과 구(舊)정문 가까이에서 야간 근무하던 조합원들도 거리로 나와 볼트, 너트 등을 던지기 시작했다. 공장 벽이 무너지고 교통은 마비됐다. 공권력의 주력 대오는 지나가고 야간 근무자가 퇴근할 시점에 전투경찰 1개 소대 병력 정도가 조합원들에 의해 포위됐고 페퍼 포그[18] 2대, 매트리스 등 진압 용품을 실은 대형 트럭 몇 대가 정문과 구 정문

---

18) 1980년대 후반 한국에서 시위 진압용으로 사용한 최루탄 발사 차량을 말한다. 발사대가 차위에 장착되었고 그 외 전체를 철갑으로 둘러쌓았다.

사이에 고립됐다. 조합원 대부분은 병역의무를 마친 예비역이다. 그들은 전투경찰을 포위하고 능숙하게 진압용 방패, 헬멧, 최루탄 발사기, 무전기 등을 빼앗아 무장 해제했다. 조합원들은 경찰 닭장차를 움직일 수 없도록 차를 조립했던 솜씨로 분해하거나 타이어 바람을 뺐다. 울산 동구에서 시내로 들어오는 유일한 도로가 막혀 일반 시민과 출근자, 야간 퇴근자는 걸어서 이동할 수밖에 없었다.

고립된 경찰의 무전기를 빼앗아 현대중공업에 들어간 경찰 지도부와 통화를 시도하는 조합원들도 있었다. 아마 군 무전병 출신이었을 것이다. "너희 졸개들이 지금 여기 포위돼 있다. 공권력 철수하고 손들고 항복하라." 등등, 연신 무전을 보냈다.

경찰의 주요 장비인 페퍼 포그 2대 중 1대는 불태워졌고 1대는 조합원들이 달라붙어 '으쌰으쌰!' 힘을 합쳐 넘어뜨렸다. 진압용 매트리스 등을 실은 대형 경찰 화물차도 조합원들이 망가트려 도로에 서 있었다. 조합원들은 도로를 완전히 점거했다. 경찰과 격렬한 대치는 오후까지 계속됐다. 도로 한복판에는 경찰의 진압용 장비들과 타이어가 검은 연기를 뿜으며 불탔다.

4·28 투쟁은 현대중공업에 투입하려는 1만4천여 명의 대규모 공권력을 저지하기 위한 연대 투쟁이다. '내 눈에 흙이 들어가기 전에는 노동조합을 허용할 수 없다'던 정주영 회장의 말을 지키려는 현대 자본에 맞선 투쟁이며 노동조합을 무력화시키기 위한 현대그룹과 공권력

에 맞선 연대 투쟁이다. 현대차노조 조합원들이 앞장선 4·28 투쟁 때 노조 집행부 가운데 아무도 구속되지 않은 것은 또 다른 일면을 보여 주고 있다.

야만의 시간

현중노조가 진압되고 현대자동차에서 시작된 4·28 투쟁도 정리되는 시점에 울산중부경찰서와 종합체육관 등으로 연행된 1,000여 명의 조합원들은 대부분 풀려났고 '민실노' 회원들에 대한 긴급 수배가 떨어졌다. 나를 비롯해 '민실노' 의장인 김종진과 회원인 김강희, 김성은, 김중현, 이상도, 최용탁 등에 대한 집중 체포 작전이 시작된 것이다.

어쩔 수 없이 도망자 신세로 조합원들의 집을 전전했다. 금형부 대의원 출신인 이우칠, 조성 등 이 집에서 3일, 저 집에서 3일 숨어 지냈다. 3일 이상 한곳에 머물지 않았다. 오래 머물면 위치가 추적당할 확률이 높아지기 때문이다. 경찰의 체포망을 벗어나기 위한 수배자의 기본 수칙이었다. 나와 김종진은 수배 며칠 후부터 같이 도피 생활을 했다.

이 집 저 집을 전전하던 어느 날 김종진과 '민실노' 회원 자취방에 숨어있는데 사복경찰이 들이닥쳤다. 신분증을 요구해 나는 친형의 주민등록증을 내밀었다. 신분증을 확인한 경찰은 김종진만 그 자리에서 연행했다. 나는 방에서 나오자마자 뛰었다. 그러나 결국 잡혔다. 어릴 때부터 달리기를 너무 못했기 때문이다.

김종진과 함께 경찰차에 태워져 울산중부경찰서로 연행됐다. 해가 지기 시작하는 시간이었다. 그들은 우리 둘을 분리했다. 나를 담당한 경찰은 주○돈 경위다. 그는 위압적이고 거칠었다. A4용지와 볼펜 한 자루를 책상 위에 올려놓고 돈을 누구에게서 받았나, 이름을 쓰라고 했다. 황당했다. 무슨 돈이냐고 물었더니 "이 빨갱이 새끼, 맛을 봐야 실토할 것이냐"며 사복경찰 4명을 불렀다. 불려온 경찰 한 명이 가슴을 팔꿈치로 쳤다. 반대쪽으로 밀려가면 받아서 또 쳤다. 흔히 말하는 돌려치기다. 오십 분 정도를 맞고 나면 십 분간 휴식이 주어졌다. 그들이 담배를 피우러 나가면 조사실 밖에 대기하던 의경이 감시를 위해 조사실로 들어왔다. 의경은 눈물을 흘리며 담배를 건넸다. 당시 의경들은 대부분 대학 재학 중에 지원해 입대했다. 몸에 경련이 일어 어린 의경이 건넨 담배를 받을 수가 없었다. 의경은 불을 붙여 담배를 입에 물려줬다. 담배를 깊이 빨아들이며 생각했다. 무슨 돈을 말하는 건지 아무것도 떠오르지 않았다. 10분 휴식이 끝나고 폭력은 계속됐다.

언뜻 화염병 값을 묻는 것인가 어림짐작했다. 빈 병 값은 같은 부서에 근무하고 있는 당시 노동조합 집행부 강오수 복지국장과 1공장 선봉대 지대장인 내가 논의해 노동조합의 투쟁 기금을 지원받았다.

폭력을 견디다 못해 "아아악!" 비명을 쏟으면 주○돈은 "빨갱이 새끼 죽여버려야 한다. 너 같은 새끼 한 놈 죽여도 아무 문제 없다"고 윽박질렀다. 그리고 이목희라는 이름과 돈을 전달받은 다방 이름을 가볍게 내뱉었다. 정답을 알려주는 것이다. 이목희 선배는 당시 인천에서 한국노동연구소 소장을 하고 있었고 이후 국회의원을 했다.

주○돈 이외의 경찰들은 빨갱이라며 윽박지르고 욕지거리를 간간이 했지만 다른 말은 전혀 하지 않았다. 그들은 돌려치기나 지시받은 일만을 충실히 따를 뿐이었다. 서열이 명확한 듯 보였다. 50분의 폭력이 끝나면 "한 줄만 쓰면 집에 갈 수 있다. 옆방 김종진은 벌써 다 불었다. 바보 같은 놈"이라며 조사실을 나갔다. 김종진에게도 똑같은 말을 했겠지 생각했다. 경찰은 이용당하고 있다며 그놈들은 빨갱이라고 집요하게 으르고 을렀다.

밤새 잠 못 자고 두들겨 맞은 몸은 초주검이 됐다. '에라 모르겠다. 될 대로 돼라', "차라리 죽여라", 철제 책상 위 서류 뭉치를 거칠게 쓸어내며 울부짖었다. 그들은 "이 새끼 악질이네"라며 모두 밖으로 나갔다. 아마도 대책을 논의했을 것이다. 의경이 물려주는 담배를 깊숙이 빨아들이면서 잘 버틴 건가 생각했다. 온몸에 통증과 경련이 계속됐다.

아침이 오고 있었다, 환상이 보였다. 이목희 선배를 만나 다방에서 돈을 받는 내 모습이 나타났다. 이렇게 해서 사건이 조작되는구나, 정신 차리고 버텨야 한다, 이를 악물었다. 그들은 불순세력에 의해 일어난 사건으로 만들고 싶었을 것이다. 경찰 진압 장비가 불타고 1개 소대 정도가 조합원들에게 무장해제당하는 수치를 단순 사건으로 처리할 수만은 없어 보였다.

날이 밝고 조사실 주변에 오가는 사람이 많아지자 그들의 폭력도 중단됐다. 그리고 유치장으로 옮겨졌다. 얼마 안 있어 김종진도 유치장에 왔다. 부은 얼굴로 유치장 쇠창살을 잡고 서 있는데 지역방송사에서 조명을 비추며 우리를 촬영했다. 밖이 소란스러웠다. 가족들이 면회를 신청하고 석방을 요구하는 소리였다. 그러나 아무것도 받아들여지지 않았다.

그날 오후 수사과에서 조사과로 넘겨졌다. 조사 내용은 단순 '집회 및 시위에 관한 법률'(이하 집시법) 위반에 관한 조사였는데 별다른 증거도 없었다. 구속영장이 청구됐지만 기각됐다. 다시 수사과에 끌려갔다. 주○돈은 '너희들은 몸에 문신으로 조직원을 표시하지?'라며 윗옷을 벗겼다. 온몸이 피멍투성이인 것을 확인하고 '이대로 내보내면 큰일난다'라는 듯 다시 옷을 입혔다. 그리고 형식적으로 몇 마디 물은 후 곧바로 구속영장을 청구해 발부받았다. 기각된 영장이 곧바로 다시 발부된 것은 외부의 부당한 힘이 있었을 것으로 지금도 확신하고 있다.

4·28 투쟁으로 같이 연행된 김종진은 '민실노' 의장으로서 혹독한 고문과 조사를 받았다. 김종진은 당시 4공장 학습 모임인 '해돋이'를 김진명, 김영배, 이효상 그리고 서영호 열사 등과 함께 했다. 경찰은 서울대 법대 출신 위장 취업자 김철호(임동식의 가명)의 소재를 끈질기게 캐물었다. 김종진은 모른다고 했다. 그때마다 고문이 가해졌다. 김종진은 반사적으로 튀어나온 내 비명까지 들었다고 했다. 공포가 밀려왔을 것이다.

고문은 김종진에게 더 집요했던 것 같다. 그들은 갖가지 수법을 사용했다. 각목을 허벅지와 종아리 사이에 끼워 꿇어앉히고 무릎을 밟았고, 삼각자를 귀 위 귓바퀴에 밀착해 저미듯 앞으로 당겼다 밀기를 반복했다. 그리고 손가락에 볼펜을 끼워 한 손으로 잡고 다른 한 손으로 밀었다 당겼다. 머리카락을 쥐어 잡고 철제 책상에 몇 번이고 쾅쾅 찍기도 했다. 꿇어앉혀 무릎을 짓밟으며 "이 빨갱이 새끼 너희들은 다 죽어야 해, 빨갱이 한 놈 죽인다고 아무런 문제가 될 게 없다"는 등의 으름장을 놓았다. 김종진에게도 나와 마찬가지로 "옆방 정갑득이는 다 불었다 빨리 불어라 불면 집에 간다"며 회유하기도 했다. 회유 방식도 다양했다. 음식을 시켜 주기도 했고 가족 면회를 시켜 주기도 했다. 고문과 회유는 며칠 동안 계속됐다. '해돋이'를 이적(利敵)단체로 그림에 꿰맞추어 국가보안법으로 처벌하려는 전형적인 수법이었다.

이후 나는 사람의 이름과 얼굴 그리고 아라비아 숫자를 잘 기억하지 못한다. 복직해 우리 반 반원이 30여 명 됐는데 반원 명단을 복사해 몇 달을 아침저녁으로 남몰래 암기해도 결국 다 기억하지 못했다. 노동조합에 근무할 때 얼굴과 이름을 특별한 경우가 아니고는 기억하지 못해 오해를 사기도 했다. 사람을 무시한다, 건방지다는 욕을 듣기도 했다. 내가 곁에 있는 사람의 이름이나 얼굴을 기억하지 못한다는 것을 모르는 이들이 나에 대해 "알면서도 외면하는 건방지고 나쁜 놈"이라고 말한다는 것을 한 다리 건너 들으며 살았다. 이 때문에 지금도 타인의 시선을 피하려 땅이나 하늘을 보면서 걷는 습관이 있다.

6대 위원장 시절 주○돈에게 연락해 구 정문 앞 식당에서 밥 한 끼를 같이 했다. 밥을 먹으며 "앞으로 그렇게 살지 말라"고 당부했다. 20여 년 후 민주노총 울산지역 본부장의 머리에 실탄을 장전해 겨누며 협박했다는 소식을 듣고는 '그놈은 평생 변하지 않을 나쁜 놈'이라는 생각에 치를 떨었다.

김종진과 나는 34년 동안 그때의 고문에 대해 구체적으로 서로 이야기해 본 적이 없다. 한때 노동조합에서 같이 일했음에도 단 한 번도 그때의 고문과 관련해 이야기하지 않았다. 서로 정년퇴직하고 몇 년이 지난 2024년이 돼서야 그때의 이야기를 할 수 있었다. 고문은 잔인하고 자존감을 짓밟는다. 자존감 때문에 서로 이야기할 수 없었다. 그 트라우마로 34년을 서로 침묵했다. 퇴직 후 김종진은 직지사에서 15분 거리에 있는 고향 김천으로 내려가 88세의 노모를 봉양하며 살고 있다. 그의 말년이 평화롭고 건강하며 행복했으면 좋겠다.

긴 시간이 지나 회사 관계자들과 이야기를 나누며 그때의 사법 처리가 회사가 참여하는 '관계기관 대책회의'에서 결정됐다는 것을 알았다. 다시 말해 회사의 의견이 그대로 받아들여진 것이다. 구속영장 발부 후 계속되는 조사와 검찰 조사를 통해 집시법 위반, 화염병 사용 등의 처벌에 관한 법률 위반, 특수공무집행방해로 기소됐다.

우리는 이렇게 산다

　조사를 받던 어느 날 안기부에서 나온 수사관에게 수갑이 채워진 채 불려갔다. 50대 초반 정도로 보였는데 늘씬한 키에 노타이 양복 차림으로 인물이 훤칠했다. 그는 눈짓으로 나를 자기 앞에 앉혔다. 함께 온 경찰에게 '볼펜, 종이'라 말하자 부리나케 움직였다. A4용지 위에 볼펜을 놓고 그 옆에 윈스턴 담배를 꺼내 놓았다. 담배에 불을 붙이면서 경찰에 커피를 시켰다.

　그는 한동안 나를 못 본 척 양담배만 피웠다. 양담배는 국산품 애용을 강조하는 시대 분위기로 매국노라는 사회적 손가락질이 있던 때이다. 잠시 후 보자기 하나를 들고 미니스커트를 입은 아가씨가 들어왔다. 서로 자주 보는 사이인 듯 아가씨는 반갑게 인사했다. 보자기 안에는 보온병과 커피잔이 있었다. 보온병에서 커피잔에 커피를 따르자 아가씨를 옆에 앉혔다. 그리고는 "잘 있었어"하면서 허벅지를 쓰다듬기 시작했다. 아가씨가 내 눈치를 보자, "괜찮아"하며 저녁에 시간이 있느냐고 물었다. '모처럼 몸이나 풀자'며 젖가슴을 만지자, 아가씨는 몸을 비틀었지만 강하게 거부하지 않았다. 권력자의 힘 앞에 거부할 수 없으리라 생각했다. 내 앞에서 10여 분 동안 그 짓을 계속했다.

'우리는 이렇게 산다, 우리는 무너지지 않는다'고 과시하는 듯했다. 아가씨를 보내고 나를 쏘아보며 몇 가지를 물어왔다. 경찰의 질문과는 달랐다. 연이은 질문에 등줄기에서 식은땀이 흐르는 듯했다. 수배되기 전, 집에 있던 30여 권의 책을 울산 처남 집에 황급히 옮겨뒀지만 불안했다. 학습 모임이 생각났다.

현재 시립도서관이나 서점에 가면 누구나 볼 수 있는 책들이 그 당시는 금서였다. 무조건 모른다고 했다. 마지막에 MT에 대해 물어왔다. Mountain Training이라고 답했다. 창원에서 근무할 때 산악회에 가입했고 마산 무학산에 기초 암벽 훈련에 한 번 참석한 적이 있는데 이를 응용해 답한 것이다. 그는 차갑게 비꼬듯 웃으며 "나를 속이거나 진짜 무식한 놈, 둘 중 하나"라며 조사실을 나갔다.

학습을 통해 사회를 폭넓게 이해하고 민주주의를 요구하며 정당한 노동조합 활동을 위해 집회에 참석하는 것을 체제 전복 세력으로 몰아가는 시대였다. 새롭게 만들어지는 민주노조에 회사는 물론이고 정부까지 나서 탄압하던 때이다.

반지하에 있는 당시 중부경찰서 유치장은 좁고 습기에 젖어 눅눅한 냄새가 배어 나왔다. 나와 김종진은 울산 조직폭력배 목공파 조직원 한 명과 같은 방에 있었다. 목공파와 신역전파의 세력다툼이 치열한 시기였다. 그는 목공파 조직원이라고 했다. 주리원백화점 앞 도로에서 상대 조직원의 다리를 도끼로 찍었다고 하는데 사실은 알 수 없다. 다리는 문신을 하고 있었다. 나이트클럽에는 수영복을 입고 좌우 무대와 중간의 둥근 소형 무대에서 춤을 추는 무희가 있다. 그 무희들을 매일 차량으로 나이트클럽에 출퇴근시키며 숙소에서 보호하는 것이 자기가 하는 일이라 했다. 보호인지 감시인지는 알 수 없지만, 아가씨들이 면회를 자주 왔다. 그를 오빠라고 불렀는데 한결같이 날씬하고 예뻤다. 그 후에도 구속될 때마다 가끔 신역전파나 목공파 조직원들과 같은 법정에서 재판을 받거나 징역살이를 했다. 그들도 우리 못지않게 자주 감방을 들락거렸다. 건달들 대부분이 유들유들 능청맞고 유머가 풍부했다. 그들의 이야기를 들으면 왜 건달로 사는지 알 것 같았다. 출소 후 혹 길에서 마주치면 반갑게 인사하며 "형님 놀다 가"라고 했다.

유치장에 있던 어느 날 조직폭력배인 그가 새벽 두 시 경에 나를 깨웠다. 일식 문양 도시락에 회, 초밥, 양담배 한 갑, 그리고 조그마한 양주 한 병이 있었다. 같이 마시고 피웠다. 4~5미터 앞에 의경이 걸상에 앉아 있었다. 먹고 마시고 피워도 의경은 못 본 체했다. 그 후로도 같은 일이 몇 차례 거듭됐다. 나와 김종진이 고문으로 일어서기조차 힘들어 몇 주를 기어다니다시피 했던 때다.

성과 분배 투쟁

3대 집행부의 과제

1991년 4·28 동지들은 출소 이후 해고자 17명이 '구속해고동지회'를 구성하고 '고 강경대[17] 열사 폭력 살인 규탄 및 공안통치 종식을 위한 범국민대책회의'(약칭 범대위)에 참여했다. 동지들은 5월 9일 50여만 명이 서울과 부산 등 87개 시·도에서 열린 집회에 함께했다. 그 집회에서 '해체 민자당, 퇴진 노태우'를 목청껏 외치기도 했다. 현대자동차 공장 본관 앞에서는 노동조합 집행부가 아닌 사업부 '임시대책위'가 중심이 돼 조합원들과 '폭력살인 공안통치 분쇄 조합원 결의 대회'를 열고 거리 투쟁에 나섰다. 최루탄을 쏘는 경찰에 맞서 연일 거리 투쟁을 벌였고, 고 박창수 열사 옥중 살인 진상규명과 강경대 열사 추모식 등의 투쟁을 전개했다. '민실노'는 노조민주화추진위원회(이하 노민추)로 확대 개편돼 대정부 투쟁 및 해고자 복직 투쟁을 했다.

노조 사무실 내에는 해고자복직투쟁위원회(이하 해복투)가 사용하는 전

---

17) 명지대생으로 1991년 4월 26일 명지대 앞에서 진행된 노태우 정부의 독재 잔재 청산, 공안 통치 반대 시위에 참여했다. 그날 경찰의 과잉 진압으로 쇠파이프(진압봉 등)에 머리를 심하게 맞아 쓰러져 병원으로 옮겨졌지만 결국 사망했다.

1991 성과분배투쟁

용 공간이 있었고, 그곳에서 각종 홍보 유인물도 독자적으로 발행했다. 해고자들은 아침 출근 시간에 몇몇 출입문에서 한겨레신문을 판매해 투쟁 기금을 확보하고 해복투 사무실에 모여 회의를 한 뒤 각자 주어진 일을 했다. 주로 지역 집회나 여러 회의에 참석했다. 해고자는 불투명한 미래와 각종 악성 소문에 시달렸고 회사에 맞서 싸워야 했다. 회사의 지시를 받는 경비들과 마찰도 잦았다. 가장으로서 가족의 생계에 대한 책임감도 무거웠으나 겉으로 표현할 수 없었다. 동료들이 출퇴근하는 모습을 보면 그라인더 잡고 일하던 시절이 그리웠다.

홀로 징역 독방에서 고립돼 있다가 출소 후 노동조합 간부들이 모여서 각종 회의를 하는 모습을 보니 당당해 보였다. 정권과 회사 측에 맞서기 위해 노동조합에서 각종 논의를 자유롭게 할 수도 있었다. 노조가 없는 시절에는 불합리해도 짓밟혀도 아무것도 할 수가 없었다. 노조를 만든 후에는 회사 측과 1년에 한 번씩 협상하고 타협에 실패하면 법이 정하는 절차를 밟아 단체행동을 할 수도 있다. 회사 측은 이것을 인정하지 않으려 했다. 정주영 회장은 '내 눈에 흙이 들어가기 전에는 노동조합은 안 된다'고 했지만, 누구에게나 인생은 유한하다. 그들은 노동조합을 없애려 했고 우리는 구속 수배 해고를 당하면서도 노동조합을 지켜야 했다.

학습 모임에 복귀했다. 그동안의 일들을 공유하며 공백을 메워나갔다. 당시 학습 모임은 노동운동의 조직과 사상의 근원이고 뿌리였다. 현대자동차 내에는 수많은 학습 모임이 존재했다. 이후 정파(政派)로 분리됐다. 민주노동당을 건설할 때는 정파를 넘어서 하나가 됐다. 노동자 정치 세력화에 앞장서는 계급적 노동운동으로 하나가 됐지만, 내부 선거에서는 대립하고 분열했다.

노동운동의 대의와 철학적 바탕없이 단지 노동조합 집행부를 하겠다는 권력욕으로 만들어져 회사가 밀어주고 키우는 조직을 우리는 어용이라 한다. 이에 맞서 현대자동차 울산공장 내 모든 민주세력을 포괄하는 '현대자동차연대투쟁위원회'(이하 '현연투')를 만들었다. 그리고 6월 17일 기관지「완전 승리」첫 호를 발행하고 활발하게 활동했다.

7월 초 3대 임원 선거 후보에 '현연투'는 이헌구를 중심으로 5명의 임원 후보를 확정했다. 그 선거에 5개 팀이 출마했는데 이헌구 후보가 3대 위원장에 당선됐다. 나는 출소한 지 3개월도 되지 않은 해고자 신분이었지만 연대사업부장으로 노동조합 상근자가 됐다. 나 외에도 2명의 해고자가 교육, 조직부장으로 상근자가 됐고, 또 다른 8명의 해고자가 비상근 차장으로 집행부에 결합했다. 해고자가 상근자로 근무하는 게 올바른 것인가에 대한 찬반 논란이 있기도 했다. 연대사업부장이 해야 할 업무는 연대사업 및 위원장의 일정 관리와 동선(動線)을 함께하는 것이었다. 3대 집행부는 1대 집행부를 어용으로 규정하고, 2대 집행부는 계급적 투쟁의 한계를 드러냈다고 평가했다. 당연히 3대 집행부는 어용과 한계 극복을 과제로 생각했다.

임금 및 단체협약 잠정(暫定) 합의안은 조합원총회에서 통과 받는 것이 당연한 절차지만, 1, 2대 집행부는 총회에서 부결됐는데도 직권으로 조인했다. 직권 조인 때 대책위원회를 구성하고 조합원 서명을 받아 불신임을 위한 조합원총회를 했으나 근소한 차이로 부결됐다. 3대 집행부의 가장 큰 과제는 직권 조인에 대한 조합원들의 불만을 해소하는 것이었다. 먼저 '국제노동기구(ILO) 기본조약 비준 및 노동법 개정을 위한 전국노동자 공동대책위원회'(전국 공대위) 등 전국 단위의 노동운동 진영과 연대 투쟁 준비에 나섰다. 그리고 대의원과 소위원[20] 활

---

[20] 현대차노조는 부서별로 대의원 외 별도의 소위원을 두고 있었다. 소위원은 부서의 하부 단위인 반별로 조합원 15~20명을 대표했다. 소위원은 반 조합원들의 의견을 부서 대의원에게 전달하고 대의원은 집행부에 의견을 전달하는 노동조합 활동의 핵심으로 역할 했다. 부서별 소위원회는 주 1회 회의를 기본으로 필요에 따라 수시로 열었으며 부서의 노조 간부가 참석했다.

동비를 조합비 예산으로 편성해 현장 활동을 강화하는 등 노조 일상 활동을 정비했다.

3대 집행부가 출범한 후 울산경찰서 형사들이 옛 정문 앞에서 아침에 출근하는 조합원들에게 한겨레신문을 판매하던 김중현 동지를 강제 연행해 다음 날 5월 투쟁 관련 집시법 위반으로 구속했다. 또한 해고자들을 자택에서 불법 연행하거나 수배를 내렸다. 회사 측에서는 노조 활동을 하는 해고자들을 업무방해 혐의로 고소·고발하는 등 끊임없이 집행부를 압박했다. 이에 노동조합은 도자기 투쟁[21], 바코드 철폐 투쟁[22], 산업안전 투쟁 등으로 회사 측에 맞섰다.

투쟁의 흐름

11월 임시대의원대회에서 성과급 150퍼센트 요구안을 확정하고 9명의 협상팀을 구성했다. 노동조합과 회사는 노사협의회를 시작했고, 상무집행위원들은 5개 팀으로 나누어서 현장을 순회하며 연말 성과급 투쟁에 대한 공청회를 여는 등 투쟁 열기를 높여갔다. 연말 성과급 투쟁은 회사에 큰 수익이 났으니 노동자에게 정당한 몫을 분배하라는 요구에서 시작된 것이다. 이는 '3저 호황기'[23]의 여파로 고수익이 난 상황에서 노조가 들고나온 기업 단위 분배 요구 투쟁이다. 초기 조합

---

21) 도자기 투쟁은 사원들이 매달 회비를 내는 상조회에서 호랑이가 그려진 도자기를 지급했는데 품질이 조잡해서 상조회를 관리했던 회사에 책임을 추궁한 투쟁이다.
22) 바코드 철폐 투쟁은 출퇴근 때 바코드를 찍는 것을 거부하고 철폐한 투쟁이다.
23) 3저 호황기는 대략 1986년부터 1988년까지 저유가(低油價), 저달러(低달러), 저금리(低金利)로 인한 경제 호황기를 말한다.

원들의 호응은 매우 컸다.

　11월 13일 정주영 명예회장과의 간담회에서는 그룹사와 형평성을 맞춰 성과급 지급을 검토하겠다는 답변을 받았다. 이후 정세영 회장이 조건부 50퍼센트 지급을 제시했으나, 노조는 거부하고 전 조합원 전면 잔업(殘業) 거부에 들어갔다. 12월 23일 열린 임시대의원대회에서는 96.9퍼센트 찬성으로 쟁의를 결의했고, 회사는 92년 1월 15일 오후 5시부터 무기한 휴무를 선언했다. 이에 맞서 노조는 조합원 1만2천여 명이 모인 본관 앞 집회를 진행하며 위원장의 지시 없이는 양정벌[24] 150만 평 공장은 돌아갈 수 없다고 선언했다.

　이후 노조는 '정당 방위대'를 편성해 각 공장 출입문을 통제했다. 조합원 7천여 명이 공장 전체를 완전히 장악했다. 노동조합 '정당 방위대'는 스스로 양정벌의 '외로운 늑대'라 불렀다. 그러나 며칠이 지나자 회사를 지키던 조합원 수가 급감했다. 그해 1월의 추위는 어느 해보다 매서웠다. 정부와 회사 측은 체포특공대를 포함해 120개 중대 1만7천여 명의 경찰을 배치했다. 그들은 노동조합 간부 20퍼센트를 구속하겠다는 방침 등을 언론에 알리며 노동조합을 무력화하겠다는 의도를 노골적으로 드러냈다.

　노동조합 '정당 방위대'와 조합원들은 예상되는 공권력 투입에 맞서

---

[24] 현대자동차 울산공장이 위치한 양정동을 말한다.

공장 주변의 보도블록을 깨 경찰과의 투석전을 준비했다. 당시 '정당방위대'는 흰색 복면을 하고 쇠파이프를 들고 각 공장 출입문에서 모든 차량과 인원을 통제했다. 공장 전체가 해방구가 된 것 같았다.

1992년 1월 19일 회사는 노동조합의 성과 분배 최종 양보안을 거부했다. 회사의 목표는 노동조합을 철저히 무력화해 3대 집행부를 내쫓으려는 것으로 보였다. 최병렬 노동부 장관은 '남한사회주의노동자동맹'(사노맹)이 배후 조종한다는 등의 거짓을 퍼트렸다, 그리고 핼기로 유인물을 전체 공장에 살포했다. 또한 국가보안법으로 집행부 소속 동지를 수배하는 등 공포 분위기를 조성했다. 회사는 일당을 주고 협력업체 등에서 5만여 명을 동원해 대단위의 조업 촉구 궐기대회를 열었다. 무기한 휴업에 맞선 노조의 공장 점거에 회사는 노조가 본관 전산망을 파괴하려 한다거나 회사 앞 명촌교를 폭파하려 한다는 등 유언비어를 언론에 유포했다. 노동조합은 이미 전산망 파괴 등을 우려해 사전 조치를 하고 있었다.

퇴각

공장 점거 7일 만에 공장 안에 남아있는 조합원은 500여 명으로 급격히 줄었다. 조합원들을 모으기 위해 비상 연락망을 가동했으나 헛수고였다. 더는 투쟁을 계속하는 것이 무리라고 판단했다. 결사 항전하자는 의견도 있었지만, 퇴각을 결정했다.

1~2대 집행부 때는 조합원들의 투쟁 의지를 집행부에서 받아안지

못했지만, 조합원들이 준비가 안 돼 있을 때 집행부만의 의지로 투쟁할 수 없다는 것을 깨달았다. 철저하게 기획하고 치열하게 준비한 투쟁이 되어야 한다. 상대는 국가권력과 언론의 적극적인 비호를 받는 세력이라는 것을 새삼 느꼈다.

조합원들이 일주일 동안 점거했던 공장 안에 경찰과 기자들이 모여들었다. 공장 곳곳을 돌며 농성장과 공권력 투입 저지를 위해 만들어 놨던 바리케이드, 각종 농성 물품 등을 촬영해 보도했다. 노동조합 사무실의 서류를 무단으로 압수하고 집기를 뒤집어엎었다. 점거 기간 우리는 회사의 물품에 일절 손대지 않았지만, 저들은 노동조합의 집기와 자료들을 무차별 부수고 무단으로 빼돌렸다. 관리자들은 각자 자기 부서에 출근해 혹여 훼손된 것이 없는지 상황 파악에 분주했다. 그러나 생산시설과 전산망은 온전했다. 조합원들은 자신의 일터임을 잊지 않은 것이다.

대책회의 후 이헌구 위원장과 나는 대구로 피신하기로 했다. 위원장을 안전한 곳으로 피신시키기 위해 내가 먼저 대구에 가서 안가(安家)25)를 마련하기로 했다. 울산을 빠져나가기 위해 삼산동 시외버스터미널에 갔는데 주변엔 회사 노무부 직원들이 요소요소에 배치돼 있었다. 그들은 노동조합 간부를 검거하기 위해 경찰과 공조해 기민하

---

25) 사전적으로는 정보기관 등에서 비밀을 유지하기 위해 사용하는 비밀 거처를 뜻한다. 하지만 넓은 의미로는 도망자나 피신자가 안전하게 몸을 숨길 수 있는 은신처를 가리키기도 한다.

게 움직였다.

  부산으로 가는 것이 1차 목표였다. 바로 대구로 가는 것보다 부산을 거쳐 가는 게 경찰의 추적을 피하는 안전한 방법이라 판단했기 때문이다. 노무부 직원이 배치돼 있을 것이라고는 미처 생각하지 못했다. 머뭇대면 안 된다고 생각하고 매표소에 성큼성큼 다가가 버스표를 사 개찰구를 재빠르게 통과해 버스에 올랐다. 다행히 노무부 직원들의 눈을 피한 것 같았다. 그런데 내 손엔 버스표와 동전 몇 개만 달랑 들려있었다. 긴장한 탓에 거스름돈 중 지폐는 챙기지 못하고 동전만 들고 온 것이다. 다시 내려 매표소에 갈 수도 없었다. 버스에 그대로 있었다. 버스가 움직이기 시작하면서 무사히 빠져나왔다는 안도감과 지폐를 챙기지 못한 아쉬움이 뒤엉켰다.

  부산역으로 이동해 동전을 헤아리니 완행열차표를 사고 나면 겨우 몇 푼 남았다. 0시 50분 출발하는 동대구행 비둘기호 열차표를 끊었다. 남은 동전은 동대구역 근처에 있는 친구에게 공중전화를 거는 데 쓸 비용이다. 어둠이 깔리는 1월 밤, 부산역은 살을 에는 추위에 을씨년스럽기까지 했다. 점심과 저녁을 거른 채 동전 몇 개를 만지작거리며 나의 미래, 노동운동의 미래를 생각했다. 아무것도 그려지지 않았다. 얼굴엔 수심(愁心)이 가득했을 것이다. 그리고 만지작거리던 동전의 가치를 생각했다. 친구에게 연결해 줄 실낱같은 마지막 끈, 그 끈의 무게를 가늠하며 배고픔을 달랬다. 부산역 광장의 겨울 밤하늘엔 도망자 신세라는 현실이 떠다니는 듯했다. 91년 6월 1년 만기 출소(出所)

해 불과 7개월 지났다. 밤하늘에 '지는 싸움'을 계속해야 하는지 스스로 묻고 또 물었다.

울산에 있는 동지들이 장외 지도부[26]를 꾸리고 동구청 앞 광장에 500여 명이 모였지만 경찰의 최루탄 발사로 대오가 흩어졌다는 소식이 들려왔다. 또한 서울에 있는 민주당 중앙당 총재실 농성을 시도했으나 실패했다는 소식도 있었다. 장외 지도부는 울산대학교, 부산대학교 등에서 자주 회의를 했다. 수배자들은 울산대학교, 부산대학교에서 생활했다. 당시 대학교에는 대우정밀 조합원들이 있었고 학생 수배자들도 있었다.

신발 깔창의 고문 공포, 성과 분배 투쟁의 마무리

이헌구 위원장이 대구 안가에 머물면서 울산 장외 지도부와 연락이 필요했다. 이를 위해 울산으로 다시 잠입해야만 했다. 당시는 요즘처럼 핸드폰이 있던 시대가 아니다. 이 때문에 위원장과 울산 투쟁 거점의 연락 체계를 만드는 것이 쉽지 않았다. 대구 안가 전화번호를 적어서 신발 깔창 밑에 숨겼다. 4·28 연대 투쟁 후 연행돼 모질게 고문에 시달렸던 기억이 생생했기 때문이다. 고문에 못 이겨 자백할 것을 염두에 뒀는데, 신발 깔창에서 고문의 공포가 밀려왔다. 승용차와 기차는 울산 진입 시 검문이 심할 것 같아 버스를 이용했다. 혼자 움직이

---

26) 사업장 내에서 노동조합의 집행부를 구성하지 못할 때 사업장 밖에서 구성한 노동조합의 핵심 간부 모임을 일컫는다.

는 것보다 가족 모두가 함께 있어야 경찰의 시선을 피할 수 있다는 생각에 울산 가족을 대구에 오게 했다. 대구에 온 가족과 함께 택시를 타고 대구 동부 시외버스 터미널로 갔다. 내가 화장실에서 머뭇거리는 사이 가족들은 표를 끊어 먼저 차에 올랐다. 나는 버스 출발 시각 직전 차에 올랐다. 그런데 곧바로 3~4명의 건장한 사람이 차에 올라왔다. 순간 '경찰이다'는 생각이 들었다. 전혀 예상하지 못한 일이다. 가족과 함께 탄 것은 수배자의 기본 수칙을 어기는 오류였다. 경찰이 가족을 주시하고 있다는 것을 놓친 것이다. 사실 내 가족까지 감시할 것으로 생각하지는 않았다.

버스 좌석에 앉아 어떻게 대처할지 생각했다. 저들은 나보다 위원장을 체포하려고 나를 미행은 하겠지만 당장 체포하지는 않으리라 판단했다. 옆에 앉은 아내에게 나지막이 짧게 상황을 이야기하고 몸에 있던 수첩과 깔창 밑에 있는 전화번호 등을 차분히 넘겼다. 아이들은 아내와 내 품에 안겨 고른 숨을 내쉬며 잠들어 있었다. 아이들을 마음 뜨겁게 내려보는데 만감이 교차했다. 석방된 지 몇 개월 되지도 않았는데……, 어쩔 수 없다 생각했다. 아내의 붉은 눈시울을 보며 한편으로 자식들에게 미안했다. 지그시 입술을 깨물며 담담히 받아들였다. 삼산동 버스터미널에서 택시를 타고 집으로 향했다. 택시에서 내리자마자 신전시장 뒷골목 쪽으로 뛰었다. 그러나 그곳에도 사복경찰들이 깔려 있었다. 그렇게 신전시장 뒷골목에서 연행됐다.

경찰은 위원장 검거에 혈안이 돼 있었다. 이 때문에 위원장의 소재를 알고 있는 나를 찾으려 가족까지 감시한 것이다. 동부경찰서에 들어서니 현관 앞에 서장이 나와 있었다. 그는 "그동안 고생하셨습니다"라고 인사를 건넨 뒤 "수사에 협조 바란다"고 짧게 말하고 돌아섰다. 그리고 아무도 없는 넓은 유치장 빈방에 나를 감금했다. 얼마 안 있어 수사과장이 찾아왔다. 그는 모든 상황이 끝났다며 위원장이 사태 수습에 협조해 빠르게 공장을 정상화하자고 말했다. 그들은 위원장이 대구에 있다는 것을, 그것도 나와 같이 있었다는 것을 알고 있었다. 회유가 계속됐다. 수사과장은 아내 앞으로 5천만 원을 입금하겠다며 입금을 확인하고 위원장이 있는 소재나 전화번호를 알려 달라고 했다. 그리고 선처하겠다고 했다. 나는 모른다고 답했다. 그러자 천천히 생각해 보라고 했다. 한 시간쯤 뒤 다시 찾아와 재차 같은 말을 했다. 나도 모른다고 같은 답을 했다. 수사과장은 "어리석다"며 시간이 문제지 위원장은 곧 잡힐 것이라며 사라졌다.

곧바로 경찰 조사가 시작됐다. 나는 조직 결정에 따라 행동했다는 원칙적인 답변을 했고, 그들은 위원장의 소재를 파악하기 위해 이 질문 저 질문을 또 던졌다. 위원장 검거에 일계급특진이 달렸으니 당연했을 것이다. 다음날 수사과에서 대공분실로 옮겨졌다. 수사과 경찰이 대공분실로 데려가며 낮은 목소리로 빠르게 말했다. 수사과에서 말하지 않은 것은 대공분실에서도 말하지 말라, 다른 말은 하면 자신들의 체면이 안 선다며 수사과에서의 주장을 유지하라는 것이다. 그 말을 들으며 경찰들끼리 치열하게 경쟁하고 있다는 생각이 들었다. 대공분실은 국가보안법 위반이나 간첩 행위 등 국가안보에 위해가 되는 사람을 체포, 조사하는 곳이다. 당시 그들은 노동조합을 국가안보의 위협으로 바라봤다.

사무실에 들어서니 사복 잠바 차림으로 회사 공작사업부 서○○이 앉아 있었다. 순간 눈을 의심했다. 같은 해고자 신분인 그는 대뜸 아내에게 넘겨준 수첩을 비롯해 모든 것을 받았다고 했다. 서○○이 프락치란 말인가? 그는 경찰처럼 거만한 목소리로 나에게 물었다. 위원장이 있는 곳을 말하라, 대구에 있다는 것을 알고 있다며 윽박질렀다. 나는 모른다고 말했다. 설사 전화번호를 아내로부터 넘겨받았어도 그들은 알 수 없을 것이다. 기록한 전화번호는 끝자리 4개 숫자에 18을 더해 기록했기 때문이다. 18은 내 생일이다. 그들은 수첩 등을 뒤적이며 의심되는 모든 연락처에 전화했을 것이다.

다음날 가족과 동지들이 면회를 왔다. 4·28 투쟁으로 구속됐을 때 아내는 서○○과 같은 차를 타고 수시로 주례구치소에 면회 왔다. 아내는 서○○이 내가 맡긴 것을 넘겨달라고 해 의심 없이 선뜻 내준 것이었다. 연행된 내 몸에 수첩 등 아무것도 없다는 것을 확인하고 경찰이 서○○를 우리집으로 보낸 것이다. 면회 온 동지들에게 서○○에 관해 상세하게 이야기했다. 당연히 서○○은 배신자라는 낙인이 붙었다. 그 후 그는 조합 활동을 하지 않았다. 어떻든 그도 시대의 피해자다. 이후 그의 친척이 대공분실에 근무하는 경찰이라는 소리를 들었지만, 사실을 확인할 수는 없었다. 일계급특진의 기회를 잡고 싶었던 경찰은 모든 것을 동원하고 싶었을 것이다.

며칠 후 위원장이 연행됐고 장외 지도부에서 직무대행체제로 사태를 수습하려 했지만 어려웠다. 성과 분배 투쟁으로 18명이 구속되고 76명 해고, 101명 정직, 81명 감봉, 64명 견책의 징계를 받았다. 노동조합의 기틀이 흔들릴 정도의 피해였다. 공장은 전투경찰이 점령했다. 회사는 기세등등해 노동조합의 일상 활동마저 짓눌렀다. 명백한 부당노동행위였지만 이를 막을 방법은 없었다. 어용 세력은 쇠파이프나 각목을 들고 노동조합 사무실에 찾아와 집기를 부수는 등 횡포를 부렸다. 그 소식을 들을 때마다 주먹을 불끈 쥐었지만 어찌할 수 없었다. 조합원들이 점심시간이나 휴식 시간에 전투경찰이 회사 안 공터 곳곳에서 족구를 하는 모습을 넋 없이 물끄러미 지켜보고 있다는 말을 들을 때는 가슴이 아렸다. 준비된 투쟁, 명분이 명확한 투쟁이어야 한다는 뼈아픔이 밀려왔다.

전투적 노동운동의 변화를 주장하는 의견도 있었지만 소수(小數)였다. 회사는 기회가 있을 때마다 5년 차 신생 노조를 파괴하려 했고 우리는 맞서 싸울 수밖에 없었다. 맞서 싸우다 패배해 조직력이 약화하기도 하지만 투쟁을 회피하고 무릎 꿇는 것보다는 회복력이 빨랐다. 경찰은 1개월 정도 회사에 머물렀다. 공권력의 위세를 한껏 보여주고 떠났지만. 이후에도 각종 투쟁이 이어졌다. 권력과 회사도 물리력만으로 노동조합을 무력화시킬 수 없다는 것을 알았을 것으로 생각한다.

연행 후 울산남부경찰서 대용감방에서 1심을 끝내고 부산 주례구치소로 이감될 때까지 노동조합의 조직력은 회복되지 않았다. 남아있는 동지들이 수배 중에도 노동조합의 정상화를 위해 노력했지만 쉽지 않았다.

생계비가 없어 가족들이 대구 누나 집에 얹혀산다는 이야기를 들었지만, 한길을 가야 한다며 스스로 다그치듯 어금니를 깨물었다. 그리고 재판에 임하며 사회의 모순을 파헤치고 극복하는 힘을 얻기 위해 책을 읽었다. 노동조합은 임시대의원대회를 열어 3대 집행부의 총사퇴를 결정하고 4대 집행부 임원 선거를 결정했다. 범민주투쟁연합회(범민련) 후보로 출마한 윤성근 후보가 당선돼 3대 집행부의 남은 임기를 수행하는 것으로 성과 분배 투쟁은 마무리됐다.

성과 분배는 노동조합 설립 후 처음으로 요구한 것이다. 경영 성과 분배 요구는 지금은 공무원 등 전 업종에 걸친 당연한 요구지만, 당시로는 생소한 요구였다. 비정규직과 하청 노동자는 저임금 장시간 노동으로 성과를 이뤘지만 지금도 성과 분배에서 배제돼 있다. 아직 우리에겐 갈 길이 멀다. 그만큼 숙제도 많다.

현대차노조 5대 위원장 선거 출마와 패배

다시, 현장으로

　김영삼 정부가 들어서자 징역 내의 분위기는 훨씬 부드러워졌다. 시국사범 석방 논의가 있었고, 노동운동 관련 구속자들에 대한 석방 논의도 병행되었다. 다른 교도소에서 살고 있던 이헌구, 김동찬, 김종진, 김중현 등도 성과 분배 투쟁으로 구속된 동지 모두 나처럼 대통령 특별사면으로 함께 석방됐다.

　출소했을 때 현대차노조에는 4대 집행부가 들어서 있었다. 동지들은 민주노조를 지키기 위해 동분서주하고 있었다. 석방과 동시에 해고자 복직 투쟁에 결합해 바쁜 하루하루를 보내야 했다. 해고자 전원 원직 복직을 요구했다. 그런데 선별(選別) 복직과 전원 복직을 놓고 의견이 나뉬다. 원직으로 동시에 전원 복직 해야 한다는 의견과 선별 복직이라도 받아 노동조합의 부담을 덜어주고, 복직한 동지는 현장에 복귀해 활동해야 노동조합에 힘이 된다는 의견이 맞섰다.

　결국 선별 복직을 받아들이기로 의견을 모았다. 나는 3년 이상의 해고자였기 때문에 곧 복직할 수 있었다. 다시 금형사상공으로 돌아왔다. 그리웠던 쇳가루 냄새가 정겨웠다. 교도소에 있는 동안 혼자 상상 속으로 그라인드와 드릴을 잡고 교도소 철문과 구금 시설을 수도 없이 뚫고 갈았을 것이다.

그때까지 복직하지 못한 동지들께 미안했다. 큰 투쟁이 있고 난 뒤에는 동지들 간에 가는 길이 달라지기도 했다. 구속 후에도 꿋꿋하게 노동운동을 하는 사람이 있고 포기하는 사람도 있다. 굴복하지 않는 사람과 포기하는 사람의 차이를 조합원들은 알았다. 평온할 때는 누구나 투사가 된다. 그러나 막상 눈앞에 투쟁이 벌어지면 아무나 나서지 못한다. 가족의 어려움, 주변의 설득과 회사의 회유를 뿌리치고 한 길을 간다는 것은 결코 쉬운 일이 아니다. 뚜렷한 신조가 없이는 흔들릴 수밖에 없다. 대부분의 동지가 힘겹게 버티고 힘겹게 싸웠다. 노동운동, 변혁 운동은 혼자 하는 것이 아니다. 함께하는 것이다. 올바른 사상으로 무장하고, 조건을 만들고, 때를 기다려야 한다. 중도에 포기하는 동지들의 현실적 선택은 매번 언제나 안타까웠다.

패배의 아픔

1994년 5대 임원 선거에 위원장 후보로 출마해 달라는 조직의 요청이 있었다. 나는 받아들일 수 없었다. 3년간의 해고 생활을 끝낸 지 얼마 되지 않아 지쳐 있었다. 복직돼 지친 몸과 가정을 추스르고 있을 때 느닷없이 출마를 요청받은 것이다.

출마를 거듭 사양하자 어느 날 여러 명의 동지가 소주 한 박스를 사

들고 15평 아파트 거실로 들이닥쳤다. 끝장을 보겠다는 심산인 듯했다. 무리한 요구였다. 나는 버텼다. 준비가 돼 있지 않다고 했다. 현대차노조 위원장은 언제라도 구속될 수 있는 직책이다. 구속될 각오가 없으면 나서지 않아야 한다. 준비된 동지에게 기회를 주는 것이 올바르다. 지금도 이 생각은 변하지 않았다. 버티고 버티다 새벽 2시경 손을 들었다.

교도소에서 석방된 지 6개월, 복직 3개월 만의 결정이다. 모두 신전시장 입구에 있는 포장마차에 가 있으라고 하고 마지막으로 아내에게 동의를 구했다. 우리 부부는 손잡고 무겁게 받아들이기로 했다. 그러나 2차까지 치러진 선거에서 상대 후보는 과반에서 한 표 차로 당선되었다. 상대 후보의 득표율은 50.0065퍼센트였다. 나는 재개표를 요구하지 않고 패배를 인정했다. 회사와의 싸움에서 패배했다고 생각했다.

패배의 아픔은 컸다. 이후 5대 집행부가 노동조합을 민주적으로 운영하지 않는 모습을 보면서 가슴이 아팠다. 가장 큰 아픔은 부당해고된 양봉수 동지를 노동조합에서 '우리 회사에는 해고자가 없다, 다만 사규 위반 면직자가 있을 뿐이다.'며 조합원으로 인정하지 않았고 결국 그를 죽음으로 내몬 것이다.

조직에서 내가 필요하다고 할 때 어떠한 임무라도 잘 수행할 수 있는 능력을 갖추려 부단히 노력하고 주변 정리해야 한다는 노동운동가의 기본을 다시 한번 되새겼다.

6대 임원 선거와 집행부 활동

6대 임원 선거 일정이 결정됐다. 양봉수 열사 분신 투쟁으로 구속돼 있던 공동의장 이상범, 이헌구, 윤성근 3명의 전직 위원장들이 민주단일후보 구성을 위한 제안서를 현장의 모든 조직에 보냈다. 이 제안을 받아들여 단일후보를 출마시키기로 했다.

민주파의 핵심 세력이 구속 수배돼 있었지만, 민주세력이 연합해 임원 후보를 구성하고 내가 위원장 후보로 결정됐다. '합리적 균형 감각과 정책대안 그리고 투쟁력으로 회사 측의 종속적 노사관계 고착화 음모를 분쇄하고, 노사 대등한 공동체적 민주노조 건설' 등의 공약을 내세워 선거에 임했다. 임원 선거 개표 결과를 노동조합 앞에서 승용차에 앉아 기다리고 있다가 당선 소식을 들었다. 승용차 문을 열고 나오는데 한겨레신문 신동명 기자가 다가왔다. 그는 "말조심하셔야 합니다", 작은 목소리로 짧게 속삭였다.

현대중공업노조 위원장이 당선되고 이·취임식도 못 한 채 구속되는 일이 있었다. 이것을 염두에 두고 한 말인 듯했다. 나는 이때부터 강한 주장, 강한 말을 삼갔다. 노동조합의 실질적인 힘이 중요하다. 실

1995년 노조 5,6대 집행부 이·취임식

천하지도 못하면서 굳이 강한 주장을 펼칠 필요가 없다고 생각했다.

    선거관리위원회의 당선 발표 직후, 노동조합 앞 즉석 인터뷰에서 회사가 노동조합을 대등한 파트너로서 인정한다면 생산과 품질에 대해 협조할 용의가 있다고 했다. 당선 다음 날 아침 신문에서 조선일보는 '초강성 출신 노동계 격변 예고'[27]라며 앞으로 노사관계가 평탄하지 않을 것이라고 했고, 한겨레신문은 '노조 실리 일변도의 독선 운영 쐐기'라는 기사로 민주노조의 연대 투쟁을 기대한다고 했다.

---

27) https://www.chosun.com/site/data/html_dir/1995/09/21/1995092173704.html

당선과 동시 상무집행위원회 구성과 인수인계를 위한 인수위원회를 구성했다. 5대 집행부가 인수인계할 내용은 사실상 없는 것과 같았다. 그리고 아무런 협조도 없었다. 알아서 잘해보라는 식이었다. 인수인계를 받으며 그들의 반노동자적 행위를 더 명확히 알게 됐다. 재정을 관리하는 총무 분야를 제외하고 다른 부서의 인수인계는 거의 이루어지지 않았다.

노동조합의 효율적 운영을 위해 모든 임원에게 각자의 임무를 분담했다. 조직, 후생, 총무, 기획 등으로 나눠 각 부서를 운영할 수 있게 편성했다. 임원들은 30분 일찍 출근해 임원 회의를 하고 8시부터 각자 담당하는 부서에서 회의를 주재하는 것으로 일과를 시작했다. 노동조합은 한 사람이 이끌어 가는 것이 아니다. 임원에게 권한을 주어 각자 책임 분야에서 일할 수 있도록 했고, 각 부서도 재량권을 최대한 보장했다.

새로운 민주노조의 실천적 모범

사회 정의를 실현하고 국민과 지역 주민의 지지를 받는 노동운동을 통해 정치적 영향력을 확대하고 연대사업을 강화해 민주노조 운동을 굳건히 하는 것을 6대 집행부의 목표로 세웠다. 그리고 노동조합의 자주성 확보와 대등한 노사관계 실현, 고용안정 추구, 조합원 삶의 질 향상, 사회 개혁 투쟁 및 정치 세력화 등을 핵심 과제로 추진하기로 했다. 초기 1년은 노동조합 자주성 확보에 역점을 두기로 했다.

6대 집행부는 새로운 민주노조의 실천적 모범을 만들고 현장 조직력을 복원해 힘있는 노동조합을 만들어야 하는 과제를 부여받았다. 노동조합의 운영과 투쟁 방침을 결정할 때 각종 의결 기구를 통해 자주적으로 결정했다. 회사는 다양한 방식으로 노동조합을 개량화하기 위해 의사결정 기구의 조합 간부를 회유해 노무 정책을 관철하려 한다. 노동조합이 자주적으로 의사결정을 하지 못하고 개량화된다면 이는 조합원을 위한 조직이 아닌 어용 조직이 된다.

출범 2개월 만에 노동조합신문을 복간했다. 5대 집행부처럼 집행부와 의견이 다르다고 해 대자보 제거, 유인물 탈취 등 현장 언론을 폭력적으로 억누르는 행위는 하지 않겠다고 약속했다. 현장 언론은 노동조합의 소중한 밑거름이고 언론 자유 보장은 당연한 상식임을 선언했다. 집행부에 대해 견제와 감시는 민주노조운동의 건강성을 유지하는 기본이기 때문이다.

6대 집행부의 핵심 사업 기조인 흩어진 조직 정비를 위해 위원장을 비롯한 집행부가 현대자동차 현장을 직접 맡고 연대의 큰 축인 현대그룹노동조합총연합(이하 현총련)은 부위원장이 맡기로 했다. 당시 현대그룹에는 그룹 차원의 노무 정책을 총괄하는 조직이 있었다. 여기에 노동조합은 현총련으로 맞섰다. 현총련은 그룹 산하 단위사업장 위원장들의 모임이다. 그룹 차원의 노무 정책에 맞서 공동 실천을 논의해 결정한 사항을 대부분 실천했다. 현총련의 각종 회의는 대부분 짧게 끝났다. 단위사업장의 현실을 잘 아는 야전사령관들이 실천 여부를 제대로 파악하고 결정했기 때문이다. 울산 일산해수욕장에서 1만5천여 명의 조합원들이 모여 96년 현대그룹 임단투 전진 대회를 열어 그룹을 압박했다. 당시 현대그룹은 그룹 차원에서 개별사업장 노사관계를 통제하고 있던 시기였다. 그룹 차원의 협상을 만들지는 못했지만, 그룹은 상당한 압박을 받았을 것이다. 서울 종로구 계동 현대그룹 본관 앞에서 울산, 서울, 경인, 창원 지역 위원장들이 모여서 집회를 통해 압박했고 요구안을 현대그룹에 전달하기도 했다.

'국민과 함께하는 노조'와 7대 임원 선거

97년 8월 7대 임원 선거를 앞두고 '민투위' 내에서 노선 갈등이 표면화돼 조직이 분화됐다. 나는 분화한 조직 가운데 하나인 실천하는노동자회(약칭 '실노회')28)에 소속됐다. 실노회의 일원으로 다시 7대 위원장에 출마했지만 패배했다. 분화될 때 많은 토론이 있었을 텐데, 노조 업무에 집중하라는 배려인지는 몰라도 단 한 번도 참여하지 못했다. 동지들이 깊이 있는 토론을 거쳐 내린 결론이라 생각하지만, 지금도 조직 분화가 아닌 다른 방법이 없었나 하는 아쉬움이 있다. 분화에 대한 책임은 당연히 나도 져야 하는 무거운 짐이다. 선거 후 전국적으로도 노선 갈등이 표면화됐다. 한쪽은 산별노조의 발전을 중시했고, 또 다른 쪽은 노동자 정치 세력화를 중심으로 국민승리21을 통한 대통령 선거 출마에 역점을 두었다. 이후 민주노동당을 만들고 양 계파는 각종 의결 기구에서 대립했다.

사회에 대한 이해나 노동운동의 주요 과제에 대한 견해의 차이에 따라 갈등하고 경쟁하던 당시 노동운동 논쟁이 주요 사업장 현장 조직에 영향을 미친 것인데, 돌아보면 현대자동차 민주노조운동 진영의 큰 실수가 아니었을까 생각한다.

---

28) 계급적 운동 세력의 총집결체로 인식되던 '민투위'내에서 1997년 7대 선거를 앞두고 '국민과 함께하는 노동운동'에 대한 입장 차이가 드러나면서 NL 노선이 탈퇴해 2대 집행부의 직권 조인에 항의해 집행부를 사퇴한 간부들의 '노조를 사랑하는 사람들의 모임'(약칭'노사랑')과 통합해 만든 조직이다. (진숙경(2008)『노동조합 내부 민주주의와 현장조직』한국노동연구원).

96~97 노개투 총파업 투쟁

철저히 준비한 투쟁

1996년 2월 민주노총 대의원대회에서 노개투의 목표와 요구를 결정했다. 현총련과 현대차노조에서도 노개투 사업 계획을 수립했다. 노개투를 통해 조합원들의 사회정치적 의식을 높이고 노동 악법 개정을 막겠다는 목표를 세웠다. 상무집행위원과 임원들이 조합원 속으로 직접 들어가 조직한다는 등의 실천 목표도 수립했다.

정기대의원대회를 기점으로 96년 하반기 사업은 노개투에 집중하기로 했다. 그리고 민주노총 발전기금 1인 1만 원 모금 운동도 만장일치로 결정하는 등 민주노총 강화를 최우선으로 하는 사업 계획을 세웠다. 또한 현대차노조와 현총련은 민주노총의 사회 개혁 투쟁을 모범적으로 실천하자는 의견을 모았다. 당시 일부 조직에서는 사회 개혁 투쟁에 반대 의견도 있었지만, 6대 집행부는 임·단협에 모든 힘을 쏟아붓는 투쟁 방식에서 벗어나 새롭게 노조 활동 방향을 세운 것이다.

그즈음 김영삼 정부는 대통령 직속 노사관계개혁위원회를 출범시키고 제도 개혁이라는 명분으로 노동자에게 고통을 전가하는 노동법 개정안을 국회에 제출했다. 민주노총은 이를 막기 위해 힘을 모으며 투쟁을 준비하고 있었다.

휴식 시간이나 점심시간에는 모든 상집과 임원들이 현장 조합원들을 만나 노동법 개악에 관해 설명하며 의견을 수렴했다. 아울러 소위원, 실천단 등의 수련회를 통해 현장 조직을 강화했다. 회사 안을 한 바퀴 도는 노개투 단축 마라톤대회를 개최하고, 나도 참여해 조합원들과 함께 뛰었다.

노개투 투쟁은 91년, 92년 성과 분배 투쟁이 반면교사가 됐다. 그때의 투쟁은 준비가 부족했고 조합원들과 공감대도 낮았다. 어쩔 수 없이 1주일 버티고 패배했다. 준비한 만큼 성과가 있다는 확신으로 조합원들과 함께하기 위해 노력했다. 민주노총의 흐름도 세밀하게 보면서 힘 있게 투쟁할 수 있도록 했다. 노개투는 전국적으로 모든 노동조합이 함께할 때 승리할 수 있다는 믿음으로 모두가 하나가 돼 열심히 했다.

위원장이 노개투 위원회 위원장을 맡고, 조직 담당 부위원장이 실천단 대장을 맡았다. 현대차노조 내 10개 사업부 실천단은 대의원 대표가 단장을 맡아 현장을 강화하기로 했다. 노개투 실천단은 산별노조 건설, 사회 개혁 투쟁, 민주노조 강화 사업도 병행하기로 했다. 역대 최고 인원으로 기억하는 1천500여 명의 조합원과 간부가 1996년 11월 10일 서울에서 열린 '전태일 열사 정신 계승 전국노동자대회'에 참가해 투쟁의 의지를 높였다.

12월 6일 '노개투와 민주노조 운동의 발전과 전망'이라는 주제로 현대자동차 내 모든 조직이 참여하는 정책토론회를 열어 50여 명이 3시간 동안 열띤 토론도 했다. 사회 연대도 활발히 했다. 12월 4일 울산 중구 지역 소년·소녀 가장 29명에게 40만 원씩 장학금을 전달하고 인근 양정중학교 등 졸업식에 참여해 특별상으로 노동조합 위원장상을 수여하기도 했다. 또한 학부모회를 구성해 체육용품을 지원하고 교사와 협력해 '촌지 안 주고 안 받기 운동'도 했다. 그리고 조합원 밀집 지역 노인회를 방문해 경로잔치도 했다.

이밖에 토요일인 12월 14일 오후 2시에 태화강 둔치에서 '국민과 함께 시민과 함께 범국민 평화 대행진'을 열고 시청과 공업탑 로터리까지 행진했다. 12월 20일에는 문화회관 1층 체육관에서 불우이웃돕기 바자회를 열었다. 수익금 전액은 지역 불우 학생 장학금으로 사용했다. 바자회 공간을 이용해 노개투 대시민 홍보 활동도 벌였다. 조를 나누어 지역과 아파트를 분담해 아파트 통로 우편함에 유인물을 꽂고, 시민들에게 직접 배포하는 등 시민 선전을 활발히 했다. 노개투 차량 스티커 부착 등의 사업도 진행했다. 노개투 쟁의 행위 찬반 투표는 투표자 대비 94퍼센트의 높은 찬성률로 가결됐다. 투쟁 준비는 거의 마무리됐다.

현장에서의 준비가 어느 정도 마무리되자, 구속으로 한동안 집을 비울 것 같아 집안 이곳저곳을 수리하고 정리했다. 그리고 절대 주춤거리면 안 된다고 스스로 다그치며 다짐했다. 마음을 다잡으니 오히려 가벼웠다. 오직 승리해야 한다는 생각만 가득했다.

논란이 된 경고 파업

민주노총은 12월 13일 4시간 경고 파업을 결정했다. 그리고 하루 전날 점검 회의를 하기로 했다. 점검 회의 전전날 잠들었다가 새벽에 일어났다. 담배를 반 갑 정도 피우며[29] 생각에 골똘하다 4시간 경고 파업을 유보해야 한다고 판단했다.

점검 회의 하루 전 아침, 현총련 의장에게 긴급 회의를 소집해 경고 파업 유보 의견을 모으도록 부탁했다. 나는 첫 비행기로 서울에 올라가 삼선교 모 카페에서 민주노총 권영길 위원장과 천영세 지도위원을 무려 6시간 동안 설득했다. 권 위원장을 설득했다 싶으면 옆에 앉아 계시던 천영세 지도위원이 그렇게 하면 현장이 뒤집힐 것이라고 우려했다. 나는 악법 통과를 막기 위해 4시간 경고 파업하면 참여했던 모든 사업장 노조위원장이 발이 묶여 투쟁에 나서야 할 때 싸우지도 못하고 끝난다고 설득했다. 그리고 마지막으로 당시 초선으로 집권 여당인 신한국당 이홍구 당 대표의 노동특보를 맡고 있던 김문수 국회의원을 만나 노동법 개악 날치기 여부(與否)를 판단해 점검 회의에서 결론짓기로 했다.

국회에서 3시간 동안 김문수 의원을 기다렸다. 김문수 의원은 본래

---

[29] 당시는 실내에서 담배를 피우던 시절이었다.

민중당에서 활동하다 92년 당이 해산하자 94년 '호랑이를 잡기 위해 호랑이 굴에 들어간다'는 식으로 당시 여당인 신한국당에 들어갔다. 국회에 찾아갔을 때는 젊은 패기로 무언가 엉뚱한 발언을 했다는 이유로 청와대에 불려 가 있었다. 아마도 청와대가 소위 군기를 잡은 듯했다. 김문수 의원이 국회에 왔을 때 바로 앞 사무실을 쓰고 있는 홍준표 의원이 양복 상의 뒤쪽을 들어보며 '빠따' 몇 대 맞았냐며 농담을 하기도 했다. 그는 아직 통과 계획은 없다고 했다. 그때의 김문수는 지금과 전혀 다른 사람이다. 한때 변증법적 유물론을 강의했으며 허름한 재래시장 골목 막걸릿집에서 늦은 시간까지 열띤 토론을 하던 노동운동 선배였다.

다음 날 나는 민주노총 4시간 경고 파업 점검 회의에서 이를 유보해

1996년 노개투를 앞둔 시기 현장순회 장면

야 한다고 주장했다. 반발이 심했다. 당시 현대차노조는 현총련 의장 사업장으로서 민주노총에서 중요한 위치에 있었다. 점검 회의에서 파업 유보를 결정하고 울산으로 내려갔다. 울산에 도착하자마자 민주노총 자유게시판이 나를 비판하는 글로 도배되었다는 말을 들었다. 구속이 두려워 투쟁을 회피하는 배신자, 겁쟁이라는 것이다.

나는 담담했다. 어차피 한판 싸움은 불가피하고 때가 오면 잘 싸우다 감옥 가면 된다고 생각했다. 당시 권영길 위원장도 비난을 많이 받았을 것이다. 나는 입만 열면 핏대 세워 '파업! 파업!'하는 맹동(盲動)보다 침묵하는 동지들이 책임 있게 싸운다는 믿음이 있었다. 10여 년 동안 노동조합의 수많은 투쟁을 통해 그들을 지켜봤기 때문이다. 며칠 후 몇몇 현장 위원장들이 야당인 추미애 국회의원실에 모였다. 추미애 의원은

1996년 노개투 당시 시민선전전

오늘 저녁 여당이 날치기할 것 같다고 귀띔했다. 같이 갔던 위원장들은 각자의 위치에서 싸울 준비를 하자며 건투를 빌고 헤어졌다.

날치기, 총파업으로 맞서다

1996년 12월 26일 새벽 6시, 야당에 아무것도 알리지 않고 신한국당 국회의원 154명은 모처에서 버스에 분산 탑승해 국회 본회의장으로 이동했다. 이어 6분여 만에 노동법과 안기부법 등을 개악해 날치기 통과시켰다.

그날 현총련은 오전 일찍 의장단 회의에서 총파업을 선언하고 전 공장을 멈춰 세웠다. 그리고 12월 30일까지 일요일을 제외하고 매일 태화강 둔치에서 '노동법·안기부법 날치기 통과 규탄 및 김영삼 정권 퇴진 노동자·시민대회'를 열었다. 이어 연말연시 휴가를 맞았다. 휴가를 마치고 신년 초부터 계속 파업이 가능할까 걱정이 많았다. 그러나 기우였다. 조합원은 물론이고 가족들까지 일사불란하게 파업 집회에 참여했고, 태화강 둔치에서 시청과 공업탑 로터리까지 행진했다. 조합원들 스스로 먹거리도 마련했다. 태화강 둔치는 집회와 거리 행진 후 매일 어묵 등을 끓이고 막걸리도 가볍게 한잔하는 소박한 잔치 마당이 됐다. 날씨는 매섭고 추웠지만 모두 당당하게 참여했다. 신부님이나 목사님도 집회에 함께하며 정부와 여당을 비판했다.

얼마 안 있어 민주노총을 비롯해 상급단체와 단위 노조 위원장들에게 체포영장이 발부됐다. 위원장들은 경찰을 따돌리고 시간에 맞춰 매일 집회장에 나타났다. 전국적으로 20만 명 이상이 참여한 동시 파업에 정부도 우왕좌왕했다. 경찰력을 전국으로 분산했기 때문에 감당하기 어려웠을 것이다. 명동성당에 농성 중인 민주노총 지도부는 6시간, 8시간 파업, 잔업 거부 등 다양한 전술을 배치하며 투쟁 지침으로 발표했다.

1월 14일, 한국노총과 연합 집회에는 4만여 명이 참여했다. 공업 도시 울산이 생긴 후 가장 많은 인원이 참여한 집회다. 조합원들은 한국노총 지도부에게도 박수와 환호를 아낌없이 보냈다. 1월 22일 '수요파업'으로 전환했어도 전국에서 16만이 집회에 참여했다. 388개 노조 35만이 파업을 벌였다. 1997년 1월 24일, 107개 노조 13만2천여 명의 4시간 부분 파업을 끝으로 1996년 12월 26일부터 전개된 30일 동안의 투쟁이 끝났다.

나는 현대차노조가 민주노총의 파업 지침을 100퍼센트 수행한 유일한 사업장으로 기억한다. 준비된 투쟁이었으며 조합원들이 흔들림 없이 싸웠다. 당시의 통계가 그때의 투쟁을 밝히고 있다. 민주노총 중앙위원회에서 경고 파업을 끈질기게 주장했으나 투쟁을 만들어내지 못한 단위 조직은 부끄러워해야 한다. 나는 투쟁을 만들어내지 못한 연맹 조직을 시끄럽기만 하다는 뜻으로 '양철연맹'이라 이름 붙이기도 했다. 이때 간부 파업이라는 이상한 용어가 생겨났다. 노동조합 상근자가 파업한다는 괴변 같은 용어다. 간부 파업은 노동운동 언어가 아니다.

총파업 당시 나와 함께 두 번에 걸쳐 똑같이 구속, 해고됐다가 복직한 김종진 기획실장을 서울 명동성당으로 파견했다. 민주노총으로 모이는 전국 상황을 빠르고 정확하게 파악하기 위한 것이다. 한편으로 위원장이 할 수 있는 작은 배려였다. 명동성당에 파견해 있으면 이번 투쟁으로 구속될 일은 없을 것으로 판단했다. 김종진 동지와는 삐삐[30]를 통해 서로 연락을 주고받았다. 명동성당에는 민주노총 권영길 위원장을 비롯해 부위원장, 현총련 의장 등 연맹 위원장과 임원들이 성모마당에 텐트를 치고 농성하고 있었다. 모든 언론이 명동성당에 상주하고 있었고, 지도부의 지침이 내려질 때마다 취재 경쟁이 치열했다. 민주노총의 위상이 그만큼 높아진 것이다.

신출귀몰한 위원장들

96~97 총파업 과정에는 여러 가지 스릴감 있고 웃지 못할 일화가 많다. 가장 스릴감 있는 것은 각 단위사업장 위원장들이 경찰의 추격을 따돌린 것이다. 당시 울산에는 230여 명의 경찰 체포조가 있었다고 한다. 그들은 집회 때마다 태화교 위에 망원경을 설치하고 둔치 단상에 있는 체포 대상자들을 계속 추적했다. 그런데 집회가 끝나면 모두 오리무중 사라져 쩔쩔맸다.

집회 장소에 시간 맞춰 위원장들이 모이면 짧게 회의를 했다. 이때

---

[30] 무선호출기로 발신자가 호출하면 수신자가 기계에 찍힌 전화번호를 확인하고 연락하는 방법으로 사용했다. 빨리 전화를 하라는 뜻으로 '8282'를 적었고, 그 숫자가 적힌 삐삐를 수도 없이 많이 받았다.

1996년 노개투투쟁
노동자여 단결하라
- 사원가족 어린이 피켓

1996년 본관 집회

1996년
노동법날치기 반대투쟁
- 오토바이 부대

마다 서로 얼굴을 확인하며 "어제는 모두 무사히 잘 도망 다녔네"라며 허허 웃으며 농담을 주고받았다. 그러나 어디서 어떻게 있었느냐는 것은 일체 묻지도 말하지도 않았다. 보안 때문이다. 각자의 방식대로 어딘가로 숨어들었고 아침이 되면 돌아왔다. 경찰과 의무경찰은 수배자의 사진과 신체 특징이 적힌 접이식 「불법 파업 시위 관련 수배자 수첩」을 들고 다니며 검거에 혈안이 됐었다. 그러나 누구 하나 검거되지 않았다.

집회가 끝나면 조합원들이 일어서서 몇 곡의 노동가를 불렀다. 의례적일 수 있지만, 이때 지도부가 단상에서 내려와 망원경으로 추적하는 경찰의 시선을 따돌리고 대열 속에 묻혔다. 대열 속에서 누군가 건네는 가방을 열어 신발과 옷을 갈아입고 헬멧을 쓰고 오토바이 대열 속으로 들어갔다. 그리고 지정된 오토바이 뒷좌석에 앉았다. 이름도 모르는 헬멧 쓴 운전자의 등을 안고 무심하게 지나가는 가로수를 바라보고 있으면 따뜻한 체온이 느껴졌다. 오토바이 대열과 함께 이동하다 지도부가 탄 오토바이는 제각각 골목으로 빠져 인근을 돌다 머물 곳에 내려주고 사라졌다. 사라지는 오토바이를 바라보면 넓은 우주 속에 버려진 고아가 된 기분이었다. 헬멧을 썼고 지도부도 여러 사람이었기 때문에 오토바이를 태워다 준 조합원은 나를 알 수 없다. 물론 나도 그를 모른다. 추적하는 경찰을 따돌리기 위해 어쩔 수 없었다.

한 곳에서 3일 이상 머물지 않았다. 불문율이었다. 변장을 위해 털모자 등을 쓰기도 했다. 내가 머물렀던 곳은 주로 조합원들의 아파트였는데 2~3일 머물다 가면 대다수 조합원과 그의 아내는 긴장 탓인지 입술이 터지기 일쑤였다. 만일 머문 곳에서 체포되면 그 조합원은 역적이 되는 분위기였다. 조합원들은 거실에 이불을 펴고 밤을 보내기도 했다. 발각되면 거실에서 잔다고 연행을 피할 수 있는 게 아니라고 해도 걱정돼 방에서 잘 수 없다는 것이다.

수많은 경찰이 체포영장이 발부된 위원장들을 검거하기 위해 울산 전역을 샅샅이 뒤지고 있었고 우리는 조합원들의 도움을 받아 도망 다녀야 했다. 하루는 내가 숨어 있는 아파트의 조합원에게 옥상에 올라가 하늘의 상태를 알아봐 달라고 했다. 그리고 다음날 집회 때 어젯밤 반달이 참으로 아름답고 바닷가 파도 소리가 슬펐다고 말했다. 내가 머물렀던 조합원 집은 시내에 있었다. 집회를 지켜보고 있는 경찰을 속이려 한 말이다. 다음날 집회 때 몇몇 위원장들이 어젯밤 정 위원장 때문에 고생했다고 했다. 바닷가 근처에 숨어있던 위원장들은 골목골목을 뒤지고 다니는 경찰 때문에 혼이 났다는 것이다. 그날 밤 경찰들이 바닷가에 있는 모든 집과 아파트를 샅샅이 뒤졌다고 했다. 용케 한 명도 검거되지 않아서 다행이었다. 다음부터 그러지 않겠다고 정중히 사과하고 모두 한바탕 웃었다. 그렇게 웃으며 경찰이 아무리 설쳐도 우리는 절대 잡히지 않는다고 서로를 북돋웠다. 당연한 이야기지만 대중 투쟁의 지도부는 조합원 대중 속에서 성장한다. 물과 물고기의 관계처럼 대중 투쟁이 활발하면 쉽게 보호받지만, 대중 투쟁이 약화하면 지도부만 표적이 돼 체포되고 간힌다.

연말연시 연휴 때는 울산에 있는 게 위험하다고 해 선배 조합원이 사는 영천 시골집에 갔다. 어머님은 돌아가시고 아버님이 혼자 계셨는데 마을 외곽에 집이 있었다. 선배는 마을 뒤 계곡에서 촌닭을 키우고 있다며 옻닭을 먹자고 했다. 가마솥에 옻을 푹 고아낸 뒤 그 물에 닭을 삶아 소주 한잔 기울이며 TV를 보고 있었다. 때마침 마을에 갔다 돌아오신 아버님도 함께 TV를 보며 이야기를 나눴다. 그때 울산 태화강에서 집회하는 모습이 나왔다. 내 얼굴이 클로즈업돼 나왔지만, 아버님은 몰라봤다. TV를 보던 아버님이 "저 빨갱이 새끼들 모조리 잡아넣어야 한다"며 큰 소리로 동의를 구하는데, 우리는 서로 얼굴을 보며 그저 웃기만 했다.

승리한 정치 총파업의 파급력

어느 날 정주영 명예회장이 경주 현대호텔에 머물면서 정세영 회장, 정몽규 부회장, 울산 공장장 등을 불러 공장도 못 돌리는 게 무슨 회장이고 부회장이고 공장장이냐며 호통을 쳤다는 소리가 들렸다. 노사 간에 문제도 아니고 엄연히 불법 정치 투쟁을 막지 못했다며 공장을 무조건 가동하라고 지시했다고 한다. 곧바로 정세영 회장, 정몽규 부회장, 공장장 등 회사 관계자들이 노동조합을 찾아와 파업을 끝내고 공장 가동을 요구했지만, 나는 거부했다.

그때 일 가운데 나는 지금도 이해가 안 되는 것이 있다. 공장장이 보인 모습이다. 지금은 고인이 됐는데, 당시 공장장은 단 한 번도 파업을 멈춰 달라고 하지 않았다. 형식적으로라도 할 수 있을 텐데 하지 않았다. 나로서는 지금도 그분의 생각을 알 수 없다. 정치 불신으로만 짐작할 뿐이다.

조합원들이 공장 내에 없을 때는 공권력 투입 가능성이 커 노조 사무실에서 업무를 볼 수 없었고 중요 의사결정은 도망 다니면서 해야 했다. 부분 파업을 할 때는 조합원들이 공장 내에 있었기 때문에 노동조합 사무실에서 생활했다. 사무실에 있을 때는 매일 아침 진념 노동부 장관으로부터 전화를 받았다. 그는 "위원장님 이러시면 지켜드리지 못합니다."라고 했다. 나는 "어차피 각오하고 있습니다."라고 답했다. 그리고 "장관님이 저를 보호할 수 없는 것도 잘 알고 있습니다."라고 말했다. 정부는 현대차노조의 파업 지속 여부를 96~97 총파업의 중요 포인트로 판단하고 있는 듯했다. 현대자동차의 파업으로 부품업체까지 포함하면 30여 만의 노동자가 일손을 놓았기 때문이다.

노개투 승리 이후 민주노총이 합법화됐고 위상도 높아졌다. 민주노총 사무실에 기자실이 만들어지기도 했다. 노동부 장관, 도지사, 광역시장 등이 이런저런 이유로 노동조합을 방문하기도 했다. MBC의 '시사토크 100분 토론'(이하 '100분 토론')31) 등 언론 시사 프로그램에 노동계 인사들이 자주 출현해 의견을 말하는 기회도 많아졌다.

---

31) '시사토크 100분 토론'은 1987년 10월 21일 첫 방송을 시작으로 1999년 10월 21일까지 방송된 프로그램이다. 이후 1999년 10월 22일부터는 현재의 '100분 토론'이라는 이름으로 이어지고 있다.

총파업이 끝나고 어느 날 노동부 울산지청장이 나를 만나려 노동조합에 찾아왔다. 그는 대통령상을 추천하고 싶다고 했다. 내 의견을 묻기에 세상 많이 변했다 생각했다. 파업 잘했다고 대통령상을 주려나 속웃음이 났다. 당연히 회유책이라 생각했고 살웃음을 띠며 부드럽게 거절했다.

정치적 힘은 사회에 미치는 영향에 따라 달라진다. 민주주의 국가에서 국가권력은 투표로 선택된다. 그러나 노동자는 표를 가장 많이 가진 집단이지만 구심점을 만들지 못했고 표를 집결시키지 못했다. 노동자, 농민, 도시 서민 등 사회적 약자의 요구를 집단적으로 주장하고 현실화하기 위해 노개투 승리의 힘으로 민주노동당을 건설했다. 그리고 2004년 총선에서 10명의 국회의원이 당선됐다. 우리는 노동자 중심의 진보정당을 통해 노동자의 요구를 관철하고 나아가 국가권력의 주인이 되는 꿈을 꾸었다.

96~97 총파업 투쟁 승리는 전 세계 노동운동의 신선한 충격이었다. 노개투에서 중추적 역할을 했던 금속 3 조직[33]은 샌프란시스코에서 열리는 국제금속노련(IMF) 회의와 일본, 홍콩에서 열리는 아태지역회의에 초청받았다. 그들은 우리를 부러워했다.

미 대사관 측의 면담 요청이 있어 대사관에 가기도 했다. 패권국인

---

33) 1996년, 1997년 당시 민주노총 소속되어 있는 금속연맹, 자동차연맹, 현총련을 말한다.

미국 대사관의 보안은 철저하고 수준 높은 시설을 갖추고 있었다. 면담 요청을 받았다는 것을 밝히고 승용차로 정문에 들어서는데 겹문이었다. 첫 번째 문을 통과하자 문이 닫히고 진행 방향 쪽도 닫혀 있었다. 조금 있으니 진행 방향 쪽 문이 열렸다. 그사이 보안 검색을 한 것이다.

나를 만나자고 한 사람은 노동과 정치를 담당하는 '마이클 마틴'이라고 자신을 소개했다. 그는 우리나라 노동계의 정파와 각종 정치적 현실에 대해 적어도 나보다 더 정확한 정보를 갖고 있었다. 대사관에서 통역을 담당하고 있는 한국인 여성 직원이 마틴은 새벽 2~3시까지도 자료를 찾고 언론 보도를 분석해 보고서를 작성한다고 했다. 나는 CIA 요원일 거라고 짐작했다. 대통령 선거에서 야당인 김대중이 나오면 지지할 수 있는지 물었다. 그때는 아직 국민승리21도 권영길 후보도 없을 때이다. 정권교체를 위해 지지하지 않을 이유가 없다고 답했다. 그리고 그는 노동조합 임기가 끝나면 미국에 1년간 유학을 보내주겠다고 제안했다. 물론 비용과 모든 것을 자신들이 책임진다고 했다. 내가 영어를 못한다고 하자 전용 통역사까지 붙여주고 그 밖의 모든 편의를 제공하겠다고 했다. 나는 정중히 거절했다. 면담을 이어가며 미국이 전 세계 패권 국가 지위를 유지하기 위해 생각보다 더 열심히 밤낮으로 뛰고 있다는 사실에 놀랐다. 우리 모두 미국으로부터 전시작전권을 환수하고 민주적 자주 국가를 만들기 위해 더 열심히 노력해야 한다는 것을 절실히 깨달았다.

노개투 승리 이후 정국을 수습하기 위해 청와대 춘추관에서 노사정이 참가하는 행사를 개최했다. 정부에서는 김영삼 대통령을 비롯해 국무총리 및 각부 장관들이 참석했고 재계는 경총 등 경제단체 대표와 현대 및 그룹사 회장 등이 참석했다. 노동계 대표로는 민주노총 권영길 위원장이 참석해야 했지만, 당시 법외 노조라 국가 공식 행사에 참여할 수 없다고 했다. 그래서 민주노총 회의에서 공식 대표자로 나를 파견했다. 그 자리에 한국노총 간부들도 있었다. 대통령의 발언 이후 마이크가 나에게 왔다. 나는 3천2백6개 노동조합 파업 참여 연인원 3백5십9만7천11명의 조합원 대표자 자격으로 노동조합 활동 보장과 민주노총 합법화 등을 정부와 재계에 요구했다. 전국의 노동자들이 함께 투쟁해 이루어 낸 승리가 있었기에 가능한 일이다. 행사 후 대통령을 비롯한 참석자 전원과 악수로 인사할 때도 승자의 당당함과 민주노총의 대표자라는 내 역할을 잊지 않으려 했고 금형사상공으로서 내 근본을 잊지 않았다.

총파업에는 현총련, 자동차연맹, 금속, 화학, 건설, 대학, 사무, 병원, 전문, 언론, 의보, 지하철, 화물 등 제조업과 비제조업, 공공부문 등 전체 노동조합이 참여했다. 그것도 그들이 말하는 불법으로 했다. 정치 투쟁이다. 정치 총파업의 승리는 처음이며 그 이후 현재까지 없었다.

권영길 민주노총 위원장을 비롯해 체포영장을 발부받았던 전국의 수많은 노동조합 간부들이 단 한 차례의 소환 조사도 받지 않고 없었던 일이 됐다. 정치 투쟁의 승리는 엄청난 것이었다. 그때까지 민주노총은 법외 노조였고, 합법 필증을 받지 못했다. 정부는 노개투 후 합법 필증을 내줬다. 투쟁으로 복수 노조의 합법성을 확보한 것이다. 노개투를 통해 그들은 노동조합을 파괴할 수 없음을 알았을 것이다. 30일 동안 총파업을 포함한 다양한 쟁의 행위에 대해 회사 측은 단 한 명도 징계할 수 없었고 손해 배상 청구도 못 했다. 이후 자본과 정부는 노동조합을 개량화하는 전술로 바뀌어 갔다.

민주노총 위원장 출마 그리고 낙선

민주노총 출범 1년여 노개투 준비 과정을 지켜보며 현장과 상급 단체의 의견 차이가 크다는 것을 알았다. 경고 파업을 강행해야 한다는 의견을 제시하는 쪽과 때를 기다려야 한다는 쪽의 생각 차이가 컸다. 한쪽은 회의 때마다 '파업, 파업!'을 외치며 지도부를 구석으로 밀어붙였다. 지도부가 현장의 조건 등을 고려하기 어려운 회의 분위기를 보며 현장의 의견이 반영되는 민주노총이 돼야 한다는 생각을 많이 했다.

노개투에서 경고 파업을 유예하도록 한 나를 경고 파업을 주장한 쪽에서는 개량주의, 기회주의라고 했다. 투쟁을 회피한 비겁한 위원장이라고 비난했던 그들은 정작 투쟁이 벌어졌을 때 파업 지침을 대부분 실행하지 못했다. 그러나 계속 강도 높은 투쟁을 외쳤다. 때를 기다린 총파업으로 투쟁은 승리했지만, 파업 지침을 제대로 수행하지 못한 그들은 법이 통과되기 전 경고 파업을 유예한 것이 오류였다고 지금까지도 각종 평가서에 기록하고 있다. 그들의 주장은 민주노조운동의 큰 장애로 보였다. 그들은 현실 불가능한 투쟁을 외치며 지도부의 무능을 부각해 자신들만의 정파적 이해를 관철하려 하는 것 같아 쓸쓸했다.

노개투 때 '국민과 함께하는 노동운동'이라는 구호를 내세우며 파업 지침을 수행했던 동지들이 새로운 민주노총을 만들어야 한다고 의지를 모았다. 그리고 나를 위원장 후보로 추대했다. 열심히 싸웠던 우리를 그들은 국민파로 불렀다.

'국민'이라는 말에 일부의 비판도 있었다. 국민, 인민, 민중의 사전적(辭典的) 뜻풀이는 비슷하다. 엄밀히 말하면 국민은 국가의 구성원이고 인민이나 민중은 구성원이지만 피지배 계급으로서의 대중을 말한다. 나와 뜻을 같이하는 동지들은 조합원 그리고 국민에게 노조가 친숙한 조직으로 받아들여지기를 기대했고, 우리 자신부터 노조의 문턱을 낮추려고 노력해야 한다고 생각했다. 세상은 사회과학 서적에 나오는 원칙을 소리 높여 주장한다고 바뀌지 않는다. 원칙적인 요구와 주장은 정치경제학 책 한 권에 다 들어있다. 누구나 쉽게 주장할 수 있는 것이다. 기득권 세력의 벽을 돌파하기 위해서는 정세에 대한 정확한 인식과 다수를 설득할 수 있는 정책 그리고 용어 선택이 중요하다. 현대차노조도 여러 집행부가 있었다. 나는 원칙적인 주장만 하다 아무것도 현실화하지 못하는 결과를 많이 보았다. 세상은 힘이 있어야 올바른 방향으로 진화할 수 있다. 가진 힘만큼 결과가 있다는 것을 오랜 투쟁으로 체험했다. 노동조합을 중심으로 힘을 모으고 키우기 위해 조직을 편성하고 교육, 선전, 집회 등을 하는 것이다. 원칙적인 선언만 하는 운동 방식이 아닌 정세와 주체적인 역량을 판단해 대중과 함께

전진해 가는 운동이 나와 함께한 동지들의 노동운동 방향이었다.

민주노총이 사회적 교섭을 하면 안 된다고 주장하는 그들을 보면 갑갑했다. 민주노총 산하 모든 사업장이 회사와 교섭을 하고 결렬되면 파업을 한다. 노개투를 위대한 승리로 이끈 위력적인 투쟁이 가능했던 것도 민주노총이 '노사관계개혁위원회'에 참가해 충실하게 협의하다가, 정당한 요구가 기어이 받아들여지지 않자 결렬을 선언하고 투쟁에 나섰기 때문이다.

민주노총 위원장이 돼 현장의 의견이 반영되는 투쟁 지침을 결정하도록 혁신하고 계파 간 갈등을 극복하고 싶었다. 회의 때마다 파업만을 주장하는 단위는 그들 먼저 투쟁 지침을 수행하고 파업에 돌입하도록 방침을 정하고 싶었다. 그들은 투쟁 의지도 능력도 없으면서 파업만을 주장하고 선명성을 내세웠다. 그러나 정작 파업이 결정되면 말만 앞세우는 무능의 극치를 보이기도 했다. 그들의 이러한 행태는 열심히 투쟁을 조직하는 현장 지도자들을 지치게 했다.

1998년 초 민주노총 위원장 후보로 등록했는데 다른 계파에서 선거대책본부로 제안이 왔다. 표를 몰아주는 대신 1년만 집행한 뒤 사퇴하라는 것이다. 나는 경악했다. 전국 각지에서 민주노총의 파업 지침을 수행하기 위해 구속 해고를 마다하지 않는 단위사업장 동지들을 생각하니 기가 막혔다. 노동운동의 원칙도 철학도 없는 자들이 민주노조 운동의 주류로 자리잡고 있다는 사실에 가슴을 쳤다. 민주노총 규약에 임기가 명확히 적혀 있고 선거관리위원회에서도 집행 기간을 명시해 공고했다. 계파의 이해관계를 위해 활동가로서 원칙과 기본을 저버린다는 것에 화가 났다. 나는 거부했다. 그리고 선거 패배를 직감했다. 현장으로 돌아가는 것이 답이라고 생각했다. 결과는 예상을 벗어나지 않았다. 위원장 후보자인 나의 능력 부족이 패배의 가장 큰 원인이겠지만, 대의(大意)를 몰각한 거래를 하지 않고 운동 원칙을 지켰다. 현혹되지 않고 원칙을 지켜준 선대본부 동지들께 감사했다.

표를 몰아줄 테니 1년 후 사퇴하라는 원칙 없는 제안은 대의원대회에서 선거 결과로 나타났다. 새롭게 선출된 위원장은 선거 때 1년 임기를 약속했으나, 1년 6개월 후 자진사퇴 했다. 그들끼리의 약속을 지킨 것이다. 내가 본 진보의 주력군, 민주노총 지도부 계파 간의 모습이다.

민주노총 최고 지도부가 원칙 없이 바뀌는 즈음 현대, 대우, 기아, 쌍용 등 자동차 완성 4사 노동조합은 '대우자동차 해외 매각 반대 투쟁'을 조직했다. 여기서도 그들과 대립해야 했다. 80년대 '골방'에서 철저히 보안을 지키며 저항했던 학생운동의 조직 운영 방식이 대중화된 노동운동에도 그대로 적용됐던 것이다. 완성 4사 위원장과 연맹 부위원장이 참석한 회의에서 결정된 투쟁 방침을 연맹의 공문 한 장으로 바꿔버리는 만행을 지켜보기도 했다. 이는 '골방운동'의 가장 큰 단점인 계파의 지도부가 결정하는 한계를 극복하지 못한 것이었다. 노동조합의 각종 의결 기구에서 결정하는 것이 가장 올바르다고 생각한다.

28여 년이 지나 민주노총 토론회 후 뒤풀이에 갔다. 식사와 가볍게 술을 마시다 한 동지가 웃으면서 나에게 당시 민주노총 위원장 당선 1년 후 사퇴 약속을 지키지 않으려 해서 황당했다고 했다. 나는 아무 말 하지 않았다. 황당하다는 말이 어이없었기 때문이다. 부끄럽지도 않나, 집행권을 장악하기 위해 뭐든지 할 수 있다는 것인가, 아무런 원칙 없는 운동이 오늘날의 노동운동을 허약하게 만든 것 같아 가슴 아팠다.

사람은 누구나 공(功)과 과(過)가 있다. 과에 대해 반성하고 부끄러워해야 한다. 그런데 인식조차 못 하는 것 같아 오히려 안쓰러웠다. 나에게도 공이 있고 과가 있고 아쉬움도 있다. 잘못을 반성하고 참회하며 여생(餘生) 속에 이를 곱씹어 사죄하고 담담하게 증언하는 것이 노동운동가로서 마지막 책무일 것이다.

국가 부도,
1998년 구조조정의 회오리와 그 뒤

벼랑 끝으로 몰린 노동자, 민중

"빚 독촉에 몰려 일가가 음독자살하고, 중소기업 사장이 투신자살하며, 어제까지 회사의 어엿한 중견 간부이던 사람이 졸지에 집 잃고 마누라 잃고 서울역의 무숙자(homeless)가 되고, 택시 운전수가 강도로 돌변하며, 버려진 아이들이 길거리에서 울고 있다. '소비의 사회', '영상세대의 등장', '정보통신혁명'의 구호가 들린 지가 어제인데 오늘은 생존을 위한 일차적 욕구를 충족하지 못한 사람들의 신음과 고통이, 한국전쟁 직후에나 볼 수 있었던 결식아동들의 퀭한 눈동자가 우리 앞에 나타났다."

김동춘 교수가 'IMF 사태'에 대해 쓴 「한국사회에서 '진보'의 의미」라는 글의 머리말이다. 『경제와 사회』 1998년 봄호에 실렸다. 국가 부도의 쓰나미는 노동자, 민중의 삶을 덮쳤다. 원 달러 환율은 외환위기 이전 8백~9백 원에서 2천 원에 육박할 정도로 천정부지로 솟았다. 기업이 부도나고, 자영업자가 파산했다. 산업 구조조정과 함께 수백만 명의 노동자가 일자리를 잃거나 해고의 위기에 내몰렸다. 실업률은 외환위기 전 2.6퍼센트에서 7퍼센트 대로 높아졌다. 이혼율도 급증했다. 거의 통계에 잡히지 않던 노숙자도 1만 명 이상으로 늘어났다. 바야흐로 노동자 민중의 겨울이 시작된 것이다.

위기 극복을 위해 국민은 금 모으기와 일자리 나누기, 실업 극복 운동에 나섰다. 이러한 결과 세계 어느 나라보다 빠르게 IMF 통치에서 벗어났지만, 정부의 구조조정과 정리해고 도입 등 노동시장 유연화 정책으로 소득 불평등은 심화하고 비정규직 양산 등 심각한 사회 문제를 낳았다.

1997년 불어닥친 외환위기의 후유증은 여전히 진행형이다. 정리해고, 실업, 소득 감소로 중산층이 붕괴했고 비정규직 확대로 고용의 질은 낮아졌다. 이에 따라 상대적 빈곤율이 증가했다. 이러한 사회 현상으로 현재 한국은 노인빈곤율, 자살률이 OECD 1위다. 청년층의 비공식 실업 체감률은 20퍼센트 이상, 노동 시간과 비정규직 비율은 OECD 상위권 등 각종 사회 지표에 빨간불이 켜진 지 오래다. 이 가운데 합계 출산율은 세계 최저다. 무엇보다 공동체가 급속히 해체되어 각자도생, 약육강식의 경쟁에 내몰려 인간성마저 파괴되고 있다.

거침없이 밀어붙인 현대차의 구조조정

1998년 현대자동차는 '인력관리 운영계획'을 통해 한 해 동안 3천1명의 여유 인원을 정리하겠다는 계획을 밝혔다. 97년 말 비조합원인 일반직 과장급 이상 800명 이상을 명예퇴직시키고, 하청 노동자 1천800여 명을 해고했다. 노조는 이에 맞서 98년 1월 13일 3차 임시대의원대회를 열어 쟁의 행위를 만장일치로 결의하고 중앙비상대책위원회를 구성했다. 1월 18일 조합원 찬반 투표에서 83.3퍼센트의 찬성으로 쟁의 행위를 결의했다.

4월 9일 조선일보에는 생산직 9천200명, 과장급 이상 300명 감원이라는 기사가 실렸다. 한순간에 노동조합이 없었던 10년 전으로 돌아간 것 같았다.

1998년 정리해고 반대 결의대회

WIN21 현황판, 조기 체조, 인사고과, 지부 IC 카드, R/F 카드, 오토바이 통제, 일반 사무직 휴일 강제 특근 및 연월차 강제 사용, 품질 실명제 등 각종 통제 수단을 동원해서 회사는 공포 분위기를 조성했다.[33] 4월 16일에는 일방적으로 희망퇴직자 모집 공고까지 했다.

4월 17일 중앙비상대책위는 기자회견을 통해 주당 근무 시간을 38시간으로 단축하고 배치 전환을 통한 일자리 나누기를 제안했다. 회

---

33) 'WIN21 현황판'은 생산 현황판으로 불량 작업자와 생산 계획과 실적 등을 게시했다. 지부 IC 카드, R/F 카드는 부서에서 직원의 현장 내 이동 출퇴근을 관리하고 있지만, 최신 장비로 통제를 강화하려는 수단으로 설계됐다. 노조는 보안 문제가 있는 연구소에서 사용하는 것을 인정했으나 일반 부서에서는 사용하지 못하도록 했다.

사는 노동조합의 제안을 무시하고 4월 17일부터 1주일간 1차 희망퇴직자 모집에 들어간다고 언론을 통해 발표했다. 처음부터 회사는 노조와 협상으로 문제를 해결할 생각은 전혀 없었다. 밀어붙이면 된다는 식이었다. 노동조합이 밀리는 듯해 보이자, 자신감을 얻은 회사는 희망퇴직 인원과 차수를 계속 늘려갔다.

노조는 일자리 지키기 걷기 대회와 조합원 가족 마당을 열어 2만여 명이 울산 공설 운동장에서 태화강 둔치까지 행진했고, 울산시의원 17명이 정리해고 반대 기자회견을 했다. 회사는 5월 14일부터 1주일 동안 2차 희망퇴직을 시행해 1천500여 명이 공장을 떠났다. 5월 20일 2천200억 원의 임금 삭감과 8천1백89명에 대한 2년간 무급 휴직, 정리해고를 기정사실로 하며 공세를 높였다.

6월 24일 노조는 3차 희망퇴직에 합의했다. 노사가 합의한 3차 희망퇴직으로 2천여 명이 다시 회사를 떠났다. 희망퇴직이 아니라 정리해고였다. 4차, 5차 희망퇴직으로 또 3천여 명이 회사를 떠났다. 5차까지 희망퇴직 인원은 8천여 명이 넘었다. 7월 20일 1만여 명의 조합원이 참여한 결사 항전 결의 대회에서 위원장은 삭발식을 거행했다. 조합원 5천여 명은 노동조합을 중심으로 천막 농성에 들어갔다.

굴뚝 농성

집행부의 요청으로 전직 위원장 이헌구, 윤성근, 그리고 나를 포함하여 세 사람이 굴뚝 농성을 시작했다. 굴뚝 중간 45미터 지점에 폭 1.5미터, 높이 1.3미터 정도의 난간이 있었는데, 그곳이 농성 장소였다. 장기 농성을 위해 햇빛, 바람, 비, 이슬을 막을 수 있는 천막이 필요했다. 천막은 일정한 간격으로 뚫린 구멍에 와이어를 끼운 뒤, 굴뚝에 한 바퀴 감아 단단히 고정했다.

고공 농성 첫날 밤에 소나기가 내렸다. 높은 굴뚝을 타고 빗물이 폭포처럼 쏟아졌다. 물바다 속에서 그날 밤을 지새웠다. 다음날 빗물을 피하고자 바닥과 10센티 정도 띄워 합판을 깔았다. 그리고 난간 바닥 콘크리트에 구멍을 몇 개 뚫어 빗물이 빠질 수 있도록 했다.

굴뚝에는 항공기의 안전 운항을 위한 전기 경고등이 있었다. 그곳에서 보전[34] 출신인 이헌구 전 위원장이 밤에도 움직일 수 있게 조명을 설치하고 핸드폰 충전을 위해 멀티탭을 설치했다. 금형사상공인 나는 바닥을 솜씨 있게 합판을 깔아 좁지만 3명이 편안히 누울 수 있게 했다. 윤성근 전 위원장은 공권력이 투입됐을 때 장시간 버틸 수 있는 비상식량 및 생수 등 물품을 정리했다. 설치에 필요한 각종 공구와 재료들은 도르래를 장착한 후 밧줄에 플라스틱 통을 매달아 두레박처럼 올리고 내렸다. 자동차 생산 분업화에 숙련이 돼 있는 우리는 고공 농성장 설치에도 자연스럽게 업무를 분담해 생산성

을 극대화했다. 숙련된 노동이 역사를 발전시킨 가장 큰 원동력이란 사실을 굴뚝 농성에서 다시 한번 확인할 수 있었다.

공권력이 투입돼도 전력 공급은 항공기 안전 때문에 중단하기 어려워 보였다. 헬기가 굴뚝 주위를 돌며 위협했으나 우리는 두렵지 않았다. 굴뚝 중간 지점에 있었기 때문에 헬기 접근이 불가능하다고 판단했다. 경찰이 굴뚝 농성 진압을 고민한다는 이야기는 들렸지만, 우리가 볼 때 뾰족한 수가 없어 보였다. 우리는 육군 하사, 병장, 해병대 출

---

34) 생산 현장에서 공무(工務)를 말하는데 주로 공장 내 장비 전기 등을 다룬다.

신으로 유격 훈련, 혹한기 훈련, 전방 철책 근무 등의 군사훈련을 받은 예비역이다. 그만큼 상황 대처에 자신이 있었다.

식사는 밑에서 준비한 음식을 플라스틱 통에 담아주면 끌어올려서 했다. 소변은 밀봉할 수 있는 플라스틱 통에 모아 밑으로 내려보냈다. 대변은 간이 재래식 변소처럼 한 뼘 정도 높이로 양쪽 발판을 만들고 발판 밑에 신문지를 깔아 해결했다. 그리고 비닐봉지에 넣어 묶어 놓았다가 아래로 내려보냈다.

집회가 열리면 농성장에서도 함께했다. 집회 시간이 아닌 조용할 때는 주로 책을 읽었다. 밤에는 책을 보거나 야경을 몇 시간이고 바라봤다. 위에서 내려다보는 세상은 밑에서 보는 것보다 훨씬 아름답고

슬퍼 보였다. 누가 찾아오면 아래를 바라보면서 핸드폰 통화로 대화했다. 밤낮으로 책을 읽을 수 있는 시간이 많았다. 굴뚝 농성 장소는 독방 징역살이보다 넓은 공간에 시야도 넓게 트여 있었다.

1998년 구조조정 반대 투쟁은 생존권 싸움이다. 생존권을 위협받는 노동자의 처지가 그저 음울했다. 자본과 노동의 극한 대립, 자본의 본질은 무엇인가? 노조가 밀리는 듯 보이자 구조조정 인원을 계속 늘리며 밀고 들어오는 모습에 분노만 솟구쳤다. 45미터 높이의 고공에서 조합원의 한 사람으로서 지켜보고 있는 것 말고는 할 수 있는 게 없어서 답답할 뿐이었다.

큰 투쟁을 수행할 때 지도자는 목소리만 높인다고 해서 문제를 해결할 수 있는 게 아니다. 노사 모두 상대의 정보와 수(手)를 모두 읽고 있으므로 과격한 용어를 나열하고 협박한다고 해 달라지는 것은 없다. 주체적인 힘을 어떻게 결집하느냐에 따라 승패가 결정된다. 그리고 집행부의 군건한 모습이 조합원들에게 올바로 전달될 때 조합원들이 믿고 한곳으로 힘을 모아준다. 큰 투쟁을 승리하기 위해서는 지도부의 흔들림 없는 자세와 강인한 의지 그리고 올바른 전술이 매우 중요하다.

8월 19일 노무현 국민회의 부총재를 중심으로 중재단이 내려와 협의를 이끈 끝에 20일 노사합의문이 나왔다. 요약하면 다음과 같다.

현대자동차 고용조정과 노사화합을 위한 합의문

1. 노사는 회사 측이 통보한 1천5백38명의 조정 대상자 중 227명을 경영상 해고한다.
2. 경영상 해고 대상자에 대해서는 근속기간 5년 미만은 7개월, 5년 이상 10년 미만은 8개월, 10년 이상은 9개월의 위로금 지급을 원칙으로 한다.
3. 경영상 해고 대상자를 제외한 1천261명에 대해서는 1년 6개월간의 무급휴직을 실시한다. 단 1년 경과 후 6개월간 내부기관에 의한 교육 훈련을 실시한다.

이외의 노사 화합 조치 등 부속 합의가 있었다. 97년 말 하청 노동자 1천800여 명 해고, 과장급 이상 800여 명 명예퇴직을 시작으로 5차에 걸쳐 희망퇴직 8,000여 명 정리해고 277명, 무급휴직 1천2백61명 등 총 1만2천여 명의 구조조정이 정몽규 대표이사와 노조 위원장의 잠정 합의로 마무리됐다. 8월 24일 노사 잠정 합의안이 나온 후 34일간

의 굴뚝 고공 농성을 마치고 우리는 쓸쓸히 내려왔다. 1만2천여 명이 구조조정 당하는 패배였다. 가슴이 쓰라리고 답답했다. 농성했던 조합원들은 분노했고 노동조합의 집기는 부서졌다. 농성 사수대는 옷을 벗어 불태웠다.

구조조정의 후유증

잠정 합의안은 조합원총회에서 부결됐지만 9월 4일 위원장은 합의문에 직권 조인했다. 노동조합의 조기 정상화를 위한 공동대책위(공대위)를 구성해 집행부 총사퇴를 요구했으나 거부해 위원장 불신임 여부를 위한 총회를 소집했다. 조합원총회에서 62.3퍼센트가 찬성했으나 의결 정족수 3분의2가 안 돼 부결됐다. 위원장은 경찰에 자진 출두해 구속됐고, 직무대행 체제로 집행부를 꾸렸으나 시트사업부 매각 등 계속된 구조조정에 대응할 조직력을 회복하지 못했다. 노조 정상화를 위해 전직 위원장, 제(諸)조직 의장, 대의원 대표 등 총 26명으로 비상대책위원회를 구성했고 집행부는 사퇴했다.

당시 현대자동차는 30년 동안 계속 흑자를 냈다. 회사는 구조조정 합의 후 4개월 뒤인 12월 3일 기아자동차 인수 계획을 발표했다. 그리고 그해 400억의 순이익을 냈다. 이것이 회사가 말하는 긴박한 경영상의 위기인가? 근로기준법은 정당한 이유 없이 정리해고 하지 못하도록 규정하고 있다. 또한 긴박한 경영상 이유가 있을 때 합리적이고 공정한 기준으로 해고 대상자를 선정하도록 하고 있다. 그러나 법은 있으나 마나였다. 회사는 법을 무시하고 목적을 달성했다. 자본의 탐욕은 끝이 없었다.

  회장까지 참여해 엄격한 심사를 거쳐 최종 선발한 모범 사원, 자랑스러운 현자인[35]을 잘라낸 것이었다. TV 광고까지 하면서 직장인의 모범으로 전 국민에게 선전했던 자랑스러운 현자인은 98년 구조조정에서 모두 쫓겨났다. 합리적이고 공정한 해고 기준은 없었다.

  1998년의 구조조정은 1987년 노동조합 설립 후 만 10년 되는 해에 희망퇴직과 정리해고라는 명분으로 노사 서면 합의로 이뤄졌다. 그리고 식당에서 근무하던 여성 조합원 전원이 구조조정 됐다. 이에 대해 여성단체는 남성 중심 사업장에서 성차별적인 구조조정이라며 강하게 비판했다. 성차별적 구조조정이라는 비판은 노사정 모두 인정하고 있었다.

  정리해고자 명단에 이름이 보이자 노조 식당에서 근무하며 복직 투쟁을 전개한 최종희, 정영숙, 정영자 등 여성 동지들에게 체포영장이 발부되기도 했다. 이들은 '여성이란 이유로 자행된 구조조정은 부당하다.'고 주장하며 최전선에서 투쟁했다. 그들은 남성 중심 사업장의 희생양이었다. 여성 조합원들의 투쟁은 부당한 성차별적 구조조정 합의의 문제점을 부각한 투쟁이었다.

---

35) 현대자동차 노동자를 말한다.

비가 추적추적 내리는 어느 날 동구 일산동 전하아파트 근방을 걸어가는데 누가 부르는 소리가 나서 돌아봤다. 붕어빵을 파는 분이 달려와 주춤주춤 어색한 말로 "현대자동차에 다니다 정리해고 당했다"고 말했다. 붕어빵이 잘 나가는 날에는 하루 5만 원을 벌 수 있고 오늘같이 비가 오는 날에는 2~3만 원 정도 번다고 했다. 인사를 하고 헤어졌는데 온갖 생각이 머리를 어지럽혔다. 어느 아파트에서는 정리해고 당한 조합원이 아침이면 자신의 차를 분해해 깨끗이 청소하고 저녁이면 조립하는 일을 반복하고 있다는 소리도 들렸다. 정리해고자들은 현장에서 자신을 내쫓으려고 위협했던 관리자와 동료를 협박해 희망퇴직하게 한 이들과 같은 공간에서 함께 살아야 했다.

현장 조합원들은 옛 동료인 희망퇴직자들을 만나 구조조정 당시 관리자들의 행위를 공유했다. 불신의 벽은 높아만 갔다. 회사는 구조조정 대상자에서 제외된 조합원들을 일정한 장소에 모아 산행이나 회식을 했다. 구조조정 저지 투쟁에 결합하지 못하도록 한 조치였다. 직장 동료 중에는 입사 동기, 동문, 동향(同鄕) 등 사적으로 끈끈한 관계도 많다. 생존권을 지키기 위해 농성에 참여해 어린 자식을 안은 채 투쟁하는 조합원과 회사가 모이게 한 곳에서 회식을 한 그들의 심정은 어떠했을까? 며칠 전까지 함께 어울려 여행하고 음식을 나누며 자식 교육 문제, 주거 문제를 고민하던 동료들이다. 하루아침에 서로의 처지가 달라졌다. 인간성이 파괴돼 갔다. 구조조정 후 관리직 사원이나 조합원들이 회사를 바라보는 시각이 달라졌다. 그 후유증은 지금도 계속되고 있다. 회사가 사원을 가족이라 했던 말을 믿는 사람은 이제 더는 없다. 1998년 현대자동차 구조조정은 회사에 매년 떼돈을 벌게 해주었고 노동조합은 조합원들의 고용을 지키지 못했다. 노조 집행부와 나를 비롯한 모든 활동가가 회사의 탐욕을 막지 못했다. 현대자동차 노동운동에서 뼈아픈 실패의 역사다.

피폐한 현장, 이계안 사장과 만남

나는 8대 임원 선거에서 조합원을 중심에 둔 고용 안정 확보, 현장 중심의 노조 운영과 현장 조직 재건으로 탄압 분쇄, 지부의 집행 지도력 강화 및 지원 등의 선거공약을 내세워 당선됐다. 8대 집행부는 무급 휴직자 조기 복귀, 정리해고자 복직, 1998년 구조조정으로 피폐화된 현장 조직력의 복원, 노동조합의 위상 재정립, 완전 고용 보장, 3사 노조 통합 완성, 조합원 교육 강화, 노조 일상 활동 강화 등을 주요 과제로 설정했다.

현대차노조는 현대정공, 현대자동차 A/S 등 3사 노동조합 통합 준비에 들어갔다. 확대운영위원회 신설, 본부와 지부의 중요 집행 방향 결정 참여 보장, 제도 개선, 규약 규정 통합, 재정 통합 등 노조 통합 구조를 만들었다.

조합원의 25퍼센트 정도인 1만2천여 명이 구조조정 당한 현장은 피폐화됐고, 노동조합과 회사에 대한 불신이 조합원은 물론 비조합원인 일반직에도 광범위하게 퍼져 있었다. 현실은 암울했지만 하나하나 풀겠다며 마음을 다잡았다. 민주노총 등 서울에 출장이 있을 때는 계동 본사 사원들이 이용하는 한식 식당 밀집촌에서 이계안 사장과 일정을 조율해 점심 식사를 같이하거나 커피숍에서 만나 많은 이야기를 나눴다. 사장을 만나기 전에는 노조 정책실에 세계 자동차 시장의 흐름과 현대자동차 경영 분석 등을 꼼꼼히 챙겨 달라고 부탁해 밤늦게까지 외우다시피 했다.

이계안 사장은 독서광이라는 소문이 자자했다. 사장이 책을 너무 많이 사들여 본사 감사실에서 감사할 정도였다는 정보를 입수했다. 이계안 사장은 내가 만나본 회사 중역 가운데 가장 해박하고 논리적인 분이었다. 만나서 밤새 외웠던 노조 정책실 자료 내용을 하나하나 이야기하고는 아무것도 요구하지 않고 그냥 울산에 내려왔다. 커피숍에서 만날 때면 약속 시각 전에 반드시 도착해 있었고 항상 책을 읽고 있었다.

네 번째쯤 만났을 때 이계안 사장은 왜 나를 만나는지 속내를 이야기하라고 했다. 나는 8대 집행부 위원장 취임 첫해 임금 협상을 잘 풀기 위해서는 먼저 무급 휴직자, 정리해고자를 조건 없이 복귀시켜야 한다고 했다. 구조조정 당시 노사의 극한 대립에서 이계안 사장은 비켜나 있었기 때문에 사장만 결심하면 문제는 의외로 쉽게 풀릴 수 있다고 판단했다. 그리고 책을 많이 읽는다는 것은 세상을 바라보는 폭이 넓을 것이고 논리적인 사람은 논리로 접근하면 의외로 쉽게 풀릴 수도 있다고 생각했다. 판단은 맞아떨어졌다. 그때 내가 말한 것은 '시간이 지나면 무급 휴직자는 복귀할 수밖에 없고, 노사 합의한 정리해고자는 277명이다. 작년에 구조조정으로 1만2천여 명이 회사를 떠났다. 그들은 희망퇴직이라고 하지만 정리해고된 것이다. 노사 합의로 정리해고된 277명은 임금 협상 때 계속 격렬하게 복직 투쟁을 할 것이다. 이 문제를 안고 노사가 어떻게 임금 협상과 생산에 집중할 수 있겠는가'라며 지금까지의 경험과 현대자동차 노사 관계 등을 세세히 말했다. 긍정적으로 생각해 보겠다는 의외의 답변을 받았다. 다음에 만났을 때 이계안 사장은 현장 중역과 간부들의 반발이 만만치 않다고 했다.

울산에 내려와 1공장 사업본부장실을 찾아가 다른 사업본부장들은 모두가 긍정적으로 무급 휴직자와 정리해고자 조기 복직을 받아들이고 있는데 1공장 사업본부장만 반대한다는 이야기가 있는데 사실인지를 물었다. 아니라는 답변에 찬성은 못하더라도 반대는 말아 달라고 부탁했다. 2, 3, 4 공작사업부 등 사업부본부장을 차례로 찾아가 똑같은 말을 했다. 현장 본부장과 중역들의 생각을 정리해야 문제가 풀릴 것으로 판단했기 때문이다.

이후 뒷이야기가 들렸다. 울산공장의 한 중역이 구조조정 때 정리해고를 통보받은 조합원에게 전홧줄에 묶여 집회 장소로 끌려 나와 당했던 수치스러운 기억을 떠올리며 눈물을 흘렸다는 것이다. '하나' 하면 앉고 '둘' 하면 일어나면서 입에 담기도 어려운 조합원의 말을 구령에 맞춰 복창했다고 했다. 다시 같은 부서에서 근무해야 하느냐고 사장에게 하소연했다고 한다. 그같이 어려운 사연이 있다면 노조도 두 당사자가 같은 부서에서 근무하지 않는 방법을 찾아보겠다고 했다. 그 중역은 눈물을 흘리며 사장이 하자면 어쩔 수 없다고 말했다고 한다.

긴급한 경영상 위기가 아님에도 구조조정이라는 명분으로 정리해고를 한 것은 회사의 명백한 잘못이다. 그 구조조정의 칼날에 한 가정의 가장으로서 생존권을 빼앗긴 조합원들이 선택할 방법이 과연 있었을까, 어쩌면 마지막의 처절한 저항은 아니었나, 회사가 다른 방식의 구조조정 방식을 선택했다면 어땠을까, 생존권을 짓밟은 그들의 행위는 회사 간부를 전홧줄로 묶은 조합원보다 더 폭력적인 행위가 아닐까, 생각이 생각의 꼬리를 물었다.

이계안 사장을 몇 번 계동 본사 인근 골목 식당에서 만나면서 회사 사장보다는 성직자나 학자 같은 느낌을 받았다. 그는 낮은 목소리로 논리적이며 차분하게 조곤조곤 말했다. 그의 아버님은 사장이 돼 찾아간 그에게 "너는 서울대학 나와 정주영이 돈 벌어주는 일이나 하느냐"고 했다고 한다. 보통 사람이면 현대자동차 사장이 됐다고 하면 여기저기 자랑하고 잔치를 했을 일이다. 하지만 그의 아버지, 이호헌[36]

---

36) 경기도 평택에서 부농의 외아들로 태어났다. 수원고등농림학교(현 서울대학교 농업생명과학대학의 전신)를 졸업한 후 죽산 조봉암 선생을 따라 진보당 활동을 했다. 이로 인해 군 방첩대에 체포되어 군사재판에서 사형을 선고받았으나, 가족의 노력으로 무기징역으로 감형됐고 1962년 가석방됐다. 진보당 사건은 1958년 1월 북한과 내통하며 정치자금을 받았다는 죄목으로 이승만 정권이 야당 지도자를 탄압한 사건이다. 1959년 7월 야당 지도자인 조봉암을 비롯한 진보당 간부들을 국가 변란과 간첩죄 혐의로 체포했고 조봉암은 사형당했다. 이승만 정권이 정적(政敵)을 제거하기 위해 국가보안법 위반 혐의를 씌웠지만, 2011년 1월 대법원 재심에서 무죄를 선고한 사건이다. 이승만 정권이 정권 연장을 기도하며 자행한 정치 탄압이라는 것이 밝혀진 것이다.

8대 위원장 시절 현장순회

은 정치를 해 힘들고 어려운 사람들을 위하여 일해야 한다고 충고했다고 한다.

금속노조 위원장에 당선돼 영등포 사무실에서 근무하고 있을 때 그는 17대 국회의원이었다. 여의도에서 다리 하나 건너면 내가 근무하는 금속노조 사무실이 있었는데 그는 화분 하나를 직접 들고 찾아왔다. 밝게 웃으며 조합사무실에 들어서는 모습이 지금도 눈에 선하다. 그는 회사 사장이고 나는 노동조합 위원장이었지만 서로 통하는 부분이 있었다. 98년 구조조정 후유증을 조기에 극복하는데 그의 결단은 큰 힘이 됐다. 나는 이계안 사장이 특수한 위치였지만 최선을 다해 회사를 설득했다고 평가하고 있다. 이계안 사장은 당시 손석희 아나운서가 진행하는 MBC 생방송 '100분 토론'에 나와 함께 출연한 적이 있다. 토론에서 그는 98년 구조조정 후유증을 극복하기 위해 사장으로서 무급 휴직자 조기 복직과 277명의 정리해고 철회를 노사가 합의한 것이 올바른 선택이었다고 말했다. 지금은 고향에 있는 평택대학에서 이사장으로 근무하고 있는데 취임 후 제일 먼저 한 일이 청소 노동자 등 근무자 전원을 정규직화했다고 한다. 청소 노동자들은 물론이고 직원들과 노동조합이 깜짝 놀랐다고 했다.

1998년 노사가 합의한 무급 휴직자와 정리해고자 복귀가 시작됐다. 1999년 5월 24일 아산공장을 시작으로 12월 말까지 울산 1천2백82명, 전주 169명, 아산 215명, 본사 91명이 명찰을 돌려받았다. 그리고 정리해고자 58명이 2000년 3월 31일, 51명이 6월 1일 각각 복직했다. 식당 정리해고자 144명 중 38명은 현장에 배치됐고 노조 식당 잔류 희망자 106명은 가족 중 한 명을 입사시키는 조건으로 정리했다. 277명 정리해고자 가운데 63명은 노사가 합의한 재취업 훈련비 1천5백여만 원을 받아 스스로 회사를 떠났다. 이로써 회사의 압력을 못 견뎌 스스로 희망퇴직한 조합원 외에는 모두 복직을 했다.

정리해고 당한 조합원들의 아픔을 잊지 않기 위해 당사자들의 수기를 모아 책을 만들었다. 『벼랑 끝에서 바라본 하늘』이다. 노동조합 편집실에서 구조조정 당사자 31명의 글과 취재기를 묶어 출판했다.

대우자동차 해외 매각 반대 완성차 4사 공동 투쟁

투쟁을 결의하다

외환위기 상황에서 한국경제의 큰 논란 사항 가운데 하나가 자동차 산업의 재편에 관한 것이었다. 생산 과잉이라며 과잉 투자 일부를 외국자본에 매각하라는 주장이 경제관료나 대외투자자들 속에서 큰 호응을 받으며 확산하기도 했다. 이에 반해 해외 매각에 반대하는 목소리도 있었다. 조돈문 교수가 대표적이다. 조돈문 교수의 강의를 듣고 대우 자동차 해외 매각 저지 투쟁을 할 수밖에 없다고 판단했다. 나는 해외 매각을 통한 국부 유출을 저지하고 공기업화를 통한 경제 주권 사수 그리고 자동차 산업 노동자들의 생존권을 지키기 위해 당사자인 자동차노조들이 앞장서 싸워야 한다고 생각했다.

1998년 당시 총 취업 인구의 7퍼센트인 167만여 명이 자동차 산업에 고용됐고 전체 무역수지의 23퍼센트, 수출의 8퍼센트를 차지했다. 한길리서치 여론조사에 따르면 국민 64퍼센트가 해외 매각을 반대했다. 자동차 산업 밀집 지역인 울산, 인천, 평택, 광주, 전주에서 국회의원 출마를 선언한 여·야 모든 후보가 해외 매각을 반대했다.

영국의 경우 2000년 5월 BMW에 넘어간 로버 자동차의 분할 매각을 발표하자, 수만 명이 항의 시위를 벌였다. 영국 정부는 산자부 장관이 직접 나서서 지원 방향을 발표하기도 했다.

1999년 11월 대우자동차 해외 매각이 발표되자 민주노총, 전국농민총연맹, 전국교수협의회, 인천시민대책위원회, 종교단체 등 30여 곳이 참여하는 〈자동차산업 해외매각 저지 국민대책위원회〉를 구성해 공기업화 등 정부 차원의 대책을 요구하며 투쟁을 넓혀갔다. 구체적으로 총리실, 금융감독위원회, 산자부, 재경부 등 관련 부처에 면담을 요청하고 각 정당을 방문해 입장을 확인하며 쟁점을 만들어 갔다.

부평에 있는 대우자동차노동조합을 직접 방문해 추영호 위원장에게 완성차 4사 투쟁을 제안했다. 이후 추영호 대우차노조 위원장, 신승철 기아차노조 위원장, 유만종 쌍용차노조 위원장 그리고 나까지 완성 4사 위원장이 모여 해외 매각 저지를 위한 투쟁이 불가피하다는 데 의견을 모으고 구체적인 일정 및 계획을 잡아가기로 했다.

완성 4사 집행부 상집 모두가 참여하는 공동수련회를 열고 조돈문 교수의 강의를 듣는 등 해외 매각과 관련한 문제를 파악하기 위해 노력했다. 공동 수련회에서 각사 위원장들은 구속을 각오하며 적극적으로 투쟁하겠다고 다짐했다.

이후 서울에서 조돈문 교수와 토론회를 개최했다. 참여하신 분들께

소정의 수고비를 드렸는데, 조돈문 교수는 소주 한잔 사겠다며 다시 내밀었다. 완성 4사 위원장들이 함께했던 술자리 방담이 여전히 기억에 남는다. 신승철 기아차노조 위원장은 당시 불과 얼마 전 2년 6개월의 긴 수감 생활을 마친 상태였다. 다시 함께 징역 가자고 결의하며 미안함이 컸다. 그렇지만 투쟁 이후 사법적 책임은 불가피했기 때문에 어쩔 수 없었다. 그리고 결정된 투쟁을 실천하지 못했을 때는 그 위원장은 노동계를 영원히 떠나야 할 것이고, 착실히 실행한 쪽은 징역에 가야 할 것이라 했다. 모두 담담하게 받아들였다.

당시 조돈문 교수는 자동차 산업 해외 매각의 문제점을 연구하며 완성 4사 노조 투쟁에 동지처럼 함께했다. 그는 항상 운동화를 신고 다녔는데 소박하면서 성실하고 진정성이 있어 보였다. 나는 그때 또 사람 잘못 만나 징역살이하겠다고 한탄했다. 앞으로는 제발 악연은 없었으면 좋겠다고 생각하며 한편으론 운명으로 생각했다. 지금도 그분의 소박함과 순수함에서 풍기는 은은한 매력이 생각난다.

착오, 주관과 객관

나는 3대 집행부 성과 분배 투쟁 때 3월 임금 협상과 묶어 총선 때 해야 한다고 생각했다. 당시 3월에 국회의원선거가 있었는데 그 시기에 맞춰 파업에 들어가면 회사 측을 최대한 압박할 수 있다고 주장했지만 소수 의견으로 채택되지 않았다. 그 때문에 성과 분배 투쟁에 대해 아쉬움을 항상 갖고 있었다. 그 아쉬움을 떠올리며 총선 날짜에 맞춰 완성 4사 투쟁을 한다면 좋은 성과를 낼 수 있다고 확신했다. 정부를 압박하기 가장 좋은 시기가 바로 총선 날짜라고 믿고 2000년 투쟁 일정을 기획했다.

아래는 완성 4사 공대위의 투쟁 목표다.
첫째, 해외 매각 저지 투쟁을 통한 경제 주권 및 노동자 민중의 생존권 사수
둘째, 대우자동차 해외 매각 저지 투쟁을 통한 공기업 쟁취
셋째, 국민 대중의 지지로 미국 거대 자본으로부터 자동차 산업 보호 육성 정책 관철
넷째, 정권의 해외 매각 정책 폭로 규탄과 현장 조합원들의 투쟁력과 조직력 강화
다섯째, 투쟁 중인 부품 사업장과 외국자본 기업 등 자동차 산업 관련 부품사와 공동 투쟁

2월 15일 대우자동차 3시간 부분 파업을 시작으로 서울역 집회를 비롯한 공동 집회, 부분 파업, 잔업 거부, 총파업 투쟁이 이어졌다. 한국 최초 완성 4사 자동차 노동조합이 벌인 투쟁이다. 산별 노조 수준의 연대 투쟁이었다.

국회의원 선거 중인 4월 6~8일, 10~12일 현대, 기아, 대우, 쌍용차의 자동차 완성 4사 7만 3천여 명이 참여하는 공동 총파업을 했으나, 정치권과 언론은 국회의원선거에 초점을 맞추고 있어 아쉽게도 국민적 이슈로 부각되지 않았다. 언론은 총선에 관한 소식을 집중적으로

보도했고 정치권은 총선 승리를 위해 모든 역량을 총동원하고 있었기 때문에 완성 4사 조합원 7만 3천여 명을 포함해 관련 부품 업체까지 70~80여만 명이 일손을 놓았지만, 관심을 받지 못했다. 이를 통해 총선에 맞춰 총력전을 벌이는 파업 전술은 한계가 있다는 점을 깨달았다. 그리고 파업 즉시 완성 4사 지도부 17명에 대해 긴급 체포영장이 발부됐다.

완성 4사 투쟁은 산별노조 성격을 띤 투쟁이었고, 참여한 완성 4사 노동조합이 결의한 투쟁 지침을 정확하게 실천한 투쟁이었지만 큰 성과를 내지 못했다. 해외 매각이 이루어질 때는 노동조합의 강한 저항이 있을 것이라는 경고 정도의 투쟁에 그쳤던 듯하다.

투쟁 이후 시간이 지나 대우자동차 추영호 위원장은 인천에서 지역본부장 등 중요한 직책을 맡아, 기아자동차 신승철 위원장은 민주노총 위원장이 돼 열심히 일했다. 완성 4사 해외 매각 반대 파업 후 나를 포함 홍영출 수석부위원장, 하부영 부위원장, 문용문 부위원장, 김대영 조직실장, 김근태 대외협력실장, 엄교수 기획실장 등 임원 및 상집 9명, 현장 대의원 대표 3명 등 총 12명의 현대차노조 간부에게 체포영장이 발부됐다. 우리는 임금 협상 전이었기 때문에 임금 협상을 마무리하고 노동조합의 공백을 최소화하는 시기를 택해 사법적 책임을 지자고 결정했다. 그리하여 노동조합 1층에서 기계사업부의 기계 소리, 크레인 소리를 들으며 숙식을 했다. 그렇게 3월 9일 상집 농성부터 7개월 동안 노동조합에 갇혀 있어야 했다.

쓰라림과 교훈

　대우자동차의 해외 매각은 김대중 정권의 강력한 의지로 이뤄졌다. 조돈문 교수는 가톨릭대학교 사회과학연구소가 발행하는 『사회과학연구(社會科學硏究)』(Vol. 17 No.- [2001])에 「자동차산업 해외매각의 문제점과 GM의 대우자동차 인수」라는 논문을 통해 당시 정부가 '경제 위기 극복의 최대 관건을 외자 유치로 규정하며 기업의 해외 매각에 매진'하고 있음을 밝히고 있다. 앞서 자행된 현대자동차 1만2천여 명 구조조정도 정부의 의지였다. 이후 쌍용차의 해외 매각과 2천6백여 명의 구조조정도 정부가 저항하는 노동자들을 물리력으로 무자비하게 탄압하며 진행됐다. 대기업 사업장의 구조조정은 대규모 정리해고로 귀결됐다. 이에 조합원들은 저항했고 전 사회적인 정리해고 반대 투쟁과 정권 퇴진 운동으로 확산했으나, 노동자들에게 고통이 전가되는 결과로 끝났다.

　나는 현대자동차 구조조정 때 34일간 굴뚝 고공 농성, 대우자동차 해외 매각 반대 투쟁으로 구속 그리고 이후 쌍용차 구조조정 반대 투쟁으로 또 구속됐음에도 하나도 저지하지 못했다. 산별노동조합의 미완성과 정치 세력화의 실패로 인한 당연한 결과다. 완성 4사 노동자 8만여 명의 파업을 전국 파업으로 확대하지 못하고 김대중 정권의 기업 해외 매각 정책을 근본적으로 변화시키는 데도 실패했다. 그러나 완성 4사 연대 투쟁을 통해 대중 투쟁 중심의 산별노조 건설 토대를 마련하고 대우자동차 해외 매각 반대 운동의 정당성을 확산했다는 것은 분명한 성과다.

완성 4사 해외 매각 반대 투쟁 후 정부의 탄압으로 대우차노조가 힘을 잃었다. 곧바로 포드자동차를 우선협상자로 지명해 협상을 진행했으나 포드는 인수를 포기했다. 이후 노동조합은 공기업화를 요구하며 국민 여론을 확산했으나 결국 정부의 의지에 따라 GM에 매각해 오늘에 이르고 있다.

대우자동차는 2000년 11월 3일 최종 부도를 맞고 이듬해인 2001년 2월 초에 과거 사업 파트너였던 GM에 해외 매각이 최종 결정됐다. 당시 여론조사 결과 국민의 70퍼센트 정도가 해외 매각을 반대했으나 정부의 의지를 꺾지 못했다. 앞서 대우자동차 회사 측은 납품비 인하와 인건비 절감을 위해 김대중 정부 출범 이후 근로기준법상 정리해고 조항이 도입된 이래 역대 최대 규모인 생산직 노동자 1천7백여 명에 대한 정리해고를 단행했다. 2002년 GM이 대우자동차를 인수해 사명(社名)이 한국GM[37]으로 바뀐 뒤에도 노동자들은 계속해 희망퇴직과 공장 폐쇄 등 구조조정 압박에 시달려야 했다.

2018년 한국GM이 정부에 제출한 자료에 따르면 직원 수가 '외국인 투자지역 신청 시기'와 비교할 때 1만7천여 명에서 절반 가까이 줄었다. 이 때문에 국내 자본이 외국 자본보다는 낫다는 말이 노동자 사이에 회자하기도 했다.

---

37) 대우자동차는 2002년 10월 GM으로 일부 자산이 인수되어 GM대우오토앤테크놀로지(GM Daewoo Auto & Technology) 바뀌었다가 2011년 3월 한국지엠주식회사(Korea GM Company, 약칭 한국GM)으로 사명이 변경되었다.

해외매각 반대 완성차 노조 연대 투쟁 집회

산별노조로 한 걸음 한 걸음

금속 3 조직 통합

민주노총이 설립될 즈음 현대차노조는 상급 단체로 현총련, 자동차연맹, 금속연맹으로 3가지를 선택해 가입할 수 있었다. 당시 노조 집행부는 가까운 시일 내에 3자 통합이 이루어질 텐데 어디에 가입하든 상관없다고 판단했다. 현장 제(諸)조직의 의견 수렴을 위해 활동가 40여 명이 모여서 논의했다. 논의 끝에 조합원총회에서 결정하기로 했다. 조합원총회에서 59.68퍼센트로 현총련 가입이 결정됐다. 현총련의 연대 투쟁 경험을 잘 알고 있기 때문이다. 집행부는 현총련을 통해 민주노총에 가입한 뒤 금속 3 조직 통합에 적극적으로 나선다는 의견을 조합원들에게 제시했다.

1997년 6대 집행부를 맡았을 때 금속 3 조직 통합을 위한 현총련 결의안을 민주노총 대의원대회에 상정하기로 했다. 3자 통합안을 상정하기 위해 현총련 정책 담당자에게 결의안을 작성하라고 했지만 하지 않았다. 현대차노조 정책실에도 요청했지만 차일피일했다. 현총련 정책 담당자가 결의안 작성을 하지 못하게 한 것 같았다. 금속 3 조직 통합에 대한 현총련 내부에 이견이 있었다. 민주노총 대의원대회 하루 전 정책실 담당자를 위원장실로 불렀다. 눈앞에서 말하는 대로 적게 했다. 민주노총 대의원대회가 있던 날, 아침 일찍 긴급 현총련 중앙위원회에서 3자 통합 권고 결의안을 통과시켰다. 그리고 민주노총 대의원대회에서 금속 3 조직 통합 권고 결의안을 상정해 만장일치로 가결했다.

당시 현총련은 울산, 경인, 창원 지역에 있었고 병원, 호텔, 백화점 등이 함께하고 있었다. 타 업종의 반발도 있었지만, 어차피 가야 하는 길이라면 빠르게 결단해야 한다고 판단했다. 현총련 의장인 나와 조준호 자동차연맹 위원장, 단병호 금속연맹 위원장이 만나 금속 3 조직 통합에 합의한 뒤 각 조직의 의견을 수렴하기로 했다. 이후 3 조직 대표자들이 자동차연맹 사무실에 모여 1998년 2월까지 통합한다는 것에 합의했다. 그리고 3자 대표자가 전국을 순회하며 설명회를 열고 의견을 수렴했다.

서울에서 열린 현총련, 자동차연맹, 금속연맹 3자 통합 대의원대회를 내가 의장을 맡아 진행했다. 대의원대회에서 단병호 금속연맹 위원장을 위원장으로 조준호 자동차연맹 위원장을 수석부위원장으로 이홍우 현총련 전 의장을 사무처장으로 선임했다. 이로써 금속 3 조직을 통합한 전국금속산업노동조합연맹(이하 금속연맹)이 출범했다. 금속 산별노조 건설에 있어 대 산별 소 산별의 논쟁도 끝났다. 금속연맹은 이후 금속노조 건설의 토대가 됐다. 나는 금속 3 조직 통합을 주도했다고 자부한다. 노개투 승리 이후 높아진 노동조합의 위상으로 금속 3 조직 통합을 완성할 수 있었다. 당시 지도부 구성에 있어 경선을 주장하는 의견도 있었지만, 통 큰 통합을 위해 나는 임원에 출마하지 않았다. 누군가는 양보해야 한다고 생각했기 때문이다.

금속 3 조직 통합은 현대차노조가 앞장선 조직 통합의 역사에 한 획을 그은 것이다. 그러나 현총련에 소속된 금속 이외의 호텔, 병원, 백화점 등 다른 업종 노동조합은 혼란을 겪었다. 노개투 때는 경인, 울산, 창원 지역에서 모두 현총련 깃발을 들고 투쟁했는데. 다른 업종 노동조합에 미안했다.

통합 이전 현총련은 1997년 7월 대의원대회에서 합법화를 결정하고 1997년 9월 현대금속노동조합연맹으로 합법성을 확보했다. 합법 명칭이 바뀌었지만, 이전처럼 현총련의 조직과 깃발을 유지했다.

1997년 현대정공(창원 소재, 현 현대로템)은 추석 휴가를 다녀왔는데 그해 임금 협상을 끝내지 못했다. 이에 현대금속노동조합연맹 위원장으로서 임금 협상을 했다. 이내 잠정 합의에 이르렀고 조합원총회에서 잠정 합의안이 통과돼 서명했다. 현대금속노동조합연맹 위원장으로서 처음이자 마지막으로 단위사업장의 임금 협상을 마무리한 것이다.

이후 1998년 2월 금속 3 조직을 통합해 금속연맹이 출범하면서 현대금속노동조합연맹 합법 필증을 반납하고 1998년 4월 임시대의원대회에서 현총련의 깃발을 내렸다. 이후 현총련은 현대그룹노동조합협의회(현노협)로 연대를 지속하며 활동했다.

6대 집행부의 중요 기조인 '국민과 함께하는 노동운동'과 '사회 개혁 투쟁'에 대한 현대민주노동자투쟁위원회(약칭 민투위)38) 내부에서 다른 의견이 있었다. 나는 민투위의 초대 의장이다. 당시 노동조합 활동에 공개적으로 문제를 제기하지 않았지만, 사안마다 의견 차이를 보였고 공개적으로 비판하는 유인물도 나왔다.

'노동운동의 근본 목적은 세상을 바꾸는 것이다, 경제적 조합주의에 빠져가는 노동운동은 노동계급을 분열시켜 새로운 계층을 만들 수밖에 없다'고 6대 집행부는 줄기차게 말했다. 그때의 우려가 지금 현실이 됐다. '국민과 함께하는 노동운동'은 계급적 이해와 요구를 대변하고 관철하는 올바른 노동운동의 구호였다.

금속노조 위원장 당선과 활동

2007년 3월 1일 금속노조 직선 임원 선거에서 위원장으로 당선됐다. 임기는 정상적으로는 2년이었지만, 15만 금속노조의 출범 초기로 금속연맹 집행부의 잔여 임기를 포함해 2년 7개월이었다.

금속노조 강령에는 "우리는 노동자 중심의 정치 세력화가 중요함을 인식하고, 노동자·민중의 정당 강화를 통해 노동자·민중정권 창출을

---

38) 민주노동자투쟁위원회(약칭 '민투위')는 5대 이영복 집행부의 실리주의에 대응해 민주세력 내의 다양한 입장 차이에도 범민주세력이 통일된 조직으로 결집해 만들어졌다. 의장은 정갑득이 부의장은 이영희가 맡았다. 〈진숙경(2008)『노동조합 내부 민주주의와 현장조직』한국노동연구원〉

위해 투쟁한다."는 문구가 있다. 그리고 규약 제7조(목적)에는 "조합은 금속노동자를 비롯한 모든 노동자의 자주적 단결을 추구하고 노동조합 운동의 지속적인 발전과 노동자의 노동 조건을 향상시키며 정치적 경제적 사회적 문화적 지위 향상을 꾀하고 더 나아가 모든 형태의 억압과 차별을 철폐함으로써 인간의 존엄성과 평등을 보장하는 자주 민주 통일 사회 실현을 그 목적으로 한다."고 명시되어 있다

강령과 규약에 있듯이 산별노조가 추구했던 방향을 실현하기 위해서는 단위사업장 임단협 중심의 경제적 투쟁의 한계를 넘어선 활동이 요구됐다. 그리고 이전에 기업별 노동조합으로 거대한 기득권 세력에 맞서 싸우던 한계를 자각하고 금속노조의 조기 안착을 위해 노력했다. 당시 금속노조는 조합원 수 증가에 따라 330여억 원의 예산과 386명의 대의원을 갖춘 조직이었다. 예산은 지부 지회 운영비 등 고정 예산을 제외하면 금속노조 자체 사업비는 16억 원 정도였다.

산별노조가 자리잡기 위해서는 해당 산업의 사용자 단체와 단체 교섭을 하느냐가 중요하다. 금속노조는 2007년 5월 21일 1차 산별 중앙교섭을 시작했다. 금속노조 230여 개 회사 가운데 86개 회사 조합원 2만여 명을 대표해 사용자 단체가 참여한 중앙교섭을 지역 순회로 진행했다. 15만 명 조합원 가운데 2만여 명이 참여했지만, 첫발을 뗀 것이다. 교섭이 있는 지역에서는 지부나 지회의 현장을 돌았다. 목적은 중앙교섭 대한 조합원들의 관심을 끌어내려는 것이다. 현장 순회가 끝나면 반드시 공장 대표를 만났다. 공장 대표들은 힘든 상황을 에

둘러 말했다. 하청 공장은 열악하기 그지없었다. 2차, 3차 하청 공장은 화장실의 변기가 깨져 있어도 보수하지 못하고 있거나 공장 주변에 풀이 무성한 곳도 있었다. 원청은 1차 하청을, 1차 하청은 2차를, 2차 하청은 3차를 터무니없이 헐값으로 후려치는 구조를 보면서 생존을 위해 버티고 있다는 것을 알았다.

힘의 순서에 따라 밟히며 힘겹게 생존을 유지하는 것이 자본이 말하는 질서다. 이 때문에 산별노동조합이 만들어졌다는 것을 직접 체험했다. 동일노동 동일임금은 산별 노동조합이 추구하는 중심 이념 중 하나다. 산별노동조합이 올바로 자리잡기 위해서는 아직도 많은 동지의 피어린 투쟁이 필요할 것이다.

중앙교섭에서 내가 할 수 있는 말은 그리 많지 않았다. 중앙교섭에 참여하는 사업장 대부분이 자동차 관련 사업장이기 때문이다. 원하청 불공정 거래에 대해 함께 고민해 해법을 찾아보자는 정답 없는 말만 했다. 이익 공유제를 주장하는 일부 정치인의 주장을 누가 현실화할 것인가? 거대한 원청의 끝없는 탐욕을 바로잡을 힘은 어디에도 없어 보여 답답했다. 우리가 외친 '15만 산별교섭을 현실화하기 위한 금속노조 강화'라는 원칙적인 주장이 공허해 보였다. 원하청 간 임금 격차를 줄이는 것은 이 시대 자본주의의 화두다. 해법을 찾기 위한 노력이 절실하다. 일한 만큼의 분배를 요구하고 싸워가야 한다는 것을 뼈아프게 느끼면서 2007년 9월 12일 금속노조 중앙교섭 조인식에서 서명했다.

중앙교섭에서 합의한 협상 내용을 지불 능력이 없는 사업장은 대부분 2차 3차 하청 사업장이다. 소속 사업장 지회의 요청이 있을 때마다 중앙집행위원회에서 승인 여부를 결정했다. 승인된 사업장은 중앙교섭에서 합의된 내용보다 낮은 수준으로 임금 인상이 결정됐다.

울산 촌놈, 서울 생활

2007년 금속노조 위원장에 당선되어 나와 함께 현대차노조에서 6명의 동지가 서울로 파견돼 조합 업무를 봤다. 창원, 대구, 포천 등 다른 지역에서 올라온 동지들과 함께 2~3명씩 영등포 시장 인근 원룸에서 변방 촌사람들의 홀아비 생활이 시작된 것이다. 아침은 대충 때우거나 건너뛰고 점심, 저녁은 영등포 시장 인근 식당에서 해결했다. 매식(買食)도 하루 이틀이지 매일은 그야말로 고역이었다. 식사 시간이 다가오면 오늘은 무엇을 먹지 고민했다. 삼삼오오 모여 소위 집밥을 찾아다녔다.

서울을 처음 본 것은 군 생활로 거슬러 올라간다. 대구 50사단에 입대해 훈련을 마치고 춘천 101보에 배치를 받았는데 새벽 영등포역을 군용열차 타고 지나간 것이 내 인생 최초의 서울 경험이다. 그 후 보병 7사단에 배치돼 다시 원주 제1 하사관학교에서 교육받고 하사가 됐다. 철책에 배치돼 근무하다 휴가 때 마장동 시외버스 터미널을 이용하기도 했다. 마장동에서 시외버스를 타고 춘천, 화천, 사방거리를 지나 군에 복귀했다. 이것이 내가 아는 서울의 전부였다. 낯선 서울에서 2년 반 넘게 있어야 한다는 생각에 처음에는 아찔했다.

토요일, 일요일은 서울에서 집회가 많았다. 금속노조 또는 민주노총의 집회가 많았기 때문에 울산에는 한 달에 한두 번 정도밖에 내려가지 못했다. 금요일 퇴근과 동시에 모두 차를 타고 내려갔지만, 한두 명은 다른 일정으로 내려가지 못하기도 했다. 체포영장이 발부되거나 구속돼 한동안 집에 갈 수 없기도 했다. 2년 7개월을 그렇게 살았다.

사실 서울에서 보면 울산은 변방이다. 울산 촌놈의 서울살이는 힘들고 어려웠다. 함께하는 동지들 모두 어려워했지만 어쩔 수 없는 일이었다. 시간이 지남에 따라 모두 홀아비 생활에 어느 정도 적응해 가는 듯했다. 그러나 수배가 되면 더더욱 곤란했다. 낯선 서울에서 어디로 도망가야 하나 난감하기만 했다. 다행히 서울에서 근무하다 대외협력실을 맡은 한형근 동지의 도움을 받아 이곳저곳을 옮겨 다녔다.

집회가 있어 울산에 가지 못한 날이면 여유 시간에 창경궁, 경복궁, 국립중앙박물관 등에도 가끔 구경 가곤 했다. 서울은 모든 것이 크고 넓어 보였다. 그렇지만 두더지처럼 지하철을 갈아타고 이곳저곳으로 이동하는 모습은 갑갑해 보였다. 처음엔 어설펐던 지하철 타기가 차차 익숙해졌다. 서울은 큰 도시답게 모든 분야에서 다양성이 있었다. 아무리 작은 소수의 소비 패턴이라도 시장에서 찾을 수 있는 듯했다. 어디에 가면 청와대가 있고, 또 어디에 가면 국방부가 있고 등등 모든 기관이 서울에 모여 국가를 한 동네에서 움직인다는 느낌을 받았다. 사람이 태어나면 서울로 가라는 말이 맞다는 생각이 절로 들었다.

민주노총도 서울에 있고 금속노조도 다른 업종 연맹도 모두 서울에 있다. 노동운동의 중심이 서울에 모여 있다는 것을 알았다. 행정부, 입법부, 사법부가 서울에 있다. 이 나라의 정치적 움직임이 결정되는 곳이라 생각했다.

서울에 올라와 얼마 되지 않아 버스를 타고 가는 데 창밖에 큰 칼을 잡고 선 충무공 이순신 장군의 동상이 보였다. 속으로 '이곳이 충무로인가' 생각했다. 뒤에 알았지만, 그곳은 광화문 광장이었다. 우리는 그곳에서 많은 집회를 했다. 청와대가 그 위에 있고 서울역, 서울시청, 청계천 등이 인근에 있어 집회 장소로 많이 사용하나보다고 생각했다.

어느 순간 발 빠르게 지하철 갈아타고 여기저기 각종 회의나 집회에 능숙하게 참여하는 내 모습이 보였다. 나는 당시 울산 금형부에서 같이 근무했던 임부규 조직부장과 원룸에서 함께 살았다. 같은 조합사무실에서 근무했지만, 일정이 달라 같이 자는 일은 한 달에 며칠 되지 않았다. 서로가 다른 곳으로 출장 가거나 농성에 참여했기 때문이다. 아침 식사를 같이하는 날은 한 달에 몇 번 되지 않았다. 그렇게 각자 업무에 쫓겨 다녔다.

화장실 변기에 누런 띠가 끼인다는 것도 처음 알았다. 화장실의 변기와 세면대는 항상 빛이 반짝반짝 나는 줄 알았는데 돌아서면 누런 것들이 끼이고 지저분해 보였다. 집에서 아내의 수고가 있었기에 화장실이 깨끗했다는 것을 그때 문득 깨달았다. 그렇게 가사 노동의 가치를 체험했다.

조그만 드럼세탁기를 돌려 옷을 세탁하는 것도 배웠다. 속옷과 양말도 많이 사들였다. 갈아입은 속옷을 그때그때 세탁하지 않고 모아 놨다 한꺼번에 했다. 마른 빨래를 개어 서랍에 챙겨 놓는 것도 만만한 일이 아니었다. 홀아비 생활은 고되고 아쉬운 것 투성이었다.

며칠 동안 지방에 있는 지부(支部)에 출장 다녀와 텅 빈 원룸에 들어오면 평소에 보지 못했던 각종 인스턴트 식품 봉지가 싱크대 위에 놓여 있었다. 임 부장이 사서 끓여 먹은 것들이다. 임 부장이 울산에서 올라와 고생하는 것 같아서 미안했다. 나는 인스턴트 식품은 거의 먹지 않지만, 처음 보는 봉지를 치우며 세대 차를 느꼈다. 우리는 가끔 영등포 재래시장에서 음식을 사다 먹기도 했다. 영등포 시장 인근 식당은 거의 다 돌아본 것 같다.

임 부장과 같은 방에 살면서도 노동조합 사무실에서 볼 때가 더 많았다. 전국 15개 지역을 돌고 오면 녹초가 됐다. 지역지부의 상근자와 지부, 지회 간부 및 조합원들과 만난 후 뒤풀이 시간에 권하는 술잔을 다 거부할 수 없었다. 지역 동지들은 처음 권하는 술잔이지만 나는 매일 저녁 치러야 하는 고역이었다.

쌍용차 투쟁

누가 쌍용차 노동자를 투쟁으로 내몰았나

　쌍용차는 2007년부터 경영이 악화하면서 정상화를 위해 노사가 노력했지만 개선되지 않았다. 회사는 노동자들의 임금 삭감과 고통 분담을 요구하며 자신들의 경영 실패에 대한 잘못을 조합원들에게 떠넘겼다. 정부 또한 쌍용차의 앞날을 예상했지만, 정치권의 이해타산으로 올바른 방향을 제시하지 못했다.

　결국 인도의 마힌드라에 1차 매각했다가 다시 중국 상하이 자본에 2차 매각을 통한 정상화를 시도했다. 먹튀[39] 자본 상하이자동차는 경영 개선은 뒷전인 채 기술력만 빼돌렸다. 2009년 초 회사 측은 경영을 포기한 채 전체 인원의 37퍼센트에 해당하는 2,646명의 인력 감축안을 담은 경영 정상화 방침을 노조에 일방적으로 통보했다. 금속노조 쌍용차지부는 총파업을 선언하고 평택 공장 내 본관과 도장공장을 차례로 점거하고 파업에 들어갔다.

---

39) 먹고 튄다는 뜻

이에 회사 측은 직장 폐쇄를 선언했다. 평화적인 사태 해결은 점점 어려워졌다. 금속노조는 민주노총과 연대해 '해고는 살인이다'라는 구호를 외치며 쌍용자동차 정상화 방안을 찾기 위해 노력했다.

민주노동당 권영길 의원과 야당 국회의원들이 나섰다. 그들은 평택시장과 지역 여당 및 야당 국회의원 그리고 쌍용자동차 회사 측과 금속노조가 참여하는 논의 틀을 꾸렸다. 그러나 회사의 약속 번복으로 결국 무산되고 말았다.

그 후 관계 기관과 물밑 조율을 통해 안을 마련하고 금속노조 간부 몇 명과 함께 정문을 통해 쌍용차노조 지부 사무실에 들어갔다. 농성 중인 조합원들은 조선 시대의 전쟁 사극에서나 볼 수 있을 법한 주먹밥으로 버티고 있었다. 조합원들은 생산공장 건물 이곳저곳에 텐트를 치고 깔판을 깔아 생활했다. 여기저기 줄을 이어 옷가지나 양말 등 세탁물을 말렸는데, 마치 난민촌 같았다. 경찰은 철저하게 회사 주변을 봉쇄하고 어떠한 물품도 반입하지 못하게 했다.

민주노동당 국회의원들과 민주노총 그리고 금속노조 간부들이 정문 밖에서 철야 농성을 하면서 생수와 비상 의약품이라도 들여보내 줄 것을 요청했지만, 경찰은 거부했다. 철저하게 고립시켜 농성을 와해하겠다는 의도였다. 조합원들은 인간의 존엄성이라고는 어디에도 찾아볼 수 없는 봉쇄된 섬에 갇혔다. 기자들의 접근도 철저하게 차단해 농성장 모습을 보도하지 못하게 했다. 의식주가 불가능한 상태로 몰아간 것이다.

당시 나는 대우자동차 해외 매각 반대 완성 4사 파업 투쟁으로 구속된 경험이 있었고, 그전에는 현대자동차 구조조정을 반대하며 34일간 굴뚝 농성을 하기도 했다. 두 번 다 쓰라린 패배였다. 구조조정에는 정부의 개입이나 비호가 반드시 있다고 확신했다.

금속노조가 쌍용차지부를 지원하는 데는 한계가 많았다. 상대가 국가권력이기 때문이다. 회사는 공권력 투입을 요청하고 정부는 쓸 수 있는 모든 것을 총동원해 불법 사찰 등의 방법으로 내부 동태를 파악했다. 경찰은 힘을 앞세워 물리력으로 쌍용차 동지들을 봉쇄 압박했다, 그렇지만 노동조합은 협상을 통해 농성을 풀어야 한다고 생각했다.

이유일 사장과 박영태 상무 두 사람이 법정관리인이었다. 두 사람을 만나 봤으나 결정권이 없어 보였다. 결국은 정부가 결정권을 갖고 있다고 생각했다. 이유일 사장은 현대자동차 중역 출신이었고, 나는 현대차노조 위원장 출신이었다.

현대 출신 두 사람이 평택 쌍용차 공장에서 만났지만 서로 다른 입장이었다. 한쪽은 공권력 투입을, 다른 한쪽은 협상과 대화를 통해 문제를 풀어야 한다고 주장했다. 계급적 위치에 따라 문제를 바라보는 시각은 다르다. 결국 이명박 정부의 뜻대로 공권력이 투입될 것으로 판단했다. ILO(국제노동기구)가 긴급 개입해 노동부 장관에게 우려를 표하고 한국 정부의 변화를 촉구하는 부끄러운 상황이 발생했다.

보급 투쟁

금속노조는 쌍용차지부 조합원들이 주먹밥이라도 먹으면서 버틸 수 있도록 할 수 있는 모든 노력을 다해야 했다. 그때 음식물을 전달했던 금속노조 임부규 조직부장의 회상을 들으며 그지없이 먹먹했다.

"음식물을 넣기 위해 차량으로 쌍용차 후문 외곽을 돌며 다리 밑에 보급품을 1개씩 던져 3개 숨겨두었다. 새벽 2시경 아무도 모르게 세 명이 한 조가 돼 보급품을 공장 안에 있는 동지들에게 전달했다. 등에 진 보급품의 무게는 약 50~60킬로그램 정도였다. 보급품을 등에 진 동지들이 대략 5분 간격으로 한 명씩 이동해 1.2킬로미터 거리 정도의 하수도를 통해 공장 안으로 들어갔다. 공장 안으로 들어갈수록 하수도관이 좁아져 그곳부터는 기어야 했다······

보급품은 부피가 커 칼로 나누어 전달했다. 그리고 다시 그 길을 돌아 나왔다. 마지막 보급품을 전달하고 눈에 띄지 않기 위해 한 명씩 5분 간격으로 하천 길을 통해 이동했다. 30여 분간 걸어서 최종 목적지인 송탄 공단 편의점에서 만나 상황을 점검했다. 그곳에서부터 차량을 이용해 각자의 위치로 돌아가는 일을 한 달 이상 반복했다."

이렇게 하수도관을 무던히 걷고 기었던 임부규 동지는 울산에서 같은 부서에 근무했고 함께 파견된 나의 룸메이트였다. 금속노조 사무실에서 같이 근무하면서도 서로 아무것도 묻지도 말하지도 않았다.

쌍용차지부 지원을 위해 조합비를 지출할 수 있는 품의서는 결재했지만, 집행 방식에 대해서는 알리고 하지 않았다. 보안 때문이다. 쌍용차 조합원들이 주먹밥이라도 먹을 수 있도록 최선을 다할 뿐이었다.

얼마 뒤 눈치를 챈 경찰이 우리의 유일한 보급로인 하수도에 전경버스 한 대 정도의 인원을 배치해 24시간 경계에 들어갔다. 보급품이 끊어지고 며칠이 지나자 경찰은 옥쇄 파업 중인 동지들을 폭력으로 진압했다. 그렇게 78일간의 쌍용차노조 투쟁은 막을 내렸다.

국가폭력

1천700여 명의 노동자를 정리해고한 회사는 정부에 공권력 투입을 요청했다. 정부와 회사는 물리력으로 농성 중인 조합원들을 해산한 뒤 공장을 가동하려 했다. 2009년 7월 9일 공권력을 투입했으나 농성 노동자의 저항으로 실패했다. 이후 7월 14일 야당 국회의원들이 쌍용차를 방문해 공권력 투입 중단과 평화적 해결을 촉구했다. 그러나 이명박 정권은 아랑곳하지 않고 공권력 투입을 결정하고 점검 회의를 열었다.

조현호 경기지방경찰청장은 인원, 장비, 작전 계획 등을 점검하고 경찰 1천500여 명과 헬기를 동원해 공장 진입을 단행했다. 쌍용차 평택 공장에 공권력이 투입되던 날 저녁 금속노조는 농협사거리에서 JC공원 길, 성동초등학교, 한신탕사거리, 평택경찰서를 거쳐 평택역까지 걸으며 공권력 투입 반대를 외쳤다.

군사 보안 범죄나 군 내부의 간첩 활동 등에 관한 정보 수집과 수사를 목적으로 설립한 국군 기무사령부(현 방첩대)가 쌍용차 집회 참가자들에 대한 불법 사찰을 시도했다. 공장 내까지 침투해 노조원들을 사찰했다는 의혹이 있으며 국가정보원도 불법 개입했다는 정황도 제기되고 있다.

경찰은 국민의 혈세로 운영되는 조직이다. 그런데 조현오는 직접 현장에 나와 헬기를 동원해 발암물질인 최루액 20만 리터를 살포하며 조합원들을 공포에 휩싸이게 했다. 모의 훈련까지 한 경찰은 쌍용차 현장에서 농성 중인 600여 명의 조합원을 마치 적군을 대하듯 무참하게 짓밟았다. 그런데 당시 공권력 투입을 현장에서 직접 지휘한 조현오 경찰청장은 경찰이 방패와 경찰봉밖에 사용하지 않았다는 어처구니없는 답변을 했다. YTN은 '잔인했던 그날, 쌍용자동차 진압 당시 상황'(2009년 8월 7일 돌발영상)으로 보도했다. 현재도 유튜브에서 그의 끔찍하게 황당한 궤변을 확인할 수 있다. 영상을 보며 어떠한 합리성이나 인간미를 절대 기대해서는 안 된다. 조금이라도 기대한다면 오히려 더 큰 충격에 빠져 세상을 혐오할 수 있기 때문이다.

조현호는 이명박 정부 시절 댓글 지시 혐의로 2020년 2월 14일 1심에서 징역 2년을 선고받아 구속돼 항소했고 2심에서 감형되어 징역 1년 6월을 판결받았다. 그리고 부산지역 중견 건설사 실소유주로부터 뇌물 3,000만 원을 받은 혐의로 대법원에서 징역 2년 6개월의 확정판결을 받았고, 경찰청장이 되기 전인 2010년 3월 경찰관을 대상으로 한

강연 내용이 명예훼손에 걸려 기소됐다. 이후 2014년 3월 대법원에서 징역형이 확정됐다.

또한 경찰은 공장 밖 시위대를 무차별 연행했다. 그리고 중장비를 이용해 특공대를 실은 컨테이너를 공장 지붕 위에 내렸다. 그들은 건물 지붕 위로 도망가는 조합원들을 쫓아가 105센티미터 진압봉을 무자비하게 휘둘렀다. 민중의 지팡이라는 경찰의 진압봉에 아버지뻘 되는 나이 많은 조합원들이 두들겨 맞으며 저항했지만, 경찰은 헬기와 각종 진압 장비를 사용해 농성 현장을 초토화했다. 공권력의 무뢰한 힘과 폭력에 맞서 전국에서 모인 금속노조와 민주노총 조합원들은 목이 아프도록 고함치는 것 외에는 할 수 있는 것이 없었다. 주권자인 국민에게 가해지는 국가폭력을 보면서 또 한 번 좌절했다.

나는 쌍용차 투쟁으로 다섯 번째 구속됐다.

33명이 삶을 포기했다

공권력 투입 이후 투쟁했던 동지의 자살 소식이 들려왔다. 자살 소식을 들을 때마다 혼자 술을 마시며 흘린 눈물도 많았다. 15년이 지났지만 8월이 되면 다시 그때가 떠오른다. 목숨을 잃은 33명의 동지와 가족, 그리고 그 가족들이 겪어야 했던 세월의 아픔을 절대로 잊어서는 안 된다. 아직도 쌍용차 동지들은 그때의 트라우마 속에서 힘든 하루를 보내고 있을 것이다.

2009년 7월 20일, 그날 쌍용차지부 간부 부인(박○○·30세)이 자택에서 목숨을 끊었다는 비보가 전해졌다. 평소 너무 힘들다는 이야기를 자주 했다는 그녀는 공권력을 지켜보다 네 살 그리고 갓 돌이 지난 아이를 두고 자결했다는 소식이었다. 이날은 공장 점거 파업을 벌인 지 60일째 되는 날이었다. 정리해고 강행 후 그사이 6명이 죽었다.

"아내의 눈길이 평소보다 약간 더 길게 남편에게 머물러 있었다는 것 정도일까? 약간 겸연쩍어진 임성준 씨는 옷을 갈아입으러 안방으로 들어갔다. 아이들은 거실에서 텔레비전을 보고 있었다. 서미영 씨는 무심한 걸음걸이로 베란다로 다가가 문을 열고 그대로 앞으로 나갔다. 그녀의 몸은 허공에서 한 바퀴 돌아 아파트 아래 콘크리트 바닥으로 떨어졌다. 삶과 죽음 사이, 아무리 평소에 자살을 연습했던 사람이라 해도 한순간쯤은 망설일 그 간격을 그녀는 풀쩍 뛰어넘었다. (중략)

일 년을 기다리고 다시 일 년을 기다려도 회사는 약속했던 복직은 시켜주지 않고 있었다. 취직도 될 리 없었다. 아직 신분상 쌍용자동차 노동자니까 말이다. 그런 아빠가 너무 가여워서 남매는 먹고 싶은 것도, 사고 싶은 것도 참으며 지나치게 빠른 속도로 어른이 되어가고 있었다. 아빠가 피곤한가 싶어 더 자게 내버려두고 싶었지만 무언가 이상한 느낌이 들었다. 딸은 아빠의 등에 손을 댔다. 아빠의 등은 벌써 딱딱하게 굳어 있었다.

임성준, 쌍용차 무급 휴직자, 44세. 열일곱, 열여섯 살 남매는 그 일

년 사이 그렇게 고아가 되었다. 아빠가 남기고 간 통장의 잔액은 4만 원……, 150만 원의 카드빚 청구서도 아빠의 죽음 뒤에 날아왔다. 쌍용차 정리해고가 시작된 이래 13번째 죽음이었다."(공지영『의자놀이』pp 19~21, 휴머니스트, 2012)

회사의 구조조정 이후 2008년 7월까지 쌍용차 해고노동자와 가족 총 33명이 자살 등으로 목숨을 잃었다. 송경동 시인의 「너희들은 참 좋겠구나」가 눈에 밟혔다.

너희들은 좋겠구나
이제 518 광주에서처럼
총으로 곤봉으로 대검으로
때려죽이고 찔러죽이지 않아도
저절로 죽어가니

너희들은 좋겠구나
이젠 박창순처럼 YH 김경숙처럼 박종철처럼
굳이 끌고가 물먹여 죽여도
떠밀어 죽이지 않아도
저절로 떨어져 죽어가니
너희들은 참 좋겠구나

이젠 용산에서처럼

더 이상 물러날 곳 없는 망루에 가둬두고
짓밟고 태워죽이지 않아도
저절로 피말라 죽어가니
너희는 정말 정말 좋겠구나
이런 만고강산
이런 태평천하
이런 브라보
시간만 가면 돈이 벌리는
이런 희한한 세상이
배터지게 입찢어지게
환장하게 좋겠구나 (중략)

| 제4장 |

징역살이, 갇힌 삶

나의 대학[40]

나는 다섯 번 징역을 살았다. 첫 징역은 1990년이었다. 30대 중반에 세상에 나쁜 짓 하면 간다는 징역을 살면서 사람 사는 세상의 이면(裏面)을 많이 볼 수 있었다. 또한, 그곳에서 민주화운동으로 잡혀 온 학생들과 사회단체 활동가를 만났으며 조국 통일운동에 나섰다 갇힌 장기수 어른들도 만났다. 이들은 보통 시국사범이라는 하는데 자신의 사상적 신념을 지키다 투옥되었기에 양심수로도 불린다. 시국사범들은 교도소에서도 완전히 통제할 수는 없는 듯했다. 감옥에서도 때에 맞춰 철문을 두드리며 시위를 벌이기도 했고 어느 때는 단식 투쟁을 하기도 했다.

시국사범끼리는 서로 책을 돌려보거나 짧은 운동 시간에 간략히 시국 돌아가는 이야기를 나누기도 했다. 그렇게 생각을 나누며 세상을 배워 나갔다. 당시 권위주의 정권은 독재와 자본에 저항하는 노동자, 학생, 사회운동가, 종교인, 양심적 지식인을 거듭 구속했는데, 되돌아

---

40) 막심 고리끼의 자전적 소설 3부작 「어린 시절」, 「나의 대학」, 「세상 속으로」에서 따왔다.

보면 오히려 교도소는 운동가를 양산하는 학교였던 것 같다. 나에게도 노동운동가로서 단련되는 계기였다. 징역이 노동자의 학교, 나의 대학이었던 셈이다.

대용감방(代用監房)의 칼잠

1990년 4·28 투쟁으로 구속돼 울산중부경찰서에서 조사가 끝나고 울산남부경찰서 대용감방으로 옮겨져 1심 재판을 기다렸다. 당시 울산에는 구치소가 없어 울산남부경찰서 유치장을 대용감방으로 사용했다. 유치장은 2층 구조였고, 1층과 2층에 각각 4~5평 남짓한 방이 6개씩 총 12개가 배치되어 있었다. 방들은 1층 중앙의 근무자 책상을 중심으로 부채꼴로 배열되어 각 방을 한눈에 볼 수 있게 되어 있었다. 근무자가 상주하는 1층 중앙에는 나무 책상과 걸상이 놓여 있고, 양옆 벽면 1층과 2층 사이 높이에 TV가 한 대씩 설치되어 있어 수용자들이 각자의 방에서 화면을 볼 수 있었다.

책상 위에 놓인 마이크는 아침저녁 인원 파악이나 수감자 통제를 위해 사용했다. 면회 시간에 "○방 ○○○ 면회"라고 부르면 각방 철창 앞에 있는 재소자가 "○방 ○○○ 면회"라고 복창했다. 철창 앞에 앉은 복창 대기조는 신입이거나 어린 재소자, 아니면 '개털'이 했다. 감방에서는 돈이 많은 재소자를 '범털'이라 하고 없는 자를 '개털'이라고 한다. 감방에서도 돈이 우선이었다.

면회에 나가는 재소자는 철창문 앞에서 열쇠를 갖고 오는 경찰을 기다렸다. 감방문은 허리를 조금 구부려야 할 정도로 낮고 폭도 좁았다. 철창문이 열리면 면회실로 마음이 먼저 달렸다. 그러나 뛰어서는 안 된다. 경찰과 보폭(步幅)을 맞춰야 하기 때문이다. 감방에 갇혀 있는 자들의 꿈은 하루라도 빨리 감옥을 나가는 것이다. 그 꿈을 위해서는 수단과 방법을 가리지 않고 형량을 줄여 줄 알음알음 알려진 유능한 변호사를 선임하거나 면회 온 가족이나 지인에게 재판 준비를 애절하게 부탁해야 했다. 그리고 같은 감방에 있는 힘깨나 쓰는 갈취자(喝取者)들의 요구를 들어줘야 야만적인 폭력에서 벗어날 수 있다.

이름있는 브랜드 메이커 팬티와 러닝셔츠, 티셔츠를 갈취하는 재소자는 근무자의 묵인 방조 속에 폭력과 협박을 일삼았다. 폭력과 협박을 벗어나기 위해서는 면회 온 가족이나 지인에게 그들이 요구한 물품과 개수가 쓰인 쪽지를 건네며 부탁해야 했다. 만약 면회가 끝났는데 요구한 물품이 반입되지 않으면 폭력에 시달려야 했다. 감방에서는 화폐가 통용되지 않는다. 갈취한 물품이 화폐 대신 통용된다. 수건 여러 장을 기워 만든 큰 주머니에 갈취 물품을 담아 이감(移監) 갈 때 가져갔다. 징역살이 준비다.

나와 김종진이 남부경찰서 대용감방에 갔을 때는 앞서 현대중공업과 현대자동차 조합원들이 일반 형사범과 분리를 요구하며 치열하게 싸워 두 개 호실에 모여 있었다. 그리고 이감 때 의경들의 집단 폭행도 사전에 못 하게 해놓았다. 당시 군 복무를 하는 의경들은 규율을 잡는다며 수감자들에게 폭력도 서슴지 않았다. 이 사실을 알고도 경찰들은 못 본 척 묵인했다.

4~5평 남짓한 곳에 무려 30여 명을 가뒀다. 한여름의 무더위에 장정 서른 명이 4~5평의 공간에 함께 있다는 것은 상상만으로도 힘겹다. 특히 밤에 잠을 잘 때는 면적이 좁아 몸을 옆으로 세워 칼잠을 자야 했다. 양옆 사람의 체온으로 한증막처럼 가슴과 등에 땀이 맺혀 끈적끈적한데 숨소리와 이빨 가는 소리, 코골이가 뒤엉켰다. 에어컨이 중앙통제소 양쪽에서 돌아갔지만, 대용감방 전체 300여 명의 수감자 몸에서 뿜어 나오는 열기를 감당하지 못했다.

구속자 가족들도 매일 대용감방으로 출퇴근했다. 단 몇 분의 면회를 위해 아이까지 둘러매고 시내버스로 왔다가는 일도 큰 고역이었다. 그리고 출퇴근 시간에 회사 정문 등에서 시위를 하기도 했다. 가족들의 소식을 들을 때마다 가슴이 아렸다.

대용감방에서도 힘있는 자와 없는 자의 차이는 분명했다. 나는 역전시장 근방에 있는 나이트클럽 사장과 같은 방에 있었는데 그는 모토로라 핸드폰을 숨겨두고 사용했다. 그는 토요일이면 이발한다며 가끔 외출하기도 했다. 퇴폐 이발소를 다녀오는 듯했다. 이발 때문에 수감자가 외출할 수 있다니 어이가 없었다. 그의 사촌 형이 지역 국회의원이었다.

조정래의 『태백산맥』 10권, 권운상의 『녹슬은 해방구』 9권을 대용감방에서 돌려가며 읽었다. 집행유예를 받은 동지들은 석방됐고 나와 몇몇 동지들은 대부분 1심에서 실형 1년을 선고받았다. 당시 재판 때 4·28 관련 증거로 제출된 사진 대부분이 노동조합 2대 집행부 편집실장이 촬영한 사진이었다. 편집실장은 내가 페퍼 포그를 직접 방화하는 것을 목격했다고 허위 증언했다. 당시 현장에는 두 대의 페퍼 포그가 있었는데 한 대는 넘어져 있었고 한 대는 도로 한복판에서 불탔다. 넘어져 불타지 않은 페퍼 포그를 내가 직접 방화하는 것을 목격했다고 위증한 것이다.

노조 편집실장이 안기부 요원이었다는 등의 말들이 많았지만 확인할 길은 없다. 우리가 구속된 후 그는 사라지고 어디에 있는지 알 수 없었다. 다행스럽게도 재판에서 차량 방화는 무죄가 선고됐다. 차량을 방화했다는 위증을 재판 과정에서 밝히지 못했다면 3년 이상 징역살이를 해야 했을 것이다. 1심에서 징역 1년 실형이 선고됐다. 다른 '민실노' 회원들도 대부분 실형이 선고됐다. 회사는 4·28을 통해 '민실노'를 집중적으로 타격했다. 4·28의 책임을 집행부가 아닌 '민실노'에게 돌린 것이다.

주례구치소, 단면과 일상

1심이 끝나고 부산 주례구치소로 이감됐다. 2심은 부산에서 진행하기 때문이다. 먼저 와 있던 동지들과 학생들이 면회 후 지나가다 감방 내부를 관찰하는 시찰구를 통해 반갑게 인사했다. 시국사범들은 독방 수용을 원칙으로 했다. 주변 재소자들을 선동하고 사상을 오염시키기 때문이라는 이유다. 독방 재소자들은 식사 후 세면실에서 식기를 세척 했는데 동지들과 만날 수 있는 유일한 시간이었다. 우리는 식기 세척 후 세면실이나 옥상으로 가는 계단에 모여 잠깐 정보를 교환하고 의견을 모아 구치소 내 투쟁 방침을 결정하거나 전달했다.

감방문 아래쪽에 A4 크기보다 조금 작은 문이 있다. 이 문을 식구통(食口通)이라 한다. 이 문을 통해 소지로부터 매끼 밥을 배달받고 구매 신청한 물품을 받는다. 소지는 배식이나 영치품과 구매 물품의 배달을 담당하는 재소자를 말한다. 주로 여호와의 증인 같이 종교적인 신념을 지키려고 군 복무를 거부하거나 교통사고 등으로 구속된 재소자들이 맡아서 했다. 소지가 '밥' 하며 밥그릇을 내밀었고 '국', '찌개', '반찬' 등 부르는 순으로 식구통으로 그릇을 넣어주고 다시 회수했다.

취침 점호 직후 식구통을 열고 집회를 하기도 했다. 집회는 보통 "재소자 여러분 ○○방에 있는 ○○○입니다"로 시작된다. 주요 내용은 잘못된 정부 정책이나 5·18 광주민주화운동을 탄압하고 헌법을 유린해 국가권력을 탈취한 쿠데타 세력은 물러나야 한다는 등이었다. 마무리는 "철문을 차면서 항의합시다"였다. 철문을 쾅쾅 차면 교도관들이 돌아다니며 일반 재소자들의 동참을 제재했다. 그리고 구치소 생활을 검찰에 보고해 재판에 불리하도록 하겠다고 협박했다.

학생들은 구속돼도 보통 오래 있지 않고 출소하는데 학생이 새로 들어올 때마다 바깥 상황을 말해주며 전국에 있는 양심수들이 단식 투쟁에 나서자고 했다. 그때마다 동참했다. 부산에서만 몇 번의 단식 투쟁을 했다. 사실 단식이 정세에 미치는 영향력이 거의 없다는 것을 알고 있었지만 젊은 학생들의 의지에 동참하는 것이 올바른 일이라 생각했다.

0.75평, 독방의 크기다. 출입문은 요즘 아파트 문보다 작은 구형 정도의 크기이고 방의 폭은 철문에 한 뼘 정도를 더한 크기며 길이는 군용 매트리스를 깔면 두세 뼘 남는다. 철문에는 방안에서 눈높이보다 조금 낮은 위치에 A4 정도 크기의 네모난 구멍이 있고 거기에 철창살 2~3개가 세로로 질러있다. 이 구멍이 시찰구다. 복도에서 교도관이 안쪽을 살피거나 재소자와 의사소통을 위한 것이다. 그리고 방에서 교도관과 소통을 원할 때 작은 수건 등을 꼬아 만든 때가 꾀죄죄한 작은 몽둥이 같은 것을 철창 사이에 올려놓으면 교도관이 찾아온다.

시국사범일 경우 담당 교도관은 시찰구를 통해 몇 시 몇 분 신문 구독, 독서, 방 청소, 면회, 취침, 운동 등 일과(日課)를 매일 작성해 보고했다. 시찰구는 그들이 말하는 법을 어긴 자를 사회와 격리하는 경계선이다. 바깥쪽은 가두는 자들이고 안쪽은 갇혀 있는 자들이다. 우리는 세상을 바꾸려 했고 그들은 지키려 했다.

군용 모포 3장, 군용 매트리스 1장, 플라스틱 베개 하나, 숟가락 젓가락 1벌, 크고 작은 그릇 4개, 빗자루 쓰레받기 각 1개, 화장실 잡수(雜水) 양동이 등이 독방의 기본 물품이었다. 물품 가운데 쇠로 된 것은 없다. 전부 섬유 면이나 플라스틱이다. 심지어 거울도 플라스틱이다. 자해나 공격을 막기 위한 것이다.

처음 독방에 들어갈 때는 콘크리트로 만든 관(棺)과 흡사하다고 생각했다. 양쪽 벽 밑에 돌출된 마루턱을 잡고 팔굽혀펴기를 할 수 있는 좁은 폭이다. 방 뒤쪽 끝에는 투명 비닐로 된 문이 있다. 문 뒤엔 쪼그려 앉는 재래식 화장실이다. 재래식이다 보니 온종일 냄새에 시달려야 했다. 한여름이면 더욱 심했다. 그리고 24시간 내내 흐릿한 백열전구가 켜져 있다. 감시를 위한 것이지만 책을 읽을 수 있어 도움이 됐다.

신문은 신청해 보는데 검은 매직 등으로 볼 수 없게 칠한 부분이 있다. 기사 내용이 궁금해 불빛에 비춰 얼핏 보기도 했다. 대부분이 시국에 관한 것이다. 나중에는 아예 면도칼로 오려서 줬다. 많을 때는 너덜너덜할 때도 있었다. 책을 많이 읽게 되는데 신문광고나 동지들이 추천하는 책을 구매 신청해 보거나 밖에서 넣어주는 것을 계획을 세워 읽었다. 가끔 금서라며 교무과에서 압류한 책은 항의해서 받아 오기도 했다.

독방은 하루 1시간 운동 시간이 주어지고 혼거 방은 30분이다. 운동은 사동 복도 폭의 두 배밖에 안 되는 좁은 공간에서 했다. 그들은 '형의 집행 및 수용자의 처우에 관한 법률'(형집행법)을 지키는 것이다. 운동장 면적에 관한 법의 조항은 없기 때문이다. 이때 동지들을 만나서 이야기를 나눴다. 공범은 같은 시간에 운동을 시키지 않는 것이 원칙이다. 이 때문에 공범이 아닌 다른 시국사범과 걸으면서 이야기를 나누는데 매우 귀한 시간이었다.

갇혀 있는 사람, 자유를 빼앗겨 본 사람은 그 소중함을 안다. 그리고 사람에 대한 소중함, 그리움을 안다. 부산 주례구치소에는 부산뿐 아니라 마산, 창원, 울산, 양산 등지에서 온 시국사범들이 많았다. 그곳에서 여러 현장 활동가들과 운동권 학생들을 만났다. 출소 후 그때 만난 활동가들을 이따금 만나기도 했다. 금속노조나 민주노총 회의에서 만나기도 했다. '빵[41] 동기'인 것이다. 징역은 노동자의 학교라는 말이 있다. 말 그대로 독방에서 공부할 수 있었고, 여러 동지를 만나고 이후 연대 투쟁의 기틀이 되기도 했다. 큰 투쟁 이후는 반드시 많은 동지가 구속되는데 이것이 노동운동의 질을 높이는데 상당한 밑거름이 됐

---
[41] 감방의 은어다

을 것이다. 그러나 한편으로는 가족이 해체되고 개인적 고통으로 노동운동을 그만두어야 했던 동지들도 많았다. 다행히 나는 노동조합의 신분 보장 규정에 따라 생계비를 보장받았다. 조합원들에게 지금도 항상 고마울 따름이다. 2심에서 징역 1년이 선고됐고 1990년 11월 27일 형이 확정됐다. 6월 11일 구속 후 5개월이 지났다. 4·28 사건 후 수배와 구속, 1심과 2심 재판 후 형 확정까지 7개월이 지나갔다. 초봄 봄바람을 맞으며 출퇴근했던 나는 부산 주례구치소에서 겨울을 맞았다. 수배, 연행, 경찰의 고문, 국정원의 조사, 검찰의 조사 및 심문을 거쳐 기소돼 1심 2심 3심을 거쳐 미결수에서 기결수로 확정됐다.

금형사상공인 내가 왜 여기에 있어야 하나, 생각했다. 페인트를 수십 번 덧칠했지만 깨지고 벗겨진 감방 철문의 선명한 그라인드 자국을 보며 공장의 모습이 떠올렸다. 머리 위 천장에 수십 톤의 크레인이 왔다 갔다 하고 소음 때문에 목소리를 높여 동료와 의사 전달을 해야 하는 곳, 분진 때문에 흐릿한 공간, '윙윙'대는 기계 소리와 동료들이 보고 싶었다. 에어 그라인더가 돌아갈 때 손에 느껴지는 진동이 그리웠다. 작업복에 묻은 먼지를 에어건으로 서로 불어 주며 퇴근 준비를 하던 그때가 떠올랐다. 퇴근하면 달려와 안기는 예쁜 딸 런이와 수배 직전 집에 들렀을 때 백일도 안 됐던 근이가 사무쳤다. 축 처져 있는 불알 두 쪽 조심스레 만져보고 돌아서서 도망자가 돼 떠돌 때를 떠올렸다. 동료들이 숨겨주던 월세방, 전세방을 이집 저집 떠돌다 연행되기까지 쫓기던 시간이 철문 그라인더 자국에 새겨진 듯했다.

면회를 마치고 같은 사동에 있는 배만수 동지의 방 앞을 지나면서 시찰구를 통해 인사했다. 국가보안법으로 구속돼 4·28 구속자보다 먼저 실형 2년이 확정됐는데, 수건 여러 장을 기워서 만든 주머니에 이것저것을 챙겨 넣으며 이감 준비를 하고 있었다. 속옷, 수건, 세면도구 정도겠지만 챙기고 있는 모습을 보다 울컥했다. 수건 여러 장을 구매해 하나하나 바느질을 해 큼직한 주머니를 만들었을 것이다. 바늘을 아침에 받아 저녁에 반납하며 며칠 동안 바느질을 했을 것이다. 구치소에서는 바늘같이 위험한 물건은 엄격히 관리한다. 머릿속에 바느질하는 그의 모습이 그려졌다. 쓸쓸했다.

형이 확정되면 지정된 교도소로 이감하는데 언제인지 알려주지 않는다. 폐방(閉房) 후 취침 시간쯤에 알려주거나 새벽에 알려주고 곧장 이감한다. 미결수는 무죄 추정의 원칙이 있어 선고받기 전까지는 범죄자로 취급하지 않지만, 형이 확정되면 범죄자가 된다. 형이 확정되면 언제 어느 교도소로 이감될지 모르기 때문에 준비하고 있어야 한다.

전주교도소 가는 길

나는 전주교도소로 이감됐다. 가까운 교도소로 이감되면 면회 오는 가족들이 편할 텐데 멀리 보냈다. 수갑 차고 포승줄에 묶여 그레이스 호송차에 올랐다. 몇 개월 만에 호송차 창밖으로 일상의 풍경을 보았다. 거리의 사람들을 봤고, 가로수와 옆 차선에서 운전하는 모습이 눈에 들어왔다. 즐비한 가게들이 스쳐 지나갔다. 옆 버스에서 교복 입은 여학생이 창밖으로 법무부 그레이스를 내려다보다 나와 눈이 마주쳤다. 미소 짓는 나를 보고 황급히 눈을 돌렸다. 다시 살포시 눈을 돌리다 또 눈을 마주쳤다. 입을 벌리며 수갑 찬 손을 들어 위협적인 모습을 보이자 고개를 홱 돌렸다. 버스는 서서히 멀어져갔다. 재판 받으러 왔다 갔다 할 때 동지들이 흔히 하는 장난이다. 학생이 살아갈 세상이 지금보다 더 나았으면 좋겠다고 생각했다.

현대중공업 동지들은 4·28 동지들보다 먼저 재판이 끝났다. 그리고 4·28 동지들의 치열한 법정 싸움도 끝났다. 석방된 동지들은 가족 품으로 돌아갔고, 형이 확정된 동지들은 전국 여러 곳의 교도소로 이감됐다. 이제 자유를 그리며 남은 형량을 채우기 위해 전국에 있는 여러 곳의 교도소에서 법무부 시계 소리를 들어야 한다.

고속도로 휴게소에서 화장실에 가는데 주변에 있는 사람들의 눈길이 나에게 쏠렸다. 푸른 수의에 수갑 차고 포승줄에 묶여 교도관과 동행하고 있는 모습을 보면서 사람들은 어떤 생각을 할까, 잠시 씁쓸했다. 전주교도소에 도착했다. 인수인게 절차와 이감 절차를 거치고 칭호(稱呼) 번호 2084를 받았다. 앞으로 정갑득이 아닌 2084로 불릴 것이다. 늦은 시간 식어버린 찬 보리밥이 담긴 식판을 내밀면서 저녁을 먹으라 했다. 배가 무척 고팠지만 식어버린 거친 짠밥[42]이 목에 넘어가지 않았다. 교도소는 외관상으로 깔끔해 보이지만, 그 안은 우중충하고 가는 곳마다 쇠창살과 철문이 이중 삼중으로 잠겨 있다. 지나는 곳마다 근무자가 열쇠로 문을 열어 줘야 했다.

인원 점검이 끝나고 취침 시간이 임박해 교도관을 따라 내가 머물려야 할 방으로 갔다. 한쪽은 독방이 이어져 있는 우중충한 사동이었다. 식민지 시절에 지어진 건물로 보였다. 내가 들어가야 할 방에 다다르는데 "동지 먼 길 오시느라 수고 많았습니다."라는 나직한 목소리가 들렸다. "네. 감사합니다. 자세한 이야기는 내일 합시다."라고 답했다. 독방 문이 열리고 닫혔다. 조금 지나자 교도관이 나직하게 부르는 소리가 들리더니 좁은 식구통으로 사제(私製) 모포를 길게 늘어뜨려 밀어 넣었다. 밀어 넣는 사제 모포를 당겼다. 2장이었다. 나직하게 고맙다며 인사하고 방을 정리했다. 초겨울이라 교도소에서 지급하는 군용 모포 3장으로는 추워서 잘 수가 없었을 텐데, 이감 온다는 소식을 듣고 준비해 뒀다 챙겨 주는 동지들이 고마웠다. 부산보다 훨씬 추웠다.

---

42) 교도소에서 주는 밥의 속된 표현이다.

감방 동지 그리고 생활 수칙

아침 점호가 끝나고 한두 사람씩 동지들이 찾아와 짧은 인사를 했다. 87년 이전까지 시국사범 대부분은 군부독재 타도와 민주화를 요구하는 학생이었다. 노동자들이 스스로 나서기 시작하는 것은 민주주의의 발전이 가속화되고 있다는 증거이다. 기업이 번 돈을 어떻게 나눌 것인가에 대해 그때까지는 직접 당사자인 노동자들이 배제됐다. 87년 이후 노동자들이 스스로 정의로운 분배와 민주주의를 노동조합을 통해 요구하기 시작했다. 자본과 정권은 민주노조가 자리잡지 못하게 탄압했다. 그 증거가 교도소에 차고 넘쳤다.

일본 조선총련계 학교에서 교감을 하시다 아버지와 아들이 간첩으로 몰려 오랜 기간 복역하고 계신 장기수 선생님, 민중 판화가 홍성담 씨, 충주대학 총학생회 회장 등이 같은 사동에 있었다. 식사는 3개 조로 나누어서 했다. 함께하는 식사는 징역에서 특별한 것이다. 원칙은 각자의 방에서 하는 것이다. 내가 이감 오기 전 단식 투쟁 등으로 힘겹게 확보한 것이었다. 주어진 한 시간 운동은 사동 끝에 있는 50여 평쯤 되는 작은 운동장에서 했다. 높은 벽으로 둘러싸인 곳으로 편을 나누어 건물 벽에 박혀 있는 농구 골대를 두고 농구를 했다. 운동신경이 우둔한 나는 거의 골을 넣지 못했다. 징역살이에도 우리끼리의 생활 수칙이 정해져 있다. 하루 3번 이상 감방 내 마루를 닦아 청결을 유지한다, 5시간 이상 잠을 자지 않는다, 열심히 책을 읽는다, 건강을 위해 열심히 운동한다, 문제가 생기면 반드시 동지들과 상의한다 등이 정해져 있는 생활 수칙이었다.

건강을 유지하기 위해 감방 내 철문 철창에 수건을 걸어서 잡아당기고 앉았다 일어나기 100회, 팔굽혀 펴기 50회 등을 매일 했다. 하루 24시간 가운데 감방 밖에 있는 시간은 운동과 식사 그리고 그릇 씻기를 포함해도 두 시간밖에 안 됐다. 나머지 22시간은 0.75평에 갇혀 있었다. 오전엔 주로 운동을 하고 신문을 읽었다. 당시 TV 프로그램 편성표가 신문의 제일 마지막 장에 방송국별로 실려 있었는데, 그것까지 전부 읽었다. 갇혀 있는 자들의 바깥에 대한 동경과 그리움이 신문에 대한 애착을 갖게 했을 것이다.

1990년 12월 어느 날 폐방 후 다음 날 만기 출소하는 동지가 보안과 면담 후 돌아오며 식구통을 통해 무엇인가를 툭 던져줬다. 모나미 볼펜이다. 감옥에서는 귀하디귀한 물건이다. 감옥은 집필의 자유가 없다. 편지도 집필을 신청하고 허가를 받아야 지정된 장소에서 펜을 받아 쓸 수 있다.

6각형의 볼펜은 각이 뭉개져 거의 원형에 가까웠고 색깔도 누리끼리했다. 볼펜 심을 바꾸기 위해 검은 플라스틱 부분을 풀어봤더니 헐

거워져 종이를 말아서 잠가놓았다. 많은 동지의 손때가 묻어 수많은 아픔과 고통, 분노와 사랑이 이 볼펜을 통해 표현됐을 것이다. 몰래 준 것은 볼펜이 없는 동지 모두에게 다 주지 못해 미안해 그랬을 것이다. 천하를 얻은 기분이었다. 나를 선택해 볼펜을 준 동지가 무한히 고마웠다. 앞으로 책을 읽을 때 시찰구를 등지고 앉아 교도관 몰래 엽서에 편지를 쓸 수 있고 책에 밑줄도 그을 수 있을 것이다. 볼펜 잉크가 떨어지면 집필을 신청해 교도관 몰래 볼펜 심을 바꿔치기하면 된다. 교도관들이 볼펜 심이 자꾸 바뀌어 위쪽에 노란색, 빨간색 페인트를 칠해 바꿔치기를 못 하도록 했지만, 어느 정도는 눈감아 줬다. 운동 시간에 방을 검사해 금지 물품을 압수하기 때문에 볼펜을 숨겨야 했다. 중요하지 않은 소설책에 홈을 파서 볼펜을 숨겼다. 그리고 그 책을 십여 권의 책을 쌓고 맨 아래에 두었다.

못난이 사과 먹기

 간혹 영치물로 못난이 사과가 들어오는 경우가 있었다. 먹기 위해서는 칼이 필요했다. 칫솔 손잡이를 몇 날 며칠 화장실 바닥에 갈아 칼을 만들었다. 금형사상공의 기술력으로 아무런 도구 없이 만든 것이다. 무디고 둔탁했다. 그 칼로 사과를 깎는데 깎는다기보다 껍질을 뜯어내는 수준이었다. 사회를 위해 일할 수 있는 금형사상공의 좋은 기술이 썩고 있는 게 아까웠다.

 징역은 자신의 체온으로 살아야 한다. 난방의 도움은 기대할 수 없다. 겨울엔 매트리스 위로 모포를 자루처럼 접어 발부터 밀고 들어가서 잤다. 자고 일어나 모포를 정리하면 3단 군용 매트리스가 사람 모양으로 젖어 있었다. 체온과 바깥 온도 차로 일어나는 결로(結露)현상이다. 이 때문에 매트리스를 창살 사이로 들어오는 여린 햇볕에 쫓아 옮기며 말렸다. 물론 어떤 때는 운동 시간에 매트리스를 들고 나가 건물 벽면에 세워놓고 한껏 햇볕에 말려 다시 찾아오기도 했지만, 기회는 많지 않았다.

 겨울 징역살이는 어느 계절보다 힘들었다. 추운 날에는 밤새 입김이 올라가 벽 모서리나 천장 구석이 허옇게 얼었다. 마루 틈새에서 올라오는 찬바람을 이기기 위해 자다가도 일어나서 팔굽혀펴기나 앉았다 일어서기를 했다. 몸에 열기가 올라오면 다시 잠을 청했다. 꿈속에서도 봄이 그리웠다. 그때 창살 사이로 들어오는 가느다란 햇볕을 쬐는 행복은 최고였다. 머리와 얼굴을 타고 내려오는 햇볕이 얼어붙은 몸속으로 따뜻이 스며왔다.

1990년 말 91년 초, 겨울은 혹독했다. 군용 모포 두 장을 반듯하게 접고 접어 포개면 책상이 된다. 책을 읽을 때는 남은 모포 한 장을 뒤집어쓰고 손가락 두 개만으로 책장을 넘겼다. 추위를 이기려는 방법이다. 미치지 않기 위해 책을 읽어야 했다. 동지섣달 기나긴 겨울밤을 지새우기 위해 책을 읽었다. 독서는 나를 더 강하게 성장시켰다. 교도소가 노동자의 학교라는 말을 스스로 체험했다.

당시 학생운동권은 사회구성체 논쟁을 했다. 한국사회의 본질적 문제는 무엇인가에 대한 논쟁이다. 민족해방(NL)과 민중민주(PD)의 사회구성체 논쟁은 징역 안에서도 뜨거웠다. 모두 노동계급을 중요시했기 때문에 나는 양쪽으로부터 많은 책을 권유받았다. 이 때문에 책값으로 1원도 쓰지 않았지만 읽어야 할 책이 넘쳐났다. 대부분이 금서였다. 표지는 헤밍웨이의 『무기여 잘 있거라』였지만 내용은 아니었다. 검열을 피해 금서로 지정된 책을 표지 등을 바꿔 제본한 것이다. 『봄우뢰』 등 북한 관련 책과 여러 나라의 혁명사, 자본론, 경제사 등이었다. 돌이켜 생각해 보면 진지하고 치열했던 토론이 그렇게 수준 높은 내용은 아니었지만 민주주의의 열망으로 고통받고 있는 민중의 행복을 고민하는 학생들의 순수한 열정과 정의로움은 고귀한 것이었다.

91년 6월 전주교도소에서 1년 만기 출소했다. 1년 전 치열한 투쟁 현장이던 공장은 평온하고 조용했다. 그때의 일은 그저 지나갔을 뿐 아무도 기억하지 않는 듯했다. 전국 곳곳의 교도소에서 동지들이 석방되고 있었다. 먼저 석방된 동지들은 해고자 신분으로 복직 투쟁과 연대 투쟁을 하며 지내고 있었다.

'졸대 위협'과 구더기

 1992년 성과 분배 투쟁으로 구속되어 울산 대용감방에 있을 때이다. 어느 날 검찰이 시찰을 왔다. 건들건들 거들먹이는 눈빛으로 우리를 바라보고 있는 젊은 검찰에게 한 동지가 동물원 원숭이처럼 쳐다보지 말라고 했다. 그러자 시비가 붙었다. 검찰은 그 동지를 검찰청에 데려가 조사하겠다며 경찰에게 철창을 열라 했고 우리는 거부했다. 경찰이 철창문을 열려고 했지만 여러 명이 모포로 감아 당겨 열지 못하도록 했다. 이윽고 수사과장이 달려와 모포를 치우고 문을 열 수 있도록 해달라고 했지만, 무시하고 계속 모포를 당겼다. 그러자 수사과장이 커다란 커터로 모포를 자르기 시작했다. 모포는 힘없이 조각났다. 허탈했다. 곧바로 자물쇠를 열려 했다. 그때 나와 김근태 동지는 감방 벽에 있는 졸대를 뽑아 들고 쑤셔 버린다고 위협했다. 경찰이 물러났다.

 다음날 검찰 조사를 위해 모두 검찰청으로 호송됐고, 따로따로 조사를 받았다. 조사 후 나와 김근태 동지는 '졸대 위협'으로 부산 주례구치소로 강제 이감돼야 했다. 모두 대용감방에서 울산법원으로 재판을 받으러 왔다 갔다 했지만, 김근태 동지와 나는 부산 주례구치소에서 울산법원을 오고 가야 했다. 가족들도 부산으로 면회를 다녀야 해 더 힘들어했다. 징역에서는 제발 좀 조용히 살라는 가족들의 말에 그저 미안할 따름이었다.

당시 재판 때에는 현대자동차 동지들만 거의 대형 버스 한 차를 채울 정도였다. 성과 분배 투쟁으로 구속된 18명에 호송원이 따라붙기 때문이다. 큰 투쟁 때마다 정부와 회사는 구속과 해고를 반복했다. 우리는 그때마다 처절히 저항했다. 회사는 언론과 국가 공권력을 자기들의 의지대로 움직였고 우리는 조합원들에게 호소해 힘을 모아 함께 투쟁했다.

1심 재판이 끝나고 일부는 집행유예로 석방됐지만, 형이 확정된 동지들은 주례구치소로 이감됐다. 밖에 있는 해고 동지들과 구속자 가족들이 힘들어한다는 소식을 들을 때마다 계속 노동운동을 해야 하나 고민이 많았다. 그때마다 마음을 다잡고 책을 읽었다. 책은 또 마음을 더욱 굳게 붙잡았다. 그렇게 동지들도 당당하게 재판을 받았다.

부산주례구치소로 강제 이감 며칠 후 밤새 굵은 비가 내렸다. 빗소리를 들으며 이런저런 생각에 선잠을 자다 아침에 일어나니 발끝 부분에 무언가 뽀얗게 소복이 쌓여 꿈틀거리고 있었다. 구더기였다. 독방의 끝부분은 재래식 화장실이다. 화장실과 방 사이에는 엉성한 나무문이 하나 있는데. 대부분 투명 비닐로 가려져 있어 시찰구에서 바라보면 화장실에서 볼일을 보고 있는 재소자를 확인할 수 있다. 비가 내릴 때는 화장실 바닥이나 마룻바닥이 축축이 젖었다. 어젯밤 비에 화장실 구더기가 온기가 있는 방 쪽으로 올라온 것이다.

 벌떡 일어나서 철문을 발로 '쾅쾅' 찼다. 철문을 발로 차면 소리가 매우 크다. 교도관이 달려와 시찰구로 바라보며 "야! 지금 뭐 하는 거야! 뭐 때문에 지랄하는 건데?"라며 화를 냈다. 나도 화를 내며 "야! 이 **들아! 여기 좀 봐."라며 구더기를 손으로 가리켰다. '죄 없는 사람 잡아넣고 이런 곳에서 살라고 하냐!'라며 항의했다. 30대 초반에 뜨거운 피가 끓고 있을 때였다. 요즘 같으면 조용히 풀어갔을 듯싶다. 교도관이 방에 들어와 확인하고 야간 근무를 끝내고 퇴근한다며 보고해 조치하겠다고 했다. 구더기는 방에 있는 빗자루로 쓸어서 화장실에 밀어 넣었다. 이 문제를 구치소 측에 보고한다고 해도 제대로 처리할 수 없다는 것을 교도관은 알고 있었을 것이다. 그날 저녁 야간에 출근한 교도관이 에프 킬라 한 통을 건넸다. 아마도 자신의 사비로 샀을 것이다.

 어느 날인가부터 잇몸이 붓더니 잇몸 전체로 퍼졌다. 우측 아래 어금니에선 고름까지 나오기 시작했다. 의무실에서 약을 타 먹었지만, 효과가 없었다. 컵라면 구매 때 딸려 온 나무젓가락을 뾰족하게 분질러 잇몸을 후벼 침에 섞인 우유색 같은 고름을 한동안 짜내야 했다. 잇몸병은 부산에서 순천교도소로 이감된 후 냉수마찰로 치료했다.

 순천교도소에서는 아침마다 모든 동지가 냉수마찰을 했다. 기상과 동시에 감방문을 열어주면 모두 고무신을 신고 팬티 차림으로 사동 복도 입구에 있는 세면실로 갔다. 큼직한 콘크리트 물받이 탱크에 얼어 있는 얼음을 깨고 물을 뒤집어쓰고 수건으로 문질렀다. 추위 때문에 있는 힘껏 세게 문질렀다. 얼마간 문지르면 온몸이 따뜻했다. 모락모락 김까지 났다. 그러나 손과 발은 시리고 아렸다. 추워서 하기 싫었지만, 순천교도소의 양심수들이 함께하는 규칙이었다. 그런데 냉수마찰을 한 지 2주일 정도 지나자 잇몸의 부기가 가라앉기 시작했다. 냉수마찰의 효과였다. 냉수마찰은 장기수 선생님으로부터 전해 왔을 것이다.

오른쪽 아래 둘째 어금니는 결국 못 쓰게 돼 순천교도소 출소 후 발치(拔齒)하고 쇠붙이를 덧씌웠다. 안구에도 문제가 생겼다. 수정체에 모기가 날아다니는 것 같은 증상이다. 비문증이다. 치료법은 없다. 안과의사는 밝지 않은 조명 아래 책을 많이 읽어 발병한 것 같다고 했다. 몸 상태가 좋으면 덜하고 나쁘면 심해진다. 지금도 모기 몇 마리와 함께 살고 있다.

부산 주례구치소에 겨울이 오고 있었다. 2관구(管區)는 황종하 동지, 1관구는 내가 대표로 구치소 측에 겨울 준비에 관한 요구를 했다. 창문틀에서 찬바람이 들어오지 않도록 비닐 커버를 설치해 달라는 등을 요구했는데 그날따라 보안계장이 이것저것 잘 들어 줬다. 웬일인가 했는데 다음 날 새벽에 황종하 동지는 군산, 나는 순천교도소로 이감이 통보되고 절차에 들어갔다. 지난밤 보안계장에게 이야기한 것은 둘밖에 알 수 없어 없었던 일이 되고 말았다.

1년 6개월의 실형이 확정된 나는 황종하 동지와 함께 수갑 차고 포승줄에 묶여서 아침 일찍 이송 교도관들과 함께 순천교도소로 출발했다. 황종하 동지는 순천교도소를 거쳐 군산교도소까지 가야 했다. 순천교도소 앞에서 수갑 찬 두 손을 마주잡고 남은 기간 건강하게 살라며 작별 인사를 나누는데, 교도소 앞 감나무에 달린 감이 찬바람에 흔들렸다. 시국 관련 사범은 될 수 있는 대로 멀리 보냈다. 호남은 영남으로 영남은 호남으로 보내는 것 같았다. 가까운 경주나 대구, 부산에 이감시키면 가족들이나 지인들이 면회하기 편할 텐데 의도적인 것 같았다.

순천교도소, 문어 다리와 적응력

　순천교도소에는 1991년 6월 정원식 국무총리서리에게 달걀과 밀가루를 투척한 사건으로 구속된 한국외국어대 정원택 총학생회장과 경상대학교 지리산 결사대 등이 복역하고 있었다. 모두 선한 얼굴이었다. 지리산 결사대는 지리산 수련회에서 민속 무예를 한 것이 문제가 됐다. 재판부는 긴 나무 봉으로 군사훈련을 하는 등의 비밀 무장 투쟁 조직을 결성한 사실이 인정된다고 판결 이유를 밝히고 12명에게 징역 3년 등을 선고했다.

　육·해·공군을 비롯해 경찰 등 막강한 무장 조직이 있는 휴전 중인 분단국가에서 나무 봉으로 군사훈련을 한다는 것이 말이 되는가? 대학생들이 나무 봉으로 무장 혁명이 가능한가를 판단 못 하는 바보들이 아닐 텐데, 학생들이 무장 혁명을 준비했다고 주장하는 게 검찰이었다. 더욱이 법원의 판결은 학생들의 군부독재에 대한 비판과 민주주의 요구를 국가 전복 세력으로 몰아 가두는 어처구니없는 검찰의 횡포에 동의해 준 셈이었다.

　어느 날 누군가 식구통으로 칼집을 내어 삶은 문어 다리 하나를 던

저주고 갔다. 정원택이었다. 정원택의 집이 바닷가였는데, 어머니가 특별 면회를 통해 자식 먹이려고 삶아 온 것을 몰래 수의 속에 숨겨 들여와 각방에 하나씩 던져준 것이다. 징역에서는 상상할 수 없는 음식이다. 그날 저녁 모포 뒤집어쓰고 책을 읽으면서 촉촉하고 야들야들한 문어 다리를 꼭꼭 씹어서 아끼고 아끼며 음미했다. 행복하고 고마웠다. 지금도 그 맛을 잊을 수 없다.

냉수마찰과 자정까지 책을 읽는 것 등이 순천교도소 독방 동지들의 중요 생활 수칙이었다. 재소자는 시계를 가질 수 없다. 이 때문에 복도 끝 첫 번째 독방에 있는 동지가 시찰구를 통해 시계를 플라스틱 거울로 비추어 12시가 되면 벽을 탕탕탕 두들긴다. 그 소리를 받아 릴레이 방식으로 시간이 전달됐다. 졸았거나 잠든 동지가 이를 놓치면 다음 날 아침 사동의 식기 전체를 닦아야 하는 벌칙을 받아야 했다. 서로 격려하면서 학습을 게을리하지 않기 위한 수칙이었다. 나는 단 한 번도 식기를 닦은 적이 없다. 어린 학생들은 나보다 잠이 많았다.

하루는 보리스 파스테르나크의 『닥터 지바고』를 읽고 있었다. 러시아 혁명 전쟁 시대 의사의 열정과 도덕적 고뇌를 그린 소설이다. 러시아 소설에는 두꺼운 외투, 눈 덮인 긴 겨울, 페치카, 무거운 거실 등이 자주 그려진다. 책을 읽다 고개를 들어보니 창살 위마다 눈이 층층이 쌓여 흰 벽처럼 보였다. 징역살이의 겨울 새벽이 아니고는 볼 수 없는 광경이다. 갑자기 눈물이 쏟아졌다. 건물을 비스듬히 비추는 불빛에 소리 없이 내리는 함박눈이 산산이 날리고 있었다. '닥터 지바고'가 심장을 파고들었다.

처음 이감해 앞으로 지낼 0.75평 독방을 둘러봤다. 화장실에 변기가 없고 물이 1/3 정도 채워진 페트병 하나가 거꾸로 서 있었다. 들어보니 지름 8센티 정도 되는 구멍이 있었다. 당황스러웠다. 볼일 볼 때 어쩌나 했다. 대변을 볼 때 감자 두 쪽을 옆으로 당기고 깊숙이 머리를 숙여 시야를 확보한 후 그 작은 구멍에 김이 모락모락 나는 똥을 잘 맞춰야 했다. 신기한 것은 며칠 지난 후부터는 그냥 바지를 내려서 볼일을 봐도 그냥 맞아 들어가는 것이다. 인간의 환경 적응력에 감탄했다. 환경에 적응하는 능력이 수십만 년의 긴 세월을 거치면서 모든 종(種)이 각자의 모습으로 진화했다는 주장을 믿게 됐다. 이 방은 여름에 악취가 나지 않게끔 그 누군가가 변기를 개조한 것이었다. 우리는 범털 '왈왈이[43])'가 살았던 방이라고 표현했다. 징역에서는 출소 후 사회 적응력을 키우기 위해 미장, 조적 등의 교육을 하는데 누군가가 시멘트를 교도관의 묵인 아래 몰래 가져와 화장실을 개조한 것이다. 덕택에 냄새 없는 쾌적한 징역살이를 할 수 있었다.

독방에 살아 움직이는 것은 단 하나, 자신뿐이다. 이 때문에 살아있는 생명을 그리워한다. 같은 사동에 있는 한 동지는 거미를 키우고 있었다. 운동장 재래식 화장실 옆 콘크리트 뚜껑에 모여드는 파리들이

---
43) 감옥에서 사용되는 은어로, 교도관이나 재소자들 사이에서 '제 목소리를 내는' 힘깨나 쓰는 재소자를 가리키는 말이다.

있었는데, 운동 시간에 우리는 파리를 잡아줬다. 운동 시간이 끝나고 입방해 파리를 거미줄에 던져주면 거미가 재빠르게 달려와 거미줄로 감아 진액만 빨아 먹는다고 했다. 시계처럼 똑같은 일상이 반복되는 징역에서 거미 이야기는 대단한 뉴스거리였다. 고립된 기억이 있는 자와 자유를 박탈당해 본 자만이 공유할 수 있는 이야기다. 인간은 이렇게 사회적 동물이 된 게 아닐까 생각했다.

순천교도소에서 내가 살았던 방은 햇볕이 제법 드는 방이었다. 독방은 철창 밖에 여러 조각의 판자로 엉성하게 햇빛을 가렸다. 햇빛마저 봉쇄한 것이다. 내 방은 다른 독방보다 더 엉성해 햇빛이 많이 들어왔다. 개미들이 창틀 위를 줄지어 지나가는 모습이 보기 좋아 매일 식사 때마다 보리밥을 손톱만큼 떼어 줬더니 급속하게 개체 수가 늘어났다. 하루는 잠을 자는데 개미들이 마루까지 내려와 나를 물어 잠을 잘 수 없었다. 그 이후로는 개미들에게 밥을 주지 않았다. 어떤 동지는 김치 사발면 빈 통에 흙을 담고 운동 시간에 예쁜 잡초를 골라 심어 창틀 위에 두고 키우기도 했다. 그는 거름으로 비누를 긁어서 사용한다고 했다. 시계처럼 똑같은 생활이 반복되는 시간과 공간 너머의 세상이 항상 눈앞에 삼삼했다.

어느 날 동지 한 명이 운동 시간에 빅 뉴스를 들려줬다. 어제저녁 자정 무렵 누군가가 모나미 볼펜 한 자루를 화장실 철창 안으로 던져줬다는 것이다. 아마 경교대원[44]이 야간 순찰을 하다 시국사범 감방에 던져줬을 것이다. 위험을 감수한 행동이다. 모두 고마워했다. 교도소

안에도 우리를 지지하는 사람이 있다는 것이다. 이런 뉴스는 교도관 몰래 우리끼리만 속삭이듯 주고받았다.

---
44) 의무경찰처럼 군 복무를 교도소에서 경계 근무로 가름하는 부대원.

겨울나기와 칼 만들기

　순천은 울산보다 추웠다. 가을바람이 불어오자 장기수 선생님들의 오랜 경험을 전수해 겨울나기 준비를 했다. 면회 온 가족이나 지인들에게 두껍고 목이 긴 양말을 넣어 달라고 부탁해 양말 두 쪽의 목 부분을 바느질해 이으면 제법 쓸만한 목도리가 된다. 밤에 모포를 뒤집어 쓰고 앉아 책을 읽을 때 '양말목도리'를 목에 감아 긴요하게 사용했다. 보리밥을 얇은 양말에 넣고 탐배기45)에 물을 담아 책을 보면서 한 손으로 계속 주무르면 끈적끈적한 보리밥풀이 된다. 이 풀을 화장지에 발라 마루 틈새를 꼼꼼히 메웠다. 겨울에 마룻바닥 틈으로 스며드는 찬 공기를 막기 위한 것이다. 재소자 중에는 여름에는 갑갑하겠지만 잡지를 찢어서 마루 전체를 몇 겹씩 도배하는 이도 있다. 나무젓가락은 시멘트에 갈아 일자 드라이버처럼 만들어 사용했다.

　얇은 수건의 실을 하나하나 뽑아 제거하면 거즈 비슷한 것만 남는데. 이것을 잘 접어 마스크를 만들기도 했다. 추운 겨울에 착용하면

---

45) 목욕탕에 쓰는 목욕탕 마크(♨, 온천 기호)가 새겨진 조그만 물그릇. 정식 명칭은 아니지만, 지역이나 세대에 따라 부르는 경우가 있다.

방의 찬 기온을 완화해 유용하게 사용할 수 있었다. 목장갑을 푼 실 여러 겹을 길게 철창에 묶고 반으로 나누어 하나는 입에 물고 다른 하나를 손바닥으로 한 방향으로 계속 비벼서 꼬고 다른 쪽도 같은 작업을 해 두 쪽을 합치면 새끼줄처럼 기다란 노끈이 완성된다. 이것을 마스크 끈으로 사용하거나 햇빛이 들어오는 화장실 철창 양 끝에 묶어 빨랫줄로 사용했다.

운동 시간에 방이 비어 있을 때 가끔 교도관들이 방에 들어가 검방(檢房)을 하는데 노끈이 있으면 압수한다. 자살 도구로 이용할 수 있다는 게 금지 이유였다. 밖에서 들어오는 사제 모포의 바깥쪽 테두리도 교도소 측에서 제거했다. 이 역시 목줄로 사용될 수 있기 때문이다. 교도소에서는 금속으로 된 어떤 것도 허용되지 않는다. 자해하거나 주변에 있는 재소자를 해치는 도구로 사용할 수 있기 때문이다. 감방 안에는 무엇을 깎거나 자르려 해도 칼이나 가위가 없다. 징역에서는 평소 우리가 사용하는 각종 도구와 공구가 새삼스레 절실하다. 칼을 만들어 사용하기도 했다. 방법은 다른 교도소에서 수감자들이 만든 전기면도기를 사는 것이다. 당연히 면도기에 들어가는 건전지도 구매할 수 있다. 건전지를 운동 시간에 땅에 내려놓고 발로 문지르면 양철 껍질이 벗겨진다. 이것을 교도관 몰래 호주머니나 양말 속에 넣어두었다가 운동이 끝나면 방으로 갖고 온다. 마루 위에 놓고 밥그릇 둥근 부분으로 계속 문지르면 건전지 양철 껍질이 판판하게 펴지는데 이것을 길게 3분의2 정도 접는다. 두 겹으로 접히지 않는 부분을 갈아 칼을 만드는 것이다. 양철판을 화장실 바닥이나 벽에 갈 때는 음악이 나오는 시간에 맞췄다.

음악 소리 때문에 교도관이 눈치채지 못하기 때문이다. 칼이 완성되면 두꺼운 책 속 깊이 숨겨두었다 필요할 때 사용했다. 이것을 우리는 '깔'이라 했다. '깔'을 못난이 사과를 깎을 때 사용했다.

고의로 형량 늘리기, 국가보안법 위반

　시국사범 가운데에는 우리와 함께 어울리지 않는 수형자가 있었다. 큰 죄를 짓고 들어온 장기수였는데 국가보안법으로 6개월 형량이 추가됐다는 것이다. 실형이 확정되면 강제 노역의 의무가 있다. 보통 일반수 방에는 6~8명이 함께 생활한다. 공휴일을 제외하고 아침부터 오후 5시까지 강제 노역을 해야 한다. 나가서 일하는 것을 출역(出役)이라 하는데, 출역을 나가면 폭행 등 불합리한 일이 많이 일어난다고 들렸다. 출역에 적응하지 못한 일반 장기수가 한밤중에 철문을 차고 "김일성 장군 만세!!"라고 삼창(三唱)하면 고무 찬양죄로 기소돼 재판을 받고 보통 6개월의 형량이 추가된다고 한다. 장기수로서는 6개월 추가가 큰일이 아닐 듯하다.

　국가보안법으로 형량이 추가되면 사상범이 되고, 독방에서 출역하지 않고 징역살이를 할 수 있다. 출역에 적응하지 못하는 재소자거나 6~8명이 생활하는 혼거방의 생활에 적응하지 못할 때 쓰는 방식이라고 했다. 사상범은 전향하지 않으면 출역을 시키지 않았다. 이유는 다른 재소자들의 사상을 오염시키고 선동해 소요를 일으킬 가능성이 크기 때문이라 한다.

일반 재소자들이 여러 가지 사유로 독방에 감금되면 혼자 벽을 보고 이야기하다 보통 6개월 정도 지나면 정신병자가 되는 사람이 많다고 한다. 내가 있는 사동 독방에 감금된 일반 재소자는 새벽에 철창문을 꽝꽝 차면서 발악을 하는데 모두 잠 좀 자자며 야단이었다. 그러면 곧 보안과에서 쇠사슬로 칭칭 묶어서 데려갔다. 아침이 되면 쇠사슬에 묶여 풀이 죽은 모습으로 돌아오곤 했다.

안쓰럽고 힘들어 보여 주변 재소자가 사제 모포를 넣어주면 독방 마루에 대소변을 보고 벽에 발라서 냄새가 진동했다. 추운 겨울날 모포에 똥칠이 돼 있을 텐데 추워서 어떻게 긴 밤을 지새우는지 걱정이 됐다. 결국 그는 정신병 수형자를 가두는 마산교도소로 이감됐다. 그를 보면서 인권을 생각했다. 가슴 아팠다. 가슴이 아플수록 새로운 세상을 향한 꿈은 더욱 커지는 듯했다.

파랑새가 되어 날아가고 싶었던 날

 2000년 대우자동차 해외 매각 반대 완성 4사 투쟁으로 수배돼 7개월여 노동조합 사무실에 갇혀 있을 때이다. 조합원들이 특근하지 않는 토요일이나 일요일에는 수출선적부 앞 부둣가에서 가끔 낚시도 했다. 검거에 대비해 낚시하는 곳 가까이에 자동차 시동을 걸고 앞문을 열어 놓았다. 고려화학 쪽으로 낚싯줄을 던지면 모랫바닥에서 조그마한 광어나 게르치가 올라오곤 했다. 갇혀서 산다는 것에 차차 적응하는 내 모습이 신기하기도 했다. 징역살이보다는 훨씬 나았지만, 다소 갑갑했다.

 한번은 김근태 공보실장과 함께 개인적인 일을 처리하려 병영[46]에 갔었다. 공장 안의 칙칙한 불빛만 보다가 몇 달 만에 보는 차창 밖 도시의 네온사인 불빛이 휘황하게 눈에 어렸다. 퇴근해 작업복 입은 노동자들이 소주잔을 주고받으며 노동에 지친 피로를 달래고 있는 모습이 부럽고 정겨웠다.

---

46) 울산 병영(지명)을 말한다.

노조 차량은 동지들이 수배되었기 때문에 추적 대상으로 등록돼 있었다. 밖으로 나갈 때는 상집이나 조합원들의 선팅이 진한 차량을 노조 차량과 바꿔 사용했다. 그날 우리가 병영에 있다는 것을 모르는 상집이 인근에 노조 차량을 세워두고 자기 볼일을 봤다.

지나가던 경찰이 무작위로 길가에 세워 둔 차량의 번호를 조회했는데, 공교롭게 노조 차량을 짚었다. 순식간에 경찰이 깔렸고 우리는 위치가 탄로 났다고 판단해 옥상으로 피신했다. 물탱크 위에 누워서 적막한 하늘을 바라봤다. 체포되지 않으려고 누워 있는 굴욕적인 내 모습을 하늘이 기억하지 않았으면 좋겠다 생각했다.

'에고~ 임금 협상은 마무리하고 잡혀가야 할 텐데……' 누워서 어두운 밤하늘을 바라보며 파랑새가 돼 날아가고 싶었다. 조금 이따가 상집이 일을 보고 노동조합 차량으로 갔고 경찰은 신분을 조사했다. 노동조합 업무차를 타고 와 일을 보고 있다는 것을 확인한 뒤 상황은 종결됐다. 주변의 경찰들은 흩어졌고 다시 조용해졌다.

그날의 상황은 이유도 모르고 있다가 노동조합 복귀 후 알았다. 그 이후 다시는 직접 나가서 일을 보지 않았다. 7개월 동안의 수배생활은 가족들에게도 갑갑한 시기였다. 가족들은 일요일이나 공휴일에 노동조합에 찾아와 잠깐 이야기하다 돌아가곤 했다. 가족들에겐 세탁한 옷가지와 세탁해야 할 옷가지를 바꿔가야 하는 일이 일상이 됐다. 가끔 늦은 밤에 치킨을 사 들고 오는 동지들이나 지인으로부터 위로받

2000. 4.

不法罷業關聯 手配者
-現代自動車 罷業關聯-

蔚山地方警察廳

정 갑 득 (580118-1675737)
[노조위원장]
본적: 경남 합천 대구 학리 582
주소: 울산 북구 염포동 201 현대1차 A 3/304
체격: 신장 167cm, 체중 67kg
특징: 흰 머리가 많고 가끔 안경착용
혐의: 현대자동차 불법 파업주도
수배: 체포영장 발부 (동부서)

홍 영 출 (601227-1794710)
[수석부위원장]
본적: 경북 고령 쌍림 귀원 225
주소: 울산 중구 다운동 616-4
체격: 신장 169cm, 체중 60kg
특징: 미남형 분법 검은편
혐의: 현대자동차 불법 파업주도
수배: 체포영장 발부 (동부서)

고 인 섭 (600704-1452419)
[교육선전 실장]
본적: 충남 공주 남성동 55
주소: 울산 남구 무거2동 심북한데A 102/1204
체격: 신장 168cm, 체중 78kg
특징: 얼굴 미남형, 머리가 많이 벗겨짐
혐의: 현대자동차 불법 파업주도
수배: 체포영장 발부 (동부서)

김 대 영 (600202-1095916)
[조직 실장]
본적: 부산 사하 괴정동 354-48
주소: 울산 북구 상양동 358-1 쌍용아파트 105/503
체격: 신장 169cm, 체중 80kg
특징: 얼굴 크고 주먹코
혐의: 현대자동차 불법 파업주도
수배: 체포영장 발부 (동부서)

진 병 화 (660120-1817137)
[조직 부장]
본적: 울산 북구 연암동 746 벽산그린타워 102/306
주소: 울산 북구 연암동
체격: 신장 174cm, 체중 65kg
특징: 얼굴 크고, 흰편
혐의: 현대자동차 불법 파업주도
수배: 체포영장 발부 (동부서)

조 용 형 (651005-1849919)
[1공장 대의원 대표]
본적: 울산 중구 학산동 66-39
주소: 울산 북구 연암동 415 벽산슈퍼A 104/102
체격: 신장 165cm, 체중 55kg
특징: 머리 노란 염색, 마른편 검은뿔테 안경 착용
혐의: 현대자동차 불법 파업주도
수배: 체포영장 발부 (동부서)

최 태 성 (670302-1691612)
[2공장 대의원 대표]
본적: 대구 남구 대명동 1914
주소: 울산 남구 옥동 256 옥동삼익맨션 102/610
체격: 신장 172cm, 체중 80kg
특징: 얼굴 넓은 편, 큰 안경 착용
혐의: 현대자동차 불법 파업주도
수배: 체포영장 발부 (동부서)

이 용 진 (630806-1801210)
[정공본부장]
본적: 경북 김천 대덕면 내감리 546
주소: 울산 북구 상안동 773-13 쌍용아진그린타운 304/306
체격: 신장 173cm, 체중 70kg
특징: 몸이 건장하고 근육질 얼굴 살찐형
혐의: 현대자동차 불법 파업주도
수배: 체포영장 발부 (동부서)

문 용 문 (651221-1105611)
[부위원장]
본적: 부산 영도 신선 1가 177
주소: 울산 북구 연암동 402 성원A 2/604
체격: 신장 172cm, 체중 78kg
특징: 얼굴 검은 편, 엉덩이가 처져있슴
혐의: 현대자동차 불법 파업주도
수배: 체포영장 발부 (동부서)

하 부 영 (600725-1458714)
[부위원장]
본적: 충남 부여 초촌 응평95
주소: 울산 남구 상안동172-1 세양푸르지오 1100/1005
체격: 신장 165cm, 체중 71kg
특징: 얼굴 크고 네모형, 어깨가 넓은편
혐의: 현대자동차 불법 파업주도
수배: 체포영장 발부 (동부서)

엄 교 수 (630403-1332711)
[기획실장]
본적: 울산 중구 학성동 383
주소: 울산 남구 달동 161-1 현대A 201/1002
체격: 신장 176cm, 체중 68kg
특징: 얼굴 가늘고 검은뿔테 안경착용
혐의: 현대자동차 불법 파업주도
수배: 체포영장 발부 (동부서)

김 근 태 (631004-1787511)
[대외협력실장]
본적: 경북 영천 도동 120-3
주소: 울산 중구 중산동 730 삼우하우스 102/511
체격: 신장 170cm, 체중 65kg
특징: 얼굴 매우 검은편, 날렵한 몸매
혐의: 현대자동차 불법 파업주도
수배: 체포영장 발부 (동부서)

함께 수배된 8대 집행부 동료들. 경찰은 체포자 명부를 수첩으로 만들어 갖고 다녔다.

는 것도 일상이 됐다. 자식들이 학교에서 잘 생활하고 있는지도 알지 못하는 무심한 아버지의 삶을 우리 가족은 보통 사람의 삶으로 받아들이고 있었다. 임금 협상이 마무리되고 난 뒤 임원과 대의원 대표, 상집이 먼저 자진 출두해 정리하고 나는 마지막으로 출두해 구속됐다.

구속된 후 하루는 보안과장의 면담 요청이 있어 사무실로 갔다. 차를 마시며 이런저런 이야기를 하고 있었는데 소장이 지나가다 들렀다며 보안과장실에 들어왔다. 같이 차를 마시며 자연스럽게 자동차 산업의 해외 매각에 관한 이야기를 나눴다. 거대 미국 자동차 산업으로부터 국내 자동차 산업 보호를 위해 대우자동차를 공기업화해야 하고 자동차 부품 산업의 미래와 현 정권이 추진하고 있는 기업의 해외 매각 정책 등을 조목조목 말했다. 긴 시간 이야기를 듣고는 내 주장이 옳다며 동의했다. 그리고 잘 들었다며 재판 잘 받으라고 위로했다. 꽤 긴 시간 이야기를 나눈 것을 보아 구치소 소장이 재소자를 직접 만나는 일은 큰 부담이 될 수 있기에 지나가다 우연히 들른 모양새를 만든 것 같았다. 소장도 자동차 산업 해외 매각에 대해 궁금한 것이 많았나 보다 생각했다.

완성 4사 해외 매각 반대 파업 투쟁으로 추영호 대우차노조 위원장도 구속돼 징역을 살았다, 나는 3번째다. 새로 지은 울산구치소는 최신식 건물이었는데 밖을 볼 수 없게 설계가 돼 있어서 갇혀 있는 자로서는 최악의 시설이었다. 여러 층의 고층 건물이었고 창문이 위에 설치돼 점프해야 밖을 볼 수 있었다. 0.01초도 안 되는 창밖 구경을 위해 몇 번 뛰어보다 포기했다. 독방에 주어지는 하루 24시간 중 한 시간의 운동 시간에는 옥상으로 올라갔다. 그곳에서 그리운 하늘과 철망 사이로 오가는 차량을 내려다보면서 가족과 동료들과 다시 만날 날을 기다려야 했다. 징역살이란 기다림과 인내 그리고 정지된 시간이다.

영등포구치소에 갇힌 군상(群像)들

2007년 6월 25일 금속노조는 한미 FTA 협정문에 서명하려는 정부를 압박하기 위해 대의원대회 결정으로 조합원 12만 명이 참여하는 파업을 했다. 정부와 사용자, 그리고 보수언론은 금속노조의 한미 FTA 반대 파업을 무산시키기 위해 총공격했지만, 우리는 두려움 없이 파업을 강행했다. 한미 FTA 핵심은 구조조정에 있다고 생각했다. 치열한 경쟁 체제는 더 많은 노동자에게 고통을 전가한다고 예상했다. 노동자의 삶을 실질적으로 파괴하고 사회 양극화를 심화시켜 저소득층과 비정규직 노동자들을 더욱 고통스럽게 할 것이기 때문이다.

한미 양국 정부는 금속노조 12만이 파업했지만, 협상 선언 16개월 만인 2007년 6월 30일 미국 워싱턴에서 FTA 협정문에 서명했다. 파업 이후 금속노조 임원과 지부장, 간부 39명에게 체포영장이 발부됐다. 이미 예견한 일이다. 10월 21일 체포영장 발부 110일 만에 모두 자진 출두했다. 2007년의 협상을 마무리했고, 2008년의 투쟁을 수행하기 위해 정리해야 한다는 조직적 결정이었다. 나를 비롯한 임원들과 간부들이 구속수감 됐다.

영등포구치소[47]에 들어서니 보안과장이 직접 마중 나와 수고했다며 내가 든 짐을 받아 들고 방으로 안내했다. 독방 문을 열어주고는 사제 모포를 몇 개 세탁해 챙겨 놓았으니 잘 생활하다 가라고 말하며 철문을 닫았다. 4번째 구속이었다. 영등포까지 와 감방 생활을 하다니 비감한 생각도 들었다.

구치소 시설은 일제 치하에서 지어진 듯 오래된 건물이었다. 주변에 높은 아파트가 여기저기 밀집한 도심 속이었다. 다음날 운동 시간에 나갔더니 길이 200여 미터, 폭 40여 미터나 되는 구치소를 둘러싼 높고 긴 담장 아래 운동장이 보였다. 4번째 구속이었지만 그렇게 넓은 공간에서 운동해 본 적이 없었다. 그나마 행운이었다.

운동장은 길이 50여 미터에 폭은 40여 미터 정도이거나 또는 100여 평도 안 되는데, 그곳에서 수십여 명이 운동하는 게 보통이다. 운동 시간 동안 운동 담당 주임이 함께 걸으며 영등포구치소를 거쳐 간 사람들에 관한 이야기를 해줬다. 영등포구치소는 한강 다리 하나 건너면 국회가 있는 곳이다. 예전부터 정치적인 이유로 수감되는 이들이 많았다고 했다. 당시에는 허경영, 신정아 등이 구속돼 있었다. 주임은 교도관으로 20여 년 이상 근무했으니 이곳을 거쳐 간 수많은 시국사범을 보았을

---

[47] 서울시 고척동에 자리잡고 있었던 영등포교도소을 말한다. 정식 명칭은 교도소였지만 기결수와 미결수를 같이 수용했기 때문에 구치소로도 불렸다. 영등포교도소는 1949년 12월 27일 '부천형무소'라는 이름으로 개소되어 몇 번 이름을 바꾸었고 현재는 구로구 천왕동으로 이전했다.

것이다. 담당 주임이 들려주는 이야기는 재미있었다. 전두환 대통령의 동생인 전 새마을금고 중앙회 회장인 전경환은 하루에도 여러 번 소지를 찾았다고 했다. 너무 많이 찾아서 담당 교도관이 소지는 전령이 아니니 그만 부르라고 요청한 적도 있다고 한다. 시간만 있으면 어떻게 해서라도 담배를 구해 피워 보려고 꼼수를 부렸다고 했다.

복도 끝에 있는 독방 2개 중 하나가 내 방이었다. 바로 옆방에 과거 장세동이 살았다고 주임이 이야기해 줬다. 5공 시절 대통령 경호실장과 안기부장을 지낸 장세동은 국회 청문회 날짜가 다가오면 며칠 동안 거의 물을 마시지 않았다고 한다. 왜 물을 안 마시냐고 물어보면 청문회 때 땀을 흘리면 많은 방송 카메라가 사진을 찍어 보도하게 되고, 행여 그 방송을 본 국민들이 비웃을지도 모르는 일이라 미리 대비한다고 대답했다고 한다. 장세동은 무인답게 꼿꼿하게 자세를 흐트리지 않고 0.75평의 독방 바닥을 닦았으며 정리정돈을 잘하고 살았다 한다.

주임은 단군 이래 최대 어음 사기 사건으로 징역 15년을 선고받은 큰손으로 불렸던 장영자의 남편, 장성 출신인 이철희가 불쌍하다고 했다. 그는 거의 매일 장영자를 면회하며 옥바라지를 했다고 한다. 여자 하나 잘못 만나 고생했던 사람으로 기억하고 있었다. 장영자는 달걀 한 판을 사놓고 매일 얼굴 마사지를 했다고 한다.

나의 운동 시간은 오후로 정해져 있었다. 한번은 오후에 검찰 조사가 있어서 오전에 운동하러 갔는데 운동 담당 주임이 허경영이가 문을 차고 난리를 부렸다고 했다. 내가 오후에 운동을 못 하게 돼 오전에 운동하는 허경영 씨와 불가피하게 시간을 바꿨는데 본인은 운동 준비를 하고 있었던 모양이다. 그가 난리를 피워 원래 시국사범은 함께 운동하면 안 된다는 규칙이 있었지만 어쩔 수 없이 같이 운동을 하게 됐다. 그는 내가 누군지 알고 있었다. 허경영 씨는 KBS 대선 TV 방송에서 '내가 삼성 창업주 이병철의 양아들이고 박정희 대통령의 비선 정책 보좌관이었다. 내가 비선 정책 보좌역을 할 당시 박근혜와 결혼하기로 박정희 대통령과 약속했다'고 했다. 이것이 선거법 위반 및 명예훼손죄로 감방에 들어온 이유였다. 부시 미 대통령과 함께 찍었다는 사진도 배포했는데 이후 합성으로 밝혀졌다.

허경영은 축지법을 사용할 수 있다는 등 조금 황당한 이야기를 하는 사람이었는데 그를 감방 운동장에서 만난 것이다. 키는 나보다 조금 작아 보였고 얼굴에는 선크림을 진하게 바르고 있었다. 한쪽 발을 들고 허리를 굽혀 양쪽 팔을 학의 날개처럼 펴는 자세를 취하고 있었는데 당시 잡지 등에서 그가 주장했던 축지법 자세였다. 그는 책을 집필하고 있으며 자신이 대통령이 되면 이취임식을 동작동 국립묘지에서 할 것이라고 했다. 앙드레김 스타일의 옷을 입고 많은 특전용사와 함께 낙하산으로 내려오면서 적들의 암살에 대비할 것이라고도 했다.

허경영은 18세 이상 국민에게 1인당 150만 원 평생 지급, 결혼하면 결혼 비용 1억+주택자금 2억(무이자) 총 3억 지원, 양도세 증여세 상속세 폐지, 취임과 동시에 국민 1인당 일억 원씩 준다는 것 등을 대통령 선거에 공약으로 내걸기도 했다. 지지하는 국회의원이 한 명도 없는데 예산은 어떻게 확보하느냐 질문했더니 답변은 하지 않고 자신의 말만 계속했다. 아무 근거도 논리도 없었다. 그런데도 그를 열렬히 지지하는 사람도 있다는 것을 이해할 수 없었다.

운동 담당 주임의 말에 의하면 그에게 면회를 와 고액의 영치금을 넣어주고 가는 여성 팬들이 있다고 했다. 심지어 일본에서 열혈(熱血) 여성 지지자가 면회와 몇백만 원 단위의 고액 영치금을 넣고 갔다고도 했다. 그리고 며칠 전에는 자식에게 모아둔 영치금을 보내줬다고도 했다.

내가 교도관과 함께 면회 온 사람을 만나러 가다 보면 면회하기 위해 줄을 서서 기다리는 소년수를 볼 때가 있다. 이곳에서 소년수들은 허경영을 보면 "와~~~허경영이다."라고 하면서 마치 스타를 보는 것처럼 좋아하는 모습이었다. 이런 현상을 어떻게 받아들여야 할지 나로서는 판단이 서지 않았다.

구치소에 들어올 때마다 이곳은 이 땅에 존재하는 모든 모순이 다양하게 모여 있다고 느꼈다. 정치, 경제, 문화, 노동, 스포츠, 여성, 미성년자, 절도, 강도, 강간, 살인 등등 모든 잡다한 문제를 안고 있기 때문이다. 사회시스템이 잘 만들어지고 지금보다 더 평등해지고 분배의 정의가 실현된다면 이곳에 수감되는 사람은 대폭 줄어들 것이라고 생각했다.

4번째 구속되니까 가슴 아파하는 사람이 별로 없는 것 같았다. 울산에서 면회 온 아내도 별 표정 없이 영치금을 넣었으니 건강하게 잘 있다 나오라고 했다. 우리 가족들은 이제 구속되는 것쯤은 일상생활의 하나쯤으로 생각하는 것 같았다. 나도 구속이 두렵거나 긴장되거나 하지는 않았다. 갑갑하고 답답하기는 하겠지만 조용히 책을 읽으며 지내자는 생각이 들었다.

한미 FTA 반대 투쟁 구속 기간에는 경제에 관한 공부를 계획하고 시화노동정책연구소 공계진 소장님에게 책을 부탁드렸더니 경제에 관한 서적을 사서 몇 권 보내주셨다. 책 읽는 순서까지 고민해 보내줘 고마웠다. 징역살이는 책 속에 푹 빠져 사는 게 시간도 빨리 가고 잡스러운 생각도 지워버릴 수 있다는 것을 일찍이 습득하고 있었다.

오랜만에 독방에 들어오니 징역살이도 많이 변해 있었다. 집필의 자유가 보장돼 있어 노트와 필기구를 마음껏 구매할 수 있었고 심지어 전자시계도 구매할 수 있었다. 독방에는 구형이지만 조그마한 컬러 TV도 설치돼 편집본이지만 뉴스도 볼 수 있었다. 일요일에 방영하는 전국노래자랑은 생방송으로 볼 수 있는 딱 하나의 프로그램이었다.

바깥의 식사와는 비교할 수 없지만, 예전보다 엄청나게 좋아진 식사도 당혹스러웠다. 국가 경제력이 성장함에 따라 이곳 예산도 조금은 넉넉하게 편성된 것이리라 생각했다. 내가 지냈던 사동의 독방은 평소 의무실 개념으로 운영한다고 했다. 입식 변기가 놓여 있고 때가 끼었지만 샤워기가 달려있어 운동하고 나면 찬물이기는 하지만 변기통 뚜껑을 닫고 위에 앉아 샤워도 할 수 있었다. 그리고 바닥에는 온열매트가 깔려 있어 임의대로 조정할 수는 없지만, 모포를 덮으면 따뜻하게 잘 수 있었다. 징역에서 그 정도면 엄청난 호사(好事)다.

| 제5장 |

사람, 참사람

임동식

임동식, 그는 서울대 법대 출신이다. 김철호라는 가명으로 현대자동차 4공장에 위장 취업해 있었다. 김종진, 김영배, 돌아가신 서영호 등과 정치경제학, 노동법 등의 학습 모임을 하다 발각돼 도망자가 됐다. 4·28 투쟁으로 구속된 '민실노' 의장인 김종진은 김철호의 소재를 파악하기 위해 밤새 고문과 회유를 당했으나 끝내 발설하지 않았다. 이후 임동식은 1998년 소위 영남위원회[48] 사건에 연루돼 구속·기소됐다. 임동식은 1심에서 징역 9년을 선고받고 복역하다 출소해 현재는 이삿짐센터를 운영하고 있다.

한번은 임동식의 집에 갔다가 공부하고 있는 그의 딸에게 "서울 법대 나온 아빠 봐라, 이삿짐 나르는 노가다하고 있다. 놓고 나온 나보다 더 고생하고 돈도 적게 번다. 공부하지 말아라"며 농담을 하기도

---

[48] 영남위원회: 1998년 '반제청년동맹 영남위원회'(일명 동창회, 늘푸른서점) 사건은 국가보안법상 이적단체를 구성해 북한을 찬양 고무하고 회합과 통신을 했다는 혐의를 받은 사건이다. 동창회 사건으로 불리는 이유는 경북대학교 동문이 많았기 때문이다. 또한 늘푸른서점은 당시 반체제적인 성향을 띤 책들을 판매했는데, 당국의 감시를 받으며 문제가 된 것이다. 이 사건으로 임동식은 이적표현물 소지가 인정되어 2000년 1월 10일 징역 1년 집행유예 2년을 선고받았다.

했다. 이 땅은 돈이 근본인 사회이다. 사람은 저마다 가치관이 있다. 임동식은 기득권을 버리고 불평등을 평등으로, 부패가 넘치는 사회를 투명한 사회로, 돈이 중심이 아닌 사람 중심인 사회를 만들기 위해 평생을 살아왔다. 지금쯤 그의 법대 동기들은 대법관이나 헌법재판소 재판관을 하고 있을 나이다. 그들은 이 사회의 기득권 세력으로 살아가고 있을 터인데 그는 지금도 거칠어진 손과 먼지 묻은 작업복 차림으로 이삿짐을 나르는 고된 일을 하고 있다.

87년 이후 노동 현장에 위장 취업을 하고 학습 모임을 이끌었던 학생운동권 출신 대부분은 다른 길로 가고 없는데, 아직도 그는 울산에 머물며 자신의 신념을 꿋꿋이 지키며 살고 있다. 나는 그렇게 살아가는 그의 모습이 좋다. 결혼해 엄마가 된 딸 련이는 지금도 그를 오토바이 아저씨로 기억하고 있다. 학습 모임이 있는 날이면 신분을 감추기 위해 헬멧을 쓰고 조그마한 오토바이를 타고 다녔기 때문이다. 당시 련이는 불과 다섯 살이었다.

자신의 사상과 이념을 실현하기 위해 위대한 혁명가들은 목숨을 내놓았다. 비뚤어진 세상을 바로잡기 위해 자신도 가정도 희생했다. 나는, 아니 노동조합 활동을 한 우리는 그들에게 진 부채 의식을 안고 살아왔다. 그 결과 세상은 조금씩 건강한 방향으로 발전해 왔다. 임동식이 착취에서 벗어나 해방된 삶을 살도록 힘쓴 노동자들은 이제 노동조합을 통해 그보다 돈을 더 잘 벌고 있다. 임동식이 국민 대다수로부터 '노동 귀족'이라 비난받고 있는 노동자를 보며 무슨 생각을 할까, 궁금하다. 그가 꿈꾼 세상은 이런 것이 아니었을 것이다.

　자신의 몫이 어디까지인지 모르지만, 나는 임동식이 할 만큼 했다고 생각한다. 이제는 힘들게 일해 번 돈을 시민운동에 쓰는 일은 후배들에게 맡기고 조금은 여유롭게 행복하게 건강을 챙기며 살았으면 좋겠다. 어느 날 술자리에서 스마트폰에 담긴 시집간 딸이 보내준 손녀 사진을 보여주며 할아버지가 됐다고 행복해하던 모습이 눈에 선하다. 분유 몇 통 사 들고 손녀를 찾아가는 그의 모습이 떠오른다.

서영호 열사

 1992년 성과 분배 투쟁 당시 공장 곳곳에 공권력 투입을 막기 위해 다량의 화염병을 만들어 비치했고 각 출입문에 바리케이드도 설치했다. 성내 쪽 정문에서 바리케이드를 설치하던 정책연구부장 서영호 동지가 그만 차에 치여 해성병원(현 울산대학병원)에 후송됐으나 의식불명이 됐다. 수배자의 신분이었던 나는 병원에 누워 있는 동지를 면회조차 못 하고 경찰의 눈을 피해야 했다. 이후 체포, 구속돼 징역 1년 3개월을 복역하다 대통령 특별사면으로 석방됐다. 그때까지 서영호 동지는 의식불명인 상태로 병상에 누워있었다. 그리고 며칠 지나지 않아 서영호 동지는 520여 일의 긴 투병 끝에 운명했다.

 석방 직후 나는 바깥 생활 적응에 어려움을 겪고 있어 주변의 동지들이 장례식을 준비하는 모습을 지켜만 봤다. 현대차노조장으로 조합원과 동지들이 지켜보는 가운데 서영호 동지는 서른한 살의 나이로 가족과 우리 곁을 떠나갔다. 화장터에서 한 줌의 재로 변해버린 유골을 바라보며 동지들은 어떤 마음이었을까, 가슴 저렸다. 쇠절구에 찧어져 한 줌의 뼛가루로 변한 동지의 모습이 여전히 생생하다. 바보처럼 순박하게 웃던 동지의 모습은 이제 다시 볼 수 없다. 열사의 사진을

서영호 동지를 떠나보내던 날

볼 때마다 살아있는 우리는 최선을 다했는지 생각한다.

서영호는 현대차노조를 위해 목숨을 바친 첫 번째 열사다. 민주노조를 지키다

서영호 동지 묘비

목숨을 잃은 총각 서영호 열사와 부산의 신발공장에서 살인적 노동통제에 항거하며 목숨을 던진 권미경 동지의 조촐한 영혼결혼식을 태화강 근방 조그마한 절에서 올렸다. 먼저 떠나간 동지와 남아있는 가족분들에게 우리가 마지막으로 할 수 있는 일이었다. 많은 동지가 영혼결혼식을 지키다 고개를 돌리고 흐느꼈다.

양봉수 열사

현대차노조 5대 집행부 때다. 1995년 5월 12일 오후 5시, 공동소위원회 발대식에 참여하기 위해 퇴근 후 본관 앞으로 갔다. 집회장 분위기가 평소와 다르게 긴장돼 있었다. 본관 정문 안쪽에 분말소화기가 뿌려져 있었고 조합원들과 경비 등 여러 사람이 모여 웅성거렸다.

오후 4시 45분경 양봉수 동지가 몸에 기름을 뿌리고 분신했다는 것이다. 당시 양봉수 동지는 승용 2공장 신차 투입 관련 UPH(시간당 생산 대수) 문제로 다른 대의원들과 함께 회사의 약속 불이행에 항의하며 라인을 중지시킨 혐의로 해고됐다. 동지는 복직을 위해 투쟁했다. 그리고 부당노동행위 구제 신청으로 해고의 정당성 유무를 다투고 있어 합법적인 조합원 신분이었다. 앞서 5대 임원 선거 낙선의 아픔에서 밝혔듯이 당시 노조 집행부는 양봉수 동지의 조합원 자격을 인정하지 않았다. 조합원이면 해고자라도 노동조합에 출입할 수 있는데 회사와 집행부는 노동조합 출입이 안 된다고 했다. 정문에서 300여 미터 거리에 있는 노동조합에 들어가려고 할 때마다 경비들에게 저지당했다. 조합원을 보호해야 할 최후의 보루인 노동조합마저 등을 돌려 회사와 입장을 같이했다.

양봉수 동지는 정문 앞에서 온몸에 기름을 뿌리고 "내 몸에 손대지 마라. 오늘도 내 몸에 손을 대면 불을 붙이겠다."라며 공동소위원회 발대식에 참여하기 위해 정문 안으로 들어가려 했다. 그러자 여러 명의 경비가 달라붙어 양봉수 동지를 밖으로 끌어내려 했다. 격분한 양봉수 동지는 라이터로 불을 붙였다. 목격자의 말에 의하면 얼굴을 감싸고 주저앉았다 다시 일어나 몇 발자국 비틀거리다 앞으로 쓰러졌다고 했다. 주변에 있는 집회 참석자들이 윗옷을 벗어 몸을 덮고 깃발로 불을 끄려 했지만, 불길을 잡지 못했다. 경비실에 있는 분말소화기로 간신히 불을 끄고 해성병원(현 울산대병원)으로 이송해 응급조치를 받은 후 화상 병동이 있는 대구 계명대 동산병원으로 옮겼다.

분신 다음 날, 전직 위원장 3명을 비롯해 12명으로 '양봉수 동지 분신 공동대책 위원회'(이하 '분신공동대책위')를 구성했다. '분신공동대책위'는

솔밭산 양봉수 동지 묘역 추모행사

노조 규약 준수, 부당노동행위 금지, 노동 강도 강화 저지, 해고자 복직, 분신 관련 책임자 처벌, 회사 측의 공개 사과 등을 요구했다. 그러나 회사는 조합원 자격이 없으므로 정문을 통제했다는 답변뿐이었다.

회사와 경찰은 '다른 해고자들이 분신을 배후 조종하고 말리지 않았다. 그들이 죽인 것이다'로 몰아가려 했다. 당시 나는 함께 했던 동지들을 한 명 한 명 만나 긴 시간 이야기를 나눴다. 누구 하나 배후 조종은 없었다. 결국 회사와 경찰이 유언비어를 흘리면서 물타기를 한 게 틀림없었다.

'분신공동대책위' 주관으로 정문과 1, 2공장 등에 조합원 3~4천여 명씩 모여 집회를 이어갔다. 2차 규탄 집회는 비가 오는데도 5천여 명의 조합원들이 모였다. 5월 16일은 1, 2, 3, 4공장이 파업을 했고, 17일부터 '분신공동대책위'에서 전면 총파업을 선언했다.

양봉수 동지 묘비

17일 총파업 이후 회사와 울산 공장장, 울산시장, 노동부, 경찰, 검찰 등이 참여하는 관계기관대책회의가 열렸다. 이후 곧바로 16시부터 무기한 휴업을 공고했고 '분신공동대책위' 12명에 대해 사전구속영장이 발부됐다. 회사가 참여하는 '관계기관대책회의'란 것이 노조 파괴를 국가기관이 나서서 수행하는 법적 근거도 없는 회의체였음을 보여주는 것이다. '관계기관대책회의'를 보면서 이 나라가 누구의 나라인가 생각했다.

예상되는 공권력 투입에 맞서 1,500여 명의 조합원이 철야 농성을 하면서 지도부를 사수했다. 회사는 이번 파업에 재야 세력이 개입해 배후 조종을 한다고 여론몰이를 했다. 현총련 소속 단위노조에서는 상집 농성 및 잔업 거부에 들어갔다. 전국적으로도 단위노조 대표자 비상 결의 대회와 사업장별 동시다발 규탄 집회를 열었다.

그러나 당국과 사측은 '울산만 작전'으로 이름 붙인 공권력 투입으로 14명을 구속하고 5명에 대해 사전구속영장을 발부했다. 또 12명을 고소·고발했다. 이 사건으로 어용 집행부의 본질과 회사의 부당노동행위가 확연하게 드러났다.

　양봉수 동지는 동산병원에서 치료를 받다 한 달이 지난 6월 13일 새벽 7시 47분 우리 곁을 떠나갔다. 그는 누구보다 노동조합을 아꼈다. 회사와 어용 집행부의 탄압에 맞서 하나뿐인 목숨을 던져서 항거했다. 경찰은 양봉수 열사의 장례식을 가로막았고 심지어 화장한 유골을 실은 영구차까지 탈취했다. 공권력은 무자비한 폭력으로 무엇을 지키고 무엇을 얻었는지 궁금했다. 누구를 위한 경찰이고 누구에게 충성하는지 묻고 싶었다. 양봉수 열사의 유해는 경찰의 감시 속에 고향인 영산강 하류에 뿌려졌다. 탈취당한 영구차를 끝까지 추격한 동지들이 있어 가능했다. 동지들의 염원을 안고 채규정 동지가 열사의 유골 일부를 경찰 몰래 빼돌려서 자신의 집에 숨겨두었다. 그 유해는 6대 집행부 출범 이후 양산 솥발산 공원묘지에 안장됐다. 차마 속절없이 강에 뿌릴 수 없는 동지의 유골을 숨긴 채 철저히 비밀을 유지하며 기다려야 했던 시대였다. 장례식마저 가족이나 마음을 같이 했던 동지들의 뜻대로 못하던 시대였다.

　한 줌 유골을 품고 지켰던 채규정 동지는 고향인 전주 신설 대형차 공장으로 전출해 전주지부장, 지역 본부장 등 노동조합 활동을 열심히 했다. 10여 년 전 예상 못 한 일로 고인이 됐다. 노동운동을 하지 않았다면 지금쯤 정년퇴직 후 편안한 노후의 삶을 살아가고 있을 나이다. 아쉽고 안타깝다. 명복을 빈다.

정재성 동지

정재성 동지는 96~97 총파업 때 집회를 마치고 거리 행진을 하던 어느 날에 태화강 로터리 인근에서 분신했다. 분노한 조합원 3천여 명이 항의하러 노동조합에 오고 있다는 긴급 연락이 왔다. 노동조합으로 즉시 복귀하라는 것이다.

3천여 명의 조합원들이 정재성 조합원의 분신에 분노해 태화강 로터리부터 행진해 노동조합 사무실 앞에 모였다. 무려 10킬로미터나 되는 거리다. 나는 노동조합 사무실 2층으로 올라가는 위쪽 창문 난간 위에 서서 마이크를 잡았다. "정재성 동지를 반드시 살리겠다. 노동조합이 정재성 동지가 건강한 모습으로 돌아올 수 있도록 할 수 있는 모든 것은 다하겠다."라고 약속했다. 그리고 "배신하지 않고 이 투쟁을 반드시 승리로 이끌 것이다."라고 했다.

정재성 동지는 양봉수 열사와 입사 동기다. 서울 한강성심병원이 화상 환자를 전국에서 가장 잘 치료한다고 해 그곳으로 이송했다. 정재성 동지 곁에 상집이 24시간 머물며 병간호에도 최선을 다했다. 그때 병원에 파견됐던 상집이 간호사와 애틋한 사랑이 싹터 이후 결혼까지 했다. 그 동지는 암에 걸려 몇 년을 투병해 회복했지만, 복직 후 재발해 몇 년 전에 우리 곁을 떠났다. 정재성 동지 역시 치료가 잘돼 회사에 복직했지만, 분신 후유증으로 고생하다 몇 년 전 고인이 돼 우리 곁을 떠났다.

별이 된 최경철 동지

1999년 임·단협 출근 투쟁 때 차량으로 노동조합 신문을 각 출입문에 나르다 최경철 조직1부장과 권오길 홍보차장이 승용 3공장 앞 사거리에서 교통사고로 중상을 입었다. 치료를 받았지만, 5일 만에 최경철 동지가 사망했다. 정확히 1999년 8월 24일 오후 4시 53분이다. 권오길 차장은 수술 후 회복돼 퇴원했다. 최경철 동지는 1986년 입사해 4, 5, 9대 대의원과 소위원으로 활동했다. 8대 집행부 조직1부장을 맡아 누구보다 성실하게 일했는데, 불의의 사고를 당한 것이다. 많은 동지가 지켜보는 가운데 현대차노동조합장으로 장례를 치르고 양봉수, 서영호 열사가 잠들어 있는 솥발산 공원묘지에 안장됐다.

심장이 멈추고 호흡이 멈춘다고 해 죽는 게 아니다. 죽음은 세상 모든 사람으로부터 영원히 잊힐 때이다. 최경철 동지는 조합원들과 우리 동지들 가슴속에 살아있다. 우리는 묵묵히 일했던 묵직하고 듬직한 동지의 모습을 계속 기억할 것이다. 최경철 동지는 안타깝게 우리들의 곁을 떠나 하늘의 별이 됐다.

반장 조동래

조동래는 청송 출신 친구다. 내가 입사할 때 부서 대리에게 부탁해 입사 추천서를 받아줬고 처음 울산에 왔을 때 살 집을 알선해 주기도 했다. 그는 승용 1공장에서 근무했는데 98년 구조조정 후 반장직(그룹장)을 그만두고 승용 2공장 현장에서 근무했다. 왜 반장직을 그만두었느냐고 물었는데 구조조정 후유증이었다.

아래는 그의 이야기다.

구조조정 당시 회사는 아침이면 반장을 모아 놓고 조합원 명단을 주면서 전화하던지 직접 찾아가 희망퇴직을 권유하라는 지시를 했다. 말이 권유지 사실은 협박하라는 것이었다. 내 일자리가 소중하듯이 희망퇴직 통보를 받은 조합원들의 일자리도 소중하다고 생각했다. 그래서 단 한 번도 명단을 들고 찾아가거나 전화를 한 적이 없었다. 당사자가 강력하게 거부한다는 내용의 허위 보고서만 제출했다.

그는 단 한 번 위원장인 나의 직위를 이용했다. 98년 구조조정 후 승용 1공장 반장직을 그만둔다고 부서에 몇 번에 걸쳐서 요청했는데, 부서에서는 어려운 시기에 안 된다고 했다. 조동래가 노조 위원장이 자신의 친구인데 찾아가 부탁하겠다고 말하니 그제야 반장직 사퇴를 받아줬다고 했다.

조동래는 현장에서 열심히 일하며 회사를 사랑했던 성실한 조립공이었다. 그리고 부모님을 정성껏 모시는 효자이기도 했다. 요즘도 퇴직 후 고향 청송 도평에 사는 조동래를 가끔 찾아가 술잔을 기울이며 회한에 젖기도 한다. 그를 생각하면 항상 고마움이 앞선다.

변하지 않은 우정, 이상락

1991년 5월 전주교도소에 있을 때이다. 어느 날 대구농림고 축산과 동기 29번 이상락이 대구에서 먼 길을 달려왔다. 그날 영치품으로 넣어준 훈제 닭 조각으로 동지들과 파티를 했다. 그리고 꼭 읽어보라고 신신당부하며 검은 가죽 표지에 금빛 번쩍이는 주석 성경을 영치하고 갔다.

그 책을 지금까지도 읽지 않았다. 미안할 따름이다. 이상락은 고등학교 다닐 때부터 교회에 다니자고 권유했다. 그는 목사를 은퇴한 지금도 회개하고 하나님께 오라며 자신의 사명을 다하고 있다. 비록 읽지는 않았지만, 그 성경책은 아직도 고이 간직하고 있다.

성경책 첫 장을 넘기면 '독서 열독 허가증'이 붙어 있다. 허가증에는 보안 검사, 교무과장, 담당의 결재 도장과 칭호 번호 2084, 성명 정갑득, 도서명 주석 성경, 교부일 91년 5월 3일, 비고 4하24(4동 1층 24호)라고 적혀있다.

이상락 목사와 나는 가난했던 고교 시절 이후 지금까지 너무도 다른 삶을 살아왔다. 지금까지도 좌우 양극이 부딪히는 서로 다른 주장을 하면서도 누렇게 변한 검열 딱지처럼 서로 묶은 우정은 변하지 않고 건강 걱정을 나누며 지낸다.

오랜 벗 이상락 님이 수감 중인 내게 선물한 성경책. 냉담자이지만 그 마음을 따뜻하게 받았다.

| 제6장 |

잔상(殘像)과 단상(斷想)

두려움, 안타까움
그 뒤의 희망

96~97 노개투 총파업 때의 일이다. 어느 날 도망자가 되어 누군가의 오토바이 뒤에 타고 시장 앞을 지나칠 때이다. 낯익은 여성 조합원 한 분이 시장 앞에서 큰 광주리를 놓고 장사를 하고 있었다. 그분은 신전49)에서 단칸 셋방살이할 때 우리집 아래쪽에서 살았다. 아저씨는 경제력이 없었다. 혼자 딸 셋을 키웠는데 긴 파업 때문에 어떻게든 돈을 벌어야만 했던 것 같다. 그날 밤잠을 설쳤다. 조합원 중에는 이런 고통을 받으면서도 집회에 참석하는 동지들이 있었을 텐데, 고맙고 두려웠다. 노개투 투쟁 내내 그 여성 조합원이 머리를 떠나지 않았다.

당시 나뿐만 아니라 체포영장이 발부된 모두가 속옷과 작업복을 집회 장소나 노동조합에서 받았다. 가족들의 얼굴도 이때 볼 수 있었다. 그저 미안하고 고마웠다. 투쟁을 결정할 때 정세와 상급 단체의 상황 그리고 조합원의 의지와 노동조합의 내부 여건 등을 고려하지만, 가족 문제를 비롯한 개인의 현실적 문제를 결부해서는 안 된다는 원칙

---
49) 울산 북구 염포동 안에 있는 지명

을 갖고 있었다. 투쟁 중인 노동조합에서 위원장이 흔들려 전선이 무너지는 모습을 자주 지켜봤었다. 그런 사람들은 애당초 위원장으로 출마해서는 안 된다. 왜 그 자리에 앉아 우왕좌왕하는지 이해가 가지 않았다.

 항상 나는 투쟁을 시작했으면 승리해야 한다, 흔들리지 말자, 스스로 다짐하고 또 다짐했다. 노동조합 위원장이란 자리는 언제든지 구속될 수 있는 자리다. 상급 단체도 마찬가지다. 구속과 해고가 두렵다면 그 자리에 가서는 안 된다. 구속과 해고를 두려워하면 밀려오는 압력에 굴복해 이런저런 이유를 대면서 노동조합의 투쟁 대오를 흔든다. 연대 투쟁에서도 이탈해 전선을 무너뜨린다. 때로는 병원에 입원하거나 신의를 저버리고 다른 길을 가기도 한다. 직권 조인을 하거나 회사에 굴복한 위원장은 자신의 나약함을 인정하지 않고 구차한 변명을 늘어놓으며 남 탓만 하는 공통점이 있다. 자신이 없으면 처음부터 그 자리를 포기해야 한다. 잘할 수 있는 동지에게 기회를 주어야 한다. 나의 소신이며, 일생을 지키며 살았다고 자부한다.

노동자가 정치 세력화에
나서야 하는 까닭

　최근까지 삼성그룹은 무노조 정책을 유지했다. 회사가 노동조합 설립에 개입하는 것은 부당노동행위로 범법이다. 범법행위를 삼성그룹은 노무 정책으로 펼쳤다. 정부, 국회, 사법기관은 이를 묵인 방조했다. 삼성의 노무 정책은 민주공화국의 헌법 위에 있었다. 삼성에 노동조합을 설립하기 위해 많은 노동자가 온갖 탄압을 받으며 노력했지만, 결과는 해고·전출 등의 탄압이었다. 노동위원회에 구제 신청하고, 사법부에 제소했지만 얼마 전까지도 노동조합을 설립할 수 없었다. 삼성그룹은 총수의 범죄 행위로 엄중한 처벌이 예상되자 무노조 정책을 폐기하겠다고 선언했다. 실소가 나왔다. 무노조 정책이 헌법과 실정법 위에 군림하고 있었다는 것인가? 범법행위를 방치한 국가권력을 어떻게 이해해야 하는가? 얼마 전 노동조합을 허용했지만, 여전히 삼성그룹에서는 노동조합 활동이 자유롭지 못한 것으로 보인다. 노동조합은 헌법이 보장하고 노동관계법이 보장하고 있다.

　법의 여신은 오른손에 평형 저울을, 왼손에 칼을 들고 있다. 나는 그 여신을 보면서 법도 힘이 있을 때 지킬 수 있다고 생각했다. 노동관계법과 근로기준법도 노동조합이 힘을 갖고 있을 때 올바로 작동하는 것이다.

  노동조합은 1년에 한 번 임금 협상을, 2년에 한 번은 임금과 단체 협상을 한다. 체결한 단체협약을 회사가 위반했을 때 바로잡을 힘을 노동조합이 갖고 있지 못하면 그것은 휴짓조각에 불과하다. 그런데 노동조합은 조합원들의 관심과 사랑이 있을 때 힘을 유지할 수 있다. 또한 노동조합이 힘에 부칠 때는 연대를 통해 극복해 왔다. 연대 투쟁은 정치 투쟁으로 나아가는 길이다. 앞으로 노동조합 활동은 경제 투쟁보다 정치 투쟁으로 비중을 이동시켜 큰 힘으로 정부를 압박해야 한다. 공룡처럼 커져 버린 자본을 상대로 고용, 복지, 교육, 환경 문제를 풀어나가며 적절한 분배를 실현해 조합원들의 삶의 질을 높여야 한다.

  세상은 급변하고 있다. AI, 로봇, 생산 자동화 등이 노동자들의 일자리를 빼앗고 있다. 노동조합은 이러한 변화를 상급 단체를 강화하고 경제 투쟁에서 정치 투쟁으로 무게 중심을 옮겨 맞서야 한다. 노동 시간 단축을 통한 일자리 나누기와 원하청 간 불균형 시정 등을 정치 투쟁을 통해 관철해야 한다.

  부(富)의 분배 방식도 달라져야 한다. 지금까지는 회사에 취업해 일하고 급여를 받는 방식이었다면 앞으로는 지금과 다른 방식으로 기업이 벌어들인 부를 분배해야 한다. 값싸고 좋은 물건을 AI, 로봇 등 고도로 발전한 자동화 시설에서 최저 생산비로 생산한다 해도 소비가 이루어지지 않으면 기업은 유지될 수 없다. 자본주의는 대량 생산, 대량 소비를 통해 지금까지 발전했다. 대량 실업은 대량 소비를 불가능하게 한다. 노동자는 생산의 주체이지만 소비의 주체이기도 하다. 소비가 유지되지 않으면 자본주의는 종말을 고할 것이다. 하루 4시간 주 5일 근무하고 사는 세상이 멀리 있어 보이지 않는다. 이제는 회사 내에 국한된 투쟁이 아니라 노동자 정치 세력화를 통해 정치적 힘을 키워 싸워야 한다. 그렇지 않으면 자본의 탐욕에서 벗어날 수 없다. 노동자, 농어민, 도시 서민, 건강한 시민단체, 양심적인 지식인, 중소사업장 대표 등 모든 세력이 힘을 모아 자본으로부터 자유로운 다수의 행복을 추구해야 한다.

소수의 거대 재벌이 경제를 장악하고 부를 집중하는 것이 아니라 함께 잘사는 세상을 만드는 것이 노동조합의 목표다. 우리는 노개투라는 승리한 투쟁의 경험이 있다. 크게 이겨야 세상을 바꿀 수 있다. 노개투 당시 현대차노조가 내건 '국민과 함께하는 노동운동' 슬로건은 노동자 정치 세력화를 위한 사전포석이었다. 이는 진보정당 건설을 위한 조합원들과의 공감대 형성을 위한 것이다. 경제 투쟁은 일시적으로 조합원들의 삶의 질을 향상하지만, 중장기적으로는 한계가 있다는 것을 노동 관계 전문가 대부분이 동의하고 있다.

물론 눈앞의 경제 투쟁도 중요하다. 그러나 경제 투쟁은 정치 환경, 사회 환경 변화에 따라 한순간 물거품이 될 수 있다. 따라서 노동자 중심의 민주적 정당 건설을 통해 이를 제도화해야 한다. 민주주의는 다수의 힘으로 움직인다. 다수에 의한 다수의 행복, 민주주의의 본질을 찾아야 한다. 그 방법이 바로 정치 세력화다. 현대차노조 6대 집행부가 큰 기조로 내세웠던 '국민과 함께하는 노동운동'은 노동자 정치 세력화를 통한 국가권력의 획득을 노동운동의 전략적인 목표로 삼은 것이다. 나는 가장 큰 실리 투쟁이 정치 투쟁이라는 믿음을 갖고 있었다. 노개투 승리 후 노동자 정치 세력화를 위한 진보정당 건설을 현실화했다. 그것이 바로 민주노동당이었다.

당시 이에 대한 의견 차이가 있었다. 이 때문에 집행부를 떠나기도 했다. 현재는 노동자 중심 진보정당에 대해 대부분의 노조 간부가 공감하고 있다. 그때 반대했던 일부도 민주노동당에 가입해 열심히 활동했다.

노개투 때 현대차노조의 중심 슬로건인 '국민과 함께하는 노동운동'과 민주노총의 '사회 개혁 투쟁'은 다수의 국민에게 호응을 받은 구호다. 글을 쓰면서 몇 달 전에 노개투 당시 민주노총 조직국장으로 일했던 이상현 동지에게 전화를 받았다. 1천5백여 페이지에 달하는 노개투 평가서를 봤는데 올바르지 못한 평가가 많이 있다고 했다. 객관적인 평가를 위해 모일 것이라고 했다. 늦었지만 올바른 평가를 기대한다.

내 인생 최고의 오류, 광고비 사건

1999년 11월 27일 대우자동차 해외 매각 반대 광고를 완성 4사 노동조합 이름으로 한겨레신문 1면 하단에 통광고로 실었다. 광고비는 3천3백만 원이었다. 매일 아침 7시 반에 시작되는 임원 회의에서 담당 임원이 하루에도 수없이 한겨레신문 광고국의 입금 독촉 전화를 받는다고 했다. 다른 완성차 노조에서는 회계 규정 때문에 연말 예산 집행이 어렵다고 한다는 것이다. 회의에서는 조금 더 고민해보자고 결론 지었다. 당시 98년 노사합의로 정리해고 당한 여성 조합원들이 투쟁하고 있었다. 그 여성 조합원들을 위해 임원들이 개개인 앞으로 대출을 받아 '해방공탁금'을 마련했기 때문에 추가 대출이 어려운 상황이었다. '해방공탁금'은 노동조합 규정 때문에 조합비로 쓸 수 없었다. 이 때문에 모든 임원이 각자 개인 대출로 처리했다. 대출 이자도 조합비로 지출할 수 없었다.

임원 회의가 끝나고 담당 임원이 위원장실을 나가다 문을 반쯤 열고 "위원장님! 회사에 빌려 달라고 해보세요."라고 말했다. "네 알겠습니다" 말하고 몇 초도 생각 않고 전화기를 들었다. 지금 생각해도 왜 그렇게 경솔한 판단을 했는지 이해할 수 없다. 사장에게 간단하게 말하고 전화를 끊었다. 상집에게 처리해 달라고 말한 뒤 잊고 있었다. 노동조합의 시스템은 상집과 임원이 결재하지만, 직접 돈을 처리할 수 없는 구조다. 사무국장도 결재권은 있지만, 회계는 담당 직원이 직접 처리하기 때문이다. 수십 년을 노동조합을 운영했지만, 단 1원의 금전 사고도 나지 않았다. 이는 완벽한 시스템 덕분이라고 생각한다.

회계감사 중 이 건이 문제가 됐다. 나는 회계 집행에 대한 책임은 위원장에게 있다고 생각한다. 회사의 돈을 빌려 쓰고 갚은 것과 대의원대회에서 바르게 보고하지 않은 것에 대한 책임을 져야 했다. 나는 자리에 연연해 주춤거리는 모습이 가장 추(醜)하다고 생각한다. 노동조합을 운영하다 보면 수많은 일이 일어난다. 노동조합 위원장으로서 임기 동안 일어나는 일에 대해서는 모두 책임져야 한다는 게 평소의 생각이고 지금도 같다.

순간의 경솔한 판단으로 문제를 자초한 것이다. 2000년 10월 20일 사퇴를 발표했다. 이유는 명료하다. 노동조합에 혼란을 초래했고 지도부에 대한 조합원들의 불신을 불러왔다. 무엇보다 대의원대회에 솔직하게 보고하지 않고 숨기려 했다. 조합 활동을 하면서 이보다 더 아프고 후회스러웠던 일은 없다. 지금도 그때를 생각하면 뼈아프다. 평생 노동운동을 하며 살아온 내 삶에 돌이킬 수 없는 후회와 상처로 남은 '광고비 사건'은 크나큰 업보이다. 지금도 참회하고 있다.

16.9퍼센트 비정규직 합의는 올바른 판단이 아니었다.

1998년 1만2천여 명의 구조조정 이후 현장 곳곳은 생산에 투여할 인력이 부족해 정상 가동이 어려울 정도였다. 당연히 추가 인력이 필요했다. 노동조합이 힘이 있던 구조조정 이전이라면 꿈도 꿀 수 없었겠지만, 라인 전부를 사내 하청으로 돌렸다. 조합원, 현장 대의원들의 묵인 아래 힘들고 어려운 작업 라인을 노동조합에 통보도 없이 하청화한 것이다. 구조조정의 후유증으로 원칙이나 배려하는 분위기는 사라지고 나만 살면 된다는 분위기가 팽배했다. 노동조합도 회사도 믿을 곳이 없다는 싸늘한 분위기 속에서 사내 하청은 물밀듯이 들어왔다, 25퍼센트 가까운 구조조정을 막아내지 못한 노동조합의 주장을 믿어줄 조합원은 없었다. 그러나 노동조합에서는 무엇이라도 해야 했다. 금속연맹과 다른 업종 연맹이나 지역의 비정규직 비율 등을 검토하는 등 대책 마련을 위해 노력했다. 대안으로 구조조정 이전의 비율인 16.9퍼센트로 비정규직을 묶자고 제안하고 회사와 합의했다.

노사합의 후 비판이 쏟아졌다. 비정규직을 볼모로 정규직의 고용을 지키려 한다, 계급성을 상실한 대기업 이기주의 노동운동으로 변질한 것이다, 등등의 비판이다. 나는 같은 상황이 되어도 그때의 선택이 어

1998 가두시위 - 해고반대 가족

쩔 수 없었다고 생각하고 있었다. 16.9퍼센트라도 묶어 두는 것이 비정규직의 숫자를 줄이는 방법이라 생각했다. 당시 금속연맹의 비정규직 비율은 30퍼센트를 넘어섰고 다른 업종 노동조합연맹도 금속연맹의 수준을 넘어서거나 비슷한 수준이었다.

임기가 끝나고 이후 집행부에서는 30퍼센트 정도의 비정규직이 현장에 들어왔지만, 16.9퍼센트 합의에 대한 비난은 계속됐다. 기(既)합

1996년 어린이 여름캠프. 이런 장면이 그립다.

의한 내용을 관철하려는 노력도 하지 않았다. 조합원들의 비판 때문에 어찌할 수 없이 합의 사항 이행을 회사에 요구조차 안 하는 이중적인 모습이라 생각했다. 특히 무급 휴직과 정리해고를 합의한 쪽의 비판과 노동계의 비판은 현실을 무시한 무책임한 주장으로 생각했다.

힘에 밀려 불평등 조약을 체결한 사례 글을 읽다가 비정규직 합의가 잘못된 것임을 알았다. 비정규직은 임신, 육아, 질병과 산업재해 치료 등을 위한 불가피한 대체 인력을 제외하고는 인정하면 안 된다는 것을 깨달았다. 아닌 것은 아니어야 한다는 원칙을 지키지 못한 것은 분명한 오류다. 비정규직의 확산을 저지하기 위해 비정규직의 비율을 합의한 것은 잘못이다. 그러나 비정규직 16.9퍼센트 합의 때문에 비

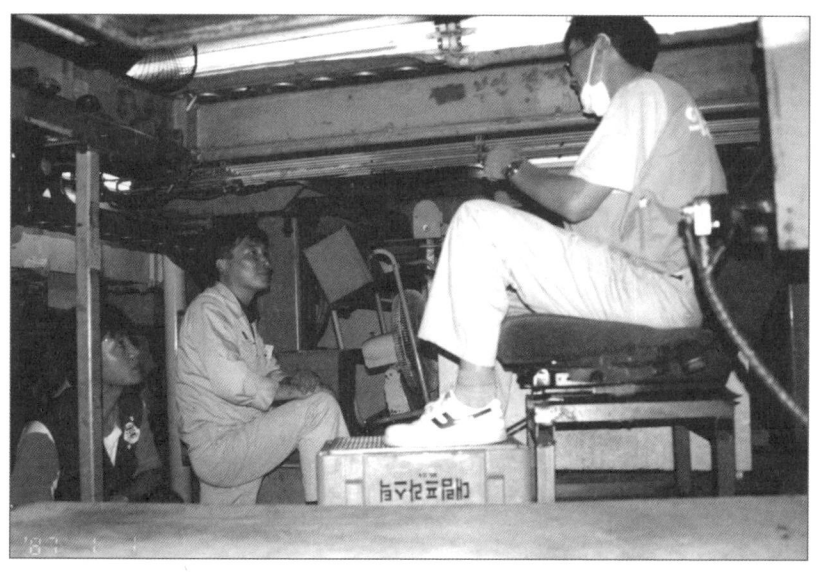

정규직이 확산하고 많아졌다는 일부의 주장에는 동의할 수 없다. 나는 지금도 소주병만 보면 마음이 편하지 않다. 근래 소주의 알코올 농도가 대부분 16.9퍼센트이기 때문이다.

회사는 98년 무리한 구조조정을 했고 부족한 인원을 비정규직으로 급격히 늘렸다. 이후 비정규직의 현장 투쟁과 법정 투쟁으로 생산 현장이 흔들렸다. 대법원이 불법 파견이라고 판결한 뒤에도 회사는 비정규직을 정규직으로 전환하지 않고 버텼다. 하지만 그들의 탐욕은 결국 국민적 비난에 손을 들고 말았다. 그들은 비정규직을 정규직으로 받아들여야 했다.

금형사상공이 생각했던 세상과 현실

노개투 승리 이후 언론의 공개 토론에 참여할 기회가 많아져 '100분 토론'에 몇 번 참여했다. 생방송이지만 실제는 토론보다 5분 정도 늦게 송출된다는 사실을 처음 알았다. 그리고 프로그램 진행자가 번호를 알려주면서 '시청자 여러분들의 다양한 의견을 기다리고 있겠습니다'고 말한 후 여기저기서 전화 받고 메모하는 아르바이트생들을 비춰주는데 사실은 전화선이 연결돼 있지 않았다. 아르바이트생들은 전화를 받는 것처럼 흉내 내고 메모하는 시늉만 하고 있다고 했다. 시청자들의 의견을 청취하는 모습을 연출함으로써 토론의 신뢰성을 높인다는 설명이었다. 전화는 방송되고 있는 무대 뒤에서 PD와 방송 관계자들이 받아서 메모했다가 정리한 뒤 사회자에게 전달한다고 했다.

나의 직업은 금형사상공이다. 100분의 1 미리 정도의 공차를 기계나 수작업으로 맞춰야 제품이 나온다. 부족하면 용접을 해 기계 가공이나 수가공을 통해 깎아 맞춘다. 여기에는 어떠한 반칙이나 속임수가 있을 수 없다. 가공한 대로 제품이 나오기 때문이다. 제품은 정직하다.

이러한 직업 정신을 가진 나로서는 '100분 토론'에서 일어나는 일들이 충격이었다. 어떻게 시청자를 눈속임하려 전화기를 들었다가 놓고 메모하는 연기를 할 수 있나, 나로서는 받아들이기 어려웠다. 전체 이름이 '시사토크 100분 토론'이었다가 현재는 '사사토크'라는 단어는 사라지고 '100분 토론'으로 진행되고 있는데 2023년 4월 11일 1000회 특집을 했다는 기사를 보면서 요즘은 그런 모습이 보이지 않아서 다행이라고 생각했다.

생방송 '100분 토론'이 우리 사회에 끼친 긍정적인 영향력은 예전이나 지금이나 엄청나게 클 것으로 생각한다. 토론이 끝나고 토론자들이 24시간 국밥집에 모여 물수건으로 분장을 닦으며 방송 중에 못다 한 이야기를 나눴다. 이런저런 이야기를 나누며 간단하게 소주도 한잔했다. 그날 어느 교수에게 토론에서 한 말이 잘못됐다고 지적했다. 그 교수는 알고 있다며 자신도 먹고살아야 한다고 답했다. 친기업이며 보수적인 발언을 하는 교수들은 기사를 둔 최고급 승용차를 타고 다닌다. 조끼를 입고 출연한 노동조합 위원장과 박사 학위를 가진 대학교수의 직함을 가진 토론자의 발언 중 시청자는 누구의 말을 더 신뢰할까? 이것이 세상이라는 생각이 들었다. 이 땅은 그들의 치밀하고 정교한 카르텔 속에서 움직인다는 것을 알았다.

노동운동의 미래를 다시 세우는 길, '양극화 극복'

나는 노동조합운동이 경제 투쟁의 한계에서 벗어나 정치 세력화를 이뤄내고 사회 개혁 투쟁으로 나아가지 못하면 전망이 어둡다고 생각한다. 6대 집행부 때도 같은 생각이었다. 일본과 미국은 정치 세력화를 하지 못했다. 유럽은 정치 세력화에 성공해 노동조합의 위상이 높아졌다. 스웨덴, 독일 등 유럽 노동조합의 위상은 우리와 비교할 수 없는 수준이다. 유럽 노동조합은 사회 중심축으로 자리잡았다. 경제 투쟁에 매몰된 노동조합은 자본에 개량화될 수밖에 없다. 그리고 임금의 양극화가 심화해 심각한 노동계급의 분열을 불러오게 된다. 퇴직한 조합원 한 분은 어느 업체에 다니는 자식의 임금 수준을 이야기하면서, 임금의 심각한 양극화가 내 자식의 일이 될 줄은 상상 못 했다고 했다. 그러면서 현장에 있던 때는 노동조합이 주장하는 정치 투쟁에 대해 이해하지 못했는데 퇴직하고 보니 그때의 이야기가 옳았다는 것을 알게 됐다고 했다. 하청의 임금이 최소한 원청의 80~85퍼센트는 유지돼야 양질의 일자리가 늘어나고 임금의 양극화가 심화하지 않는다. 모두가 함께 행복하게 잘 살아야 한다는 꿈을 노동조합이 잠시도 잊어서는 안 된다.

아이들을 이끌고 노조행사에 참석한 여성조합원들.

87년 노동조합 설립 후 노동조합은 노동조합 사수와 임·단협에 얽매인 경제 투쟁에 많은 힘을 쏟았다. 그리고 한편으로는 사회적 문제를 해결하기 위해 정치 투쟁과 정당 건설을 위해 노력했다. 이를 간파한 정부는 공권력을 앞세워 경제 투쟁 이외의 투쟁을 철저히 막았다. 많은 활동가를 정치 투쟁이라는 이름으로 해고하고 구속했다. 그런데 노동자의 단결된 힘으로 적정 임금을 확보하자, 이제는 노동 귀족으로 몰아붙여 국민으로부터 질타를 받게 해 사회적으로 고립시키고 있다. 원·하청의 임금 불균형을 원청 노동자들의 과도한 임금 인상 탓으로 몰아붙여 정치 투쟁과 산별노조의 발전을 방해하려 했다. 임금 양극화가 노동조합의 문제라면 무노조 정책을 유지했던 삼성그룹의 임금 양극화는 어떻게 설명할 수 있을까?

민주노총을 중심으로 하청을 부당하게 착취하지 못하게 하는 법을 만들도록 압박하는 정치 투쟁을 해왔다. 그리고 앞으로도 그렇게 해야 한다. 원청은 하청을 쥐어짜 급성장한다. 1 하청은 2 하청을, 2 하청은 3 하청을 쥐어짜 자신을 살찌운다. 재료비와 물류비, 인건비가 올라도 납품 단가를 낮추기는 해도 절대로 올려주지 않는다. 어느 하청업체는 7년 전 단가로 납품한다고 한다. 신차종의 수익으로 겨우 적자를 메꾸며 버틴다고 하소연한다. 원청이 떼돈을 벌어도, 원청 노조가 임금을 동결해도 납품 단가는 그대로다. 원청에는 납품 단가를 많이 깎아야 능력을 인정받는 부서가 있다. 의리도 윤리도 공정성도 상식도 없다. 깎는 자도 한 가정의 가장이다. 다양한 수단과 방법으로 깎고 또 깎아야 유능한 능력자로 진급한다. 그도 가족을 먹여 살려야 한다. 내가 살기 위해는 피도 눈물도 없어야 하는 자본의 탐욕 속에서 노동자들은 서로 치열하게 경쟁하면서 살아가고 있다.

언양에서 1차 하청 업체에서 일하는 여성 노동자 두 명과 대화하며 많은 생각을 한 적이 있다. 각각 27년, 19년째 근무하는 분들이다. 그분들에게 "현대자동차를 떠올리면 제일 먼저 생각나는 것이 무엇입니까?"라고 물었다. 나는 "갑질하는 현대자동차가 싫어요"라는 답변이 돌아올 줄 알았다. 그런데 자신이 들어가고 싶은 회사, 내 자식이 들어갔으면 좋겠다는 회사라고 답했다. 의외였다. 마찬가지로 현대차노조에 관해 물었다. 처음에 노조가 부럽다 했고, 두 번째는 해도 해도 너무한 집단, 자기 배만 채우는 귀족 노조라고 했다. 이어서 회사와 노조 가운데 어느 쪽이 나쁘게 생각하느냐고 물었다. 노동조합이 더 나쁘다고 답했다. 그리고 원·하청의 임금 격차가 심한데, 가장 큰 원인이 무엇이냐고 물었다. 그녀들은 노동조합의 과도한 임금 인상 때문이라고 답했다. 덧붙여 성과급만 본인 연봉의 반이 되는데 노동조합의 무리한 요구를 들어줬기 때문이라고 했다. 그리고 현대차노조가 파업하면 심정이 어떤지 물었다. 첫 번째, 부럽다고 했다. 두 번째, 화가 난다고 했다.

원청의 현대차노조가 1차 하청 노동자를 챙겨 줄 수 없듯이 우리도 2차 하청 노동자들에 관심도 없고 챙겨 주지도 못한다고 했다. 알지만 화가 난다며 현대자동차에 다니는 자녀가 3곳의 학원에 다니면 우리는 한두 곳이라도 보내야 하는데 부부가 맞벌이해도 어렵다고 했다. 학원 문제로 보내자, 말자 부부간에 싸움도 잦았다고도 했다. 그녀들은 현대자동차 직원과는 다른 차원의 삶을 산다고 생각했다. 현대자동차 정규직의 삶이 따로 있다는 것이다. 부부 둘의 연봉이 현대자동차 한 사람의 연봉도 안 된다는 것이다. 노후 준비를 물었더니 꿈도 꾸지 못한다는 답이 돌아왔다. 현대자동차에서 34년을 근무하고 퇴직한 나의 재산 상태와 연금 상태를 조목조목 이야기했더니, 그것밖에 안 되냐고 했다. 퇴직 후 계획을 물었더니 일단은 쉬고 싶다 했고 쉬고 나서 여유 있는 경제 활동을 하고 싶다고 했다. 여유 있는 경제 활동이 무어냐고 물었더니 파트타임 등 돈이 적어도 근무 시간이 짧고 여유 있는 노동을 하고 싶다는 것이다.

임금 양극화를 해소하기 위해서는 약자인 하청 노동자가 적정 임금을 받을 수 있도록 임단협 방식을 산별 형태로 바꿔야 한다. 또한 납품 단가를 결정할 때 부품 제작에 들어가는 재료비와 가공 비용의 인상 요인을 반영할 수 있는 강력한 법이 필요하다. 재료비와 부품 개발비 및 연구비 등을 공개하는 것은 어렵겠지만 임율은 공개해 노동조합에서 그대로 반영하는지 감시할 수 있도록 해야 한다. 임율은 투입된 시간당 소요된 인건비를 말한다. 재료비, 유가 등의 인상을 감당하지 못한 업체는 외국인 노동자나 정년퇴직자 재고용을 통해 버티고 있다. 2차, 3차 하청은 가족까지 동원해 일하는 상황이다.

열악한 하청 업체의 상황을 개선하지 못하는 것은 몰라서가 아니다. 정치권을 비롯해 우리 사회의 제반 권력이 거대 자본의 테두리에 갇혀 있기 때문이다. 그나마 원하청 불공정 거래를 막기 위한 엉성한 법이 있지만, 그것마저도 잘 지켜지지 않고 있다. 산별교섭을 통해 임금의 양극화를 서서히 바로잡을 수 있도록 법·제도 정비가 있어야 한다. 원청 노동자의 임금을 10년 동안 동결한다 해도 납품 단가는 올라가지 않을 것이다. 현대자동차는 노사 합의를 통해 2번에 걸쳐 임금을 동결했지만, 납품 단가와는 무관했다. 최근까지 무노조를 유지했던 삼성전자에 납품하는 하청 회사가 도산했다. LG전자는 공정거래위원회에 하도급법 위반 행위로 33억의 과징금을 부과받았다. SK건설 하청 도산 등의 기사는 차고 넘친다, 그러나 이 나라의 대다수 지식인과 보수 정치권은 침묵하고 있다. 거대 자본과 공생하고 있기 때문이다.

회사가 주최한 '한마음 가족교육'. 노조는 그 동기를 마뜩치 않게 여겼다.

　임금 양극화의 가장 큰 원인은 거대 자본의 탐욕이다. 임금 양극화의 책임을 강성 노조 탓으로 돌려 노동조합을 국민에게 손가락질받게 하는 보수 정치권의 능력과 언론의 뛰어난 각색에 놀라울 뿐이다. 물론 원청 노동조합이 원하청 불공정 시정을 위해 지금보다 더 적극적으로 노력해야 한다. 비정규직 문제와 임금 양극화의 부당성 해결을 요구하고 투쟁하는 민주노총을 양극화의 주범으로 몰아버린 세력이 이 나라를 움직이는 주류다. 노동조합이 아무리 양보해도 양극화는 해소되지 않는다. 자본만 살찌울 뿐이다. 만약 완성차 정규직이 임금을 양보해 그것이 하청 노동자의 임금 인상으로 이어진다면 원청 노동자의 임금을 양보할 수도 있을 것이다. 그러나 원청은 그만큼의 잉여를 하청 업체에 돌려주지 않는다. 이 때문에 노동조합이 산별교섭을 요구하고 있다. 노동조합의 원하청 불공정 해소 투쟁은 계속되고 있다.

국무위원도 정보기관의 감시를 받고 있었다

　노개투 승리 후 현총련 합법화 등을 논의하기 위해 정부과천청사를 방문했다. 진념 노동부 장관 외에도 고위직 간부들이 배석했다. 그런데 테이블 뒤쪽 누군가가 간이 걸상에 앉아 열심히 대화 내용을 기록했다. 나중에 알았지만, 안기부 직원이었다. 국무위원인 노동부 장관과 대화를 기록해 상부에 보고한다는 것이다. 어처구니없었다. 노동부 직원들도 안기부 직원을 싫어하는 듯했다.

　장관이라는 자리가 별 볼 일 없다 싶었다. 장관도 청와대에서 지시하면 기계처럼 움직인다고 생각했다. 장관이 전문성을 갖고 소신껏 일하지 못하는 구조면 국민을 더 업신여길 거라는 생각에 씁쓸했다. 군부독재 시절은 어떠했을까 생각하기도 싫었다. 눈치 보며 기록하던 안기부 직원의 모습이 아직도 눈앞에 아른거린다.

　국민이 주는 국록(國祿)으로 먹고사는 그들의 변칙이 용납되지 않는 세상이었으면 좋겠다. 좋은 세상을 앞당기기 위해 국민의 눈과 귀인 언론의 자유를 보장하고 학생들의 사상과 의식을 교육하는 교육기관이 공개적이고 진보적이며 민주적인 방식으로 운영되는 세상이 빨리 왔으면 좋겠다.

정부의 행정 관료가
자본에 포섭돼 있다

　노무현 정권 시절 이상수 노동부 장관을 정부 과천청사와 포장마차에서 몇 번 만났다. 그를 만나 노동부 차원에서 산별교섭이 현실화할 수 있도록 노력해 달라고 부탁했다. 그는 나를 만날 때 실장 몇 사람을 대동했다. 내 이야기를 들으면서 이상수 장관이 맞는 말이라고 하면 실장들은 장관의 주장에 반대하거나 잘못 알고 있으므로 바로잡아 줘야 한다는 식의 발언을 했다. 장관이 내 말에 동의해도 실장들이 이것저것 꼬투리를 잡아 부정적인 발언과 보고를 하면서 방해할 수도 있겠다 싶었다. 실장들은 장관이 노동자들에게 좋은 쪽으로 정책을 펼치려 하면 브레이크를 잡을 수 있는 사람들로 보였다.

　노동부에서 근무하는 실장들이 주로 만나는 사람들은 회사를 운영하거나 노무 관련 업무를 담당하고 있는 임원들일 것이다. 그들로부터 노동조합에 대한 부정적인 생각에 머물러 있다는 아쉬움을 여러 번 경험하고 느꼈다. 노동부 관료라면 당연히 노동조합 간부들을 자주 만나 노동자들의 고통과 애로사항을 듣고 노동 정책을 수립해 국정 운영에 반영해야 한다. 그러나 국록으로 먹고사는 그들은 노동자보다는 술 사 주고 밥 잘 사 주는 자본의 쪽에 기울어 있는 듯했다.

민주노동당 국회의원 출마, 낙선

2005년 울산 북구에는 민주노동당 국회의원이 당선됐으나 사법부의 횡포로 선거법 위반을 선고받아 당선 무효가 됐다. 그때 나는 조직의 권유로 국회의원 출마를 결심했다.

나는 노동조합이 정치적 역량을 키워 힘을 갖지 못한다면 결국 개량화될 수밖에 없을 것이라고 믿고 있었다. 경제 투쟁을 아무리 잘해도 그것을 단 한 번에 무력화할 수 있는 것이 정치적인 힘이라고 생각했다. 국회에서 법 조항 하나를 개악하면 노동조합은 무력화되거나 살아남기 위해 개량화된 조합 간부에 의해 장악될 수 있다. 노동조합이 사회의 진보적 집단이 아니라 회사에 구걸하고 정부에 아부하는 그런 조직으로 추락할 수밖에 없을 것이다.

복지국가가 많은 유럽은 노동조합의 정치적 위상이 대단히 높다. 우리나라 노동운동이 제자리걸음을 하는 원인 중 가장 큰 것은 정치세력화를 하지 못했기 때문이다. 1987년 6·29선언 이후 들불처럼 민주노조가 설립됐다. 물론 이전에도 한국노총이 있었지만, 노동자를 대변하지 못한 한계가 있었다. 우리는 민주노조를 설립하고 상급 단체로 한국노총을 선택하지 않았다. 전노협을 거쳐 법외 노조로 민주노총을 만들고 문민정부를 상대로 전국적인 노개투 총파업을 했으며 승리의 힘으로 합법화를 실현했다.

그리고 승리의 힘을 모아 민주노동당을 건설했다. 노동자 정치 세력화를 위해 국회에 진출해야 한다는 의견을 모았다. 그때까지만 해도 내가 국회의원이 돼야겠다는 생각은 없었다. 다만, 노동자가 정치를 해야 한다는 당위성은 갖고 있었다. 지방선거나 국회의원선거가 있을 때마다 보름이 넘도록 연월차를 내고 선거운동을 했다. 노동조합 위원장을 하면서도 선거가 있을 때마다 민주노동당 후보자의 당선을 위해 최선을 다했다. 국회의원, 구청장, 시의원, 구의원이 당선됐다. 당시는 정파를 떠나 모두가 함께하는 것이 당연한 시절이었다.

2005년 보궐선거에 출마해 전국에 있는 민주노동당 동지들과 함께 열심히 선거운동을 했지만, 1,793표 차로 낙선했다. 선거 패배 원인은 후보자의 부족함 등 다양한 이유가 있겠지만 가장 기억에 남는 건 음식물자원화시설을 민주노동당 출신 구청장이 유치한 데 대한 주민들의 완강한 반대 의견이었다. 시설 유치로 주변 아파트 등 주거 공간에 악취가 심해 중산동 주민들의 반발이 심했다. 이에 대한 책임을 민주노동당에 물은 것이다.

선거 패배 후 27억 7천여만 원의 예산을 들여 설치한 시설이 겨우 1년 반만에 가동이 중지됐다. 승리한 상대 후보의 공약이기도 했다.

민주노동당의 실패를 교훈 삼아 민주노총 중심의 대안 만들어야

어느 날부터 민주노동당 내부는 다수 민중의 이해와 요구보다 계파의 이익과 개인의 의견을 관철하기 위해 대립했다. 국회의원 몇 석을 두고 싸우다 진보적 철학과 원칙을 헌신짝처럼 내팽개치고 당을 파멸시켰다.

그렇지만 현장 조합원들은 선거 때마다 정치후원금을 내고 연월차까지 써가며 선거운동을 했다. 그 땀이 상층의 계파 분열로 허망하게 사라졌다. 이들은 노동자 정치 세력화라는 중요한 의제를 사라지게 했다. 그러나 반성과 참회는 없었다.

대중적 지도력을 쌓아서 당권을 잡았던 권영길, 강기갑 대표 시절에는 그나마 당이 잘 운영됐다. 그런데 어느 날부터 특정 계파가 당원의 50퍼센트 이상을 장악하고 표결로 그들만의 이익을 좇았다. 당원 중심의 의사결정 구조로 되어 있었던 민주노동당은 소수에 대한 배려도, 동지적 의리도 없었다. 노동자 정치 세력화라는 주장은 선거가 있을 때마다 구호로만 외쳐질 뿐이었다. 당이 분열될 때 민주노총의 의견을 주장할 수 없는 당의 구조 앞에 당혹해할 수밖에 없었다.

평소 당의 운영에 노동자의 의견을 반영하지 않았으며 반영할 수 있는 구조도 없었다. 모든 결정은 상층부 몇몇 그들이 했고 분열도 그들이 했다.

분열 이후 선거 때 표가 모이지 않았다. 세 번에 걸쳐 선거용으로 통합하는 모습에 조합원들과 노동조합 간부들의 시선은 싸늘했다. 민주노동당 시절 당원이었던 열성 조합원들과 노동조합 전 현직 간부의 80퍼센트는 분열된 당의 어느 쪽도 선택하지 않았다.

민주노동당의 실패 원인 중 가장 큰 것은 당원 중심의 운영으로 50퍼센트 이상 장악한 계파의 독식을 견제하지 못한 것이다. 이런 오류를 다시 반복하지 않아야 한다. 진정한 노동자 정치 세력화는 노동자가 직접 정치권에 모두 진출하는 것이 아니다. 전문성과 올바른 사상을 가진 능력 있는 진보적 인사를 선택하거나 선택하지 않을 권한을 민주노총 등이 제대로 일상적으로 행사할 수 있는 것이 올바른 노동자 정치 세력화다.

민주노총 가맹 조직에는 언론, 금융, 의료, 교육, 증권, 교수, 법률원, 보험, IT, 공무원, 백화점, 운송, 철도, 조선, 자동차, 전기, 반도체, 전자, 제철 등 이 땅을 움직이는 다양한 전문 분야에서 일하는 조합원들이 있다. 진보정당은 이런 전문성을 분야별로 분류해 그 가운데 뛰어난 정치 역량을 발굴해야 한다. 전문 영역별로 비례대표 후보를 할당해 산하 산별노조나 연맹에서 선출하게 하고 민주노총이 최종 결정하면 그동안의 단점을 보완할 수 있을 것이다. 나아가 농민, 환경 등 시민단체에도 할당하는 등의 권한을 줘 중앙당 차원의 분열 요인을 최소화해야 한다. 민주노총 중심의 정치 세력화를 실현하기 위한 개혁적 사고로의 전환이 필요하다. 그리고 지역별로는 총선의 지역구나 광역과 기초단체에 대한 후보 결정권을 줘 지역의 노동자 정치 세력화에 새로운 활로를 마련해야 한다.

무엇을 목표로 할 것인가

민주노총 합법화 이후 국민승리21의 대선 참여와 민주노동당 건설 때까지 내부의 다른 의견을 통일시킬 수 있었던 것은 노개투를 통해 대중 노동운동 방식의 승리를 확인했기 때문이다.

낮은 곳에서 높은 곳으로, 일시에서 상시로, 부분에서 전면으로, 이는 운동의 기본 원리다. 평생을 이 원리에 충실한 활동을 하려고 노력했다. 투쟁은 실력만큼 하는 것이다. 준비된 만큼 투쟁하는 것이다. 강하게 주장한다고, 목소리 높여 외친다고 세상은 바뀌지 않는다.

우리가 극복해야 할 상대는 인류의 역사가 시작될 때부터 약자를 누르고 자신만의 이익을 좇아 부를 축적해 온 노련한 통치 수단을 대대로 전수해 왔다. 그들은 세상의 흐름을 파악하고 부(富)로 다른 사람의 두뇌를 사들여 자신이 원하는 대로 세상을 움직였다. 또한 그들은 언론과 교육 대부분을 장악하고 있다. 그들은 대중(大衆) 위에 군림하려 한다. 언론과 교육을 통해 진실을 왜곡하고 자신들의 이해에 맞게 충실히 움직이는 인간형으로 만든다. 여기에서 벗어나면 가혹한 벌이 뒤따르고 다양한 방식으로 삶을 파괴한다.

보수정당이 권력을 쥐면 제일 먼저 언론 장악을 시도한다. 그리고 교육을 그들의 통제권으로 끌어들인다. 전교조를 뒤흔들어 올바른 교육을 방해한다. 그들이 원하는 인재 육성으로 밀어붙인다. 다수의 신문과 방송국은 그들의 편에 서 있고, 소수의 가난한 언론과 방송은 언론의 역할을 제대로 수행하기 위해 흔들리며 오늘에 이르고 있다.

다수의 사립대학은 그들의 것이다. 그들의 사상과 그들의 생각을 교육하기 위해 노력한다. 특히 요즘 대학은 지성인의 전당이란 말이 무색해졌다. 기업 맞춤형 교육이라며 기업의 직업훈련소가 된듯하다. 대학에는 낭만과 여유와 미래의 꿈이 없어 보인다. 기업의 부속품과 같은 하수인을 육성하는 기관으로 변질한 지 오래다. 꼿꼿하게 양심을 지키며 어떠한 압력에도 굴하지 않는 학자는 찾아보기 어려워졌다. 그들도 대다수가 물질에 얽매인 소인배가 됐다. 한 보수 논객은 '우리는 돈이 있다. 돈으로 움직이지 못할 것이 없다.'라고 했다.

우리는 노동운동을 통해 이런 세상의 틀을 바꾸고자 했다.

진실보다 다수의 인식이
여론이다?

　나를 처음 본 사람이 많이 하는 말은 머리에 뿔이 달린 줄 알았다는 것이다. 그런데 막상 만나보니 얌전하게 말하고 행동할 줄 몰랐다고 한다. 그 소리를 수없이 들으며 언론의 힘이 대단하다고 생각했다. 『프로파간다』[50]를 읽다 보면 '거짓말도 백번 하면 진실이 된다'는 구절이 있다.

　언론은 대부분 광고비로 운영된다. 한겨레, 경향신문같이 올바른 보도를 위해 노력하는 신문이나 방송은 광고를 잘 주지 않기 때문에 기자들의 급여나 복지 수준이 낮다. 비용이 많이 들어가는 해외 특파원도 적다. 진보적인 신문이나 방송은 올바른 사실을 국민에게 알리려 노력하지만, 경영은 어렵기만 하다. 조선일보나 동아일보 중앙일보를 보면 광고가 넘친다. 신문의 페이지 수도 정론·직필을 위해 노력하는 신문의 두 배 이상이다. 기자들의 임금도 높다. 특파원이나 해외 취재도 비교가 안 될 만큼 많다. 자본주의에서 큰 돈줄을 쥐고 있는 권력을 위해 사는 것은 그들의 보호와 지원을 받아 대부분 풍요로운 삶

---

50) 『프로파간다』(에드워드 버네이스 지음 / 강미경 옮김 / 공존)

을 살아간다.

'우리에겐 돈이 있다, 돈으로 모이게 하고 돈으로 움직이게 하고 돈으로 논리를 만들고 돈으로 취재하고 돈으로 찍어내고 돈으로 방송한다'고 보수 정객들은 말한다. 보수는 그렇게 끈끈한 카르텔로 주고받는다. 그리고 민주노총을 흔든다. 좌경 친북 세력으로 끊임없이 매도한다. 폭력적이고 급진적인 세력으로 몰아간다. 한 예로 돈 없어 병원도 못 가서 죽어가는 국민에게 공공의료를 강화해 치료받게 하자는데 좌경 용공 친북 세력으로 몰아간다. 국가란 무엇인가? 국민의 세금으로 먹고사는 위정자들이 당연히 해야 할 일은 모든 국민이 최소한의 삶을 보장받을 수 있게 하는 것 아닌가? 너무나 당연한 상식적인 주장이 어째서 나쁘고 과격한가? 수천억 원의 돈방석 위에 앉아 경제를 쥐고 흔들며 죽어가는 사람들을 외면하는 행위야말로 과격하고 폭력적인 것 아닌가?

올바른 노동조합 활동

 올바른 노동조합 활동은 쉽지 않다. 회사라는 상대가 있고 조합원들의 요구도 다양하기에 하나의 의견으로 모으는 것은 만만치 않다. 회사는 조합원들로부터 지지받고 있거나 건강하고 힘있는 노동조합을 원하지 않는다. 조합원들은 강하고 지혜로운 노동조합을 원한다. 이처럼 천양지간(天壤之間)의 괴리가 있어도 노동조합은 회사가 망하면 안 된다고 생각한다. 회사는 조합원들이 먹고사는 터전이기 때문이다. 이 때문에 회사가 중장기적으로 경쟁력을 잃지 않도록 요구하고 관철하기 위해 노력한다.

 회사는 끊임없이 노동조합의 힘을 약화하려고 노무부를 동원해 관리하고 통제한다. 노무부는 노동조합을 관리하기 위해 만든 조직인데, 대의원이나 대의원 대표 및 집행 간부의 성향을 분석하고 평가한다. 사업부 대표나 현 집행부, 그리고 과거 집행부와 미래의 집행부로 예상되는 간부들도 관리 대상이다. 민주적이고 의식적인 활동가는 그 영향력을 약화하고, 회사가 관리 가능한 직원의 요구를 들어주며 조합원들이 지지하도록 만든다. 그렇게 관리한 직원들이 회사에 우호적인 태도를 보이도록 은밀히 뒤에서 조종하려 한다.

회사의 의도를 쉽게 들어주면서도 조합원에게 지지받는 직원을 만들기 위해 회사는 가용할 수 있는 모든 역량을 동원한다. 이는 노무부의 가장 중요한 업무다. 노동조합이 노무부에 의해 회사의 한 부서처럼 관리된다는 것은 참담한 일이다. 일본처럼 노동운동이 실패하면 분배의 정의가 사라지고 국가와 기업은 성공해도 국민의 삶의 질은 오히려 후퇴한다. 결국 지금의 일본처럼 기업도 국가도 기력을 잃는다. 2025년 일본의 대졸 초임은 우리나라보다 낮다. '세계 2강'이라던 일본의 오늘을 보면 되돌아볼 점이 많다.

노무부는 그들의 업무 효율성을 높이기 위해 유능한 강사를 초빙해 교육을 받는 등 나름으로 열심히 한다. 특히 현장 여론을 조작해 노조의 각종 선거에 직간접으로 관여한다. 각종 노조 선거에 목표를 설정하고 선거 후 목표 달성 여부를 평가한다. 임원 선거 때는 선거일이 가까워질 즈음 회사가 원하지 않는 후보의 부정적인 정보를 지역 언론 등에 알린다. 그 후보는 시간이 없어 대응도 못 하고 낙선할 수도 있다. 지역 TV 방송이나 지역신문을 활용해 여론몰이를 하고 심지어 하청 공장의 노무 담당까지 압박해 회사의 뜻을 관철한다. 이것을 모르는 노조 간부는 없다. 당선 가능성이 컸던 강직한 후보가 회사의 왜곡된 공작에 의해 무너질 때가 종종 있었다. 이러한 선거 결과로 노동조합이 자주성을 잃고 회사의 한 부서로 전락할 수도 있다.

그렇다고 지금까지 모든 선거 결과가 회사 뜻대로 됐다는 것은 아니다. 그러나 회사의 뜻을 관철할 수 있는 확률이 점점 높아지고 있는 게

단체교섭장

현실이다. 의식 있는 조합원들은 다수의 노조 간부가 회사에 포섭됐다며 개탄하고 있다. 흑백을 구분하기 어렵다는 하소연도 한다. 각종 선거에서 올곧은 활동가의 당선 가능성은 크지 않다. 이것이 바로 노조가 개량화되고 있다는 증거다. 눈앞의 이익과 임금에 매몰된 활동은 조합원들의 지지를 받기 수월할 수 있다. 그에 비해 노동조합의 중장기적 발전을 생각하는 집행부는 외면받을 확률이 더 높다.

눈앞에 보이는 현재의 이익을 좇아 미래를 위한 활동을 외면하는 것은 인간의 본성일 수도 있다. 그러나 우리는 이러한 문제를 어떻게 극복해 조합원들로부터 지지를 받을 것인가를 항상 꾸준하게 고민해야

한다. 거듭 말하지만 나는 정치 투쟁이 가장 큰 실리 투쟁이라고 굳게 믿고 있다. 정치적 힘과 투쟁 역량을 키우는 것은 사회적 연대와 정치 세력화를 통해 가능하다. 물론 쉬운 일이 아니다. 눈앞에 이익이 보이면 그것을 선택하는 조합원들이 많기 때문이다. 그러나 실망하지 않아야 한다. 현대차노조는 37년 동안 운동 원칙과 눈앞의 실리를 왔다 갔다 했다. 조합원의 선택이었다.

이제는 고용 안정과 사회 시스템을 바꾸는 것으로 노동운동의 방향을 수정해야 한다. 그러지 않으면 사회에서 외면당하는 집단이 될 수밖에 없다. 재벌에게 세금을 깎아주고 노동자들에게 고통을 전가해도 정치적 힘이 없는 노동자들은 어찌할 도리가 없다. 노동법 몇 개 조항만 개악하면 노동조합의 힘은 약화한다. 1998년 구조조정 때 조합원 4명 중 1명이 회사를 떠났다.

평소에 중소 사업장 노동자, 비정규직 노동자들과 연대 투쟁을 강화해 임금의 양극화를 극복해야 한다. 또한 시민단체들과 함께 환경, 에너지, 사회 안전망 구축, 소수자의 인권과 복지 등의 사회 문제를 풀어가기 위해 항상 노력해야 한다. 사회적 우군을 확보하고 함께 투쟁할 수 있을 때 노동조합의 정치적 힘은 커진다. 노동조합이 경제 투쟁에 매몰된다면 삶의 질을 높이기는커녕 머지않아 한계에 도달할 것이다. 정치권에서 결정하는 사회적 경비와 구조적 모순을 노동자의 힘으로 개선하려면 정치 투쟁이 아니고서는 불가능하다.

민주주의 국가는 권력이 일방적으로 결정하고 집행하는 것을 막기 위해 입법, 사법, 행정 3권을 분리하고 있다. 그러나 국가권력을 장악한 그들은 집권을 연장하거나 재창출하기 위해 교육과 언론을 장악하고 때로는 편법을 쓰고 스스럼없이 반칙을 휘두른다. 권력자들은 언론을 권력 획득과 강화를 위해 사용하려 한다. 과거 그들은 다수가 행복하고 건강한 삶을 누릴 수 있도록 노력하는 사람들의 생명을 빼앗고 민주주의를 파괴했다. 부와 권력을 움켜쥔 그들은 기득권을 지키기 위해 언론을 대변인으로 활용했다. 우리나라의 대부분 언론은 그들이 직접 운영하거나 그들의 광고로 운영되고 있으며 사립대학도 대부분 재벌이 운영한다.

뉴스는 나쁜 일이나 범죄 행위에 관련해서는 현대차노조 간부 또는 전직 노조 간부로 소개하며, 좋은 내용이나 미담은 현대자동차 사원으로 보도한다. 좋은 이미지는 회사를 포장하는 데 쓰고 부정적 이미지는 노동조합에 덧씌우는 것이다. 현대자동차는 우리나라에서 임금이 제일 높은 회사가 아니다. 예를 들어 삼성전자 등은 현대차보다 더 높은 임금과 성과급을 받고 있지만, 언론으로부터 비판받은 적이 없다. 그들은 정당한 분배를 요구하고 정의를 추구하는 노동조합의 힘을 약화하기 위해 왜곡된 보도를 통해 노동 귀족으로 비난하면서 노동조합에 대한 부정적인 인식을 다수 국민의 뇌리에 깊이 심어 놓았다. 그리고 평균 연봉 1억 원을 받으면서도 계속 욕심을 부리는 나쁜 사람들로 비난한다. 통계를 보면 우리나라 노동자의 평균 노동 시간보다 1.45배의 장시간 노동을 했던 회사가 현대자동차이다. 그런데도 정부와 언론, 그리고 어느 때는 진보적 학자들까지 우리를 노동 귀족으로 몰아갔다. 이를 극복하기 위해서는 경제 투쟁에 매몰되지 않고 정치 투쟁으로 근본적인 투쟁 방향을 바꿔야 한다.

원·하청간의 임금 격차를 줄이기 위해 노력해야 한다는 게 당시 나와 함께한 동지들의 생각이었다. 임금의 양극화는 그들이 원하는 계급적 노동운동의 분열 정책이다. 임금 양극화 극복을 위한 조직 형태가 산별노조이다. 거대한 자본과 정권에 맞서기 위해서는 조직을 키우고 연대를 강화해야 한다고 판단했다.

8대 집행부는 미흡하나마 사내 협력 업체 처우 개선을 위해 노력했다. 이를 위해 2000년 12월까지 노사협의체 설치, 근로기준법 준수, 임금과 상여금 지급 기준 표준화, 임금 착취 금지, 인간적 대우, 차별 철폐 등을 노사협의회 안건으로 상정시켜 관철하기도 했다. 주요 내용은 최저 임금 시정, 임금 투명 지급성을 위한 지도·감독 강화, 의장 조립 라인 임금 인상, 상여금 지급률 명문화, 노동법 준수 여부 감독 강화 등이다.

똑똑한 자가 세상을 주도한다, 노동대학원 설립

8대 집행부 때 공장장인 한상준 부사장에게 노동대학원을 개설해 노동조합 간부와 조합원 교육을 하고자 하니 적당한 장소를 제공해 달라고 요구했으나 거부당했다. 회사가 노동조합 강화를 위한 교육 장소를 내줄 수 없다고 했다. 아는 만큼 행동하고 아는 만큼 노사 관계가 발전할 것이라고 끈질기게 설득한 끝에 독신자 숙소 인근에 있는 공간을 받았다. 바로 현대차노조 노동대학원을 개원했다. 3개월의 교육 일정으로 입교 초기에 2박 3일간 집중 교육을 했으며 학습 열기는 높았다. 현장 리더십 교육도 했다. 1기와 2기 각 50명을 배출했고, 졸업할 때 쓴 논문을 묶어서 논문집도 발간했다. 아쉽게도 노동대학원이 지금은 운영되지 않고 있다.

서울에서 진보적인 교수, 연구소 연구원, 노동운동가들이 내려와 강의했다. 자동차 산업의 미래, 사회복지, 통일, 한국사회의 시민운동, 자본주의 경제론, 졸업 논문 발표회, 현장 리더십 등에 관해 교육하고 스스로 발표하도록 했다. 세상은 똑똑한 자들이 끌어간다. 회사는 노동조합이 똑똑해지고 노동조합의 조직이 탄탄해지면 회사가 망한다는 고정관념을 버려야 한다. 현대차노조는 수많은 투쟁을 했지만, 생산 현장을 파괴하거나 본관 전산실을 부순 적은 단 한 번도 없다. 회사가 망하고 나면 노동조합도 필요 없다는 것과 회사에 노동력을 팔아 나와 내 가족이 먹고사는 소중한 일터라는 것을 너무나 잘 알고 있기 때문이다

나는 평소 노동자가 책을 많이 읽어 세상 보는 안목이 회사 중역보다 높아야 한다고 생각했다. 현대자동차에서 중역이 되려면 치열한 경쟁을 통해 1퍼센트도 안 되는 그룹에 들어가야 하는데 자신의 모든 역량을 회사에 쏟아부어야 한다. 물론 끝없는 충성은 기본이고 운이 따르고 줄도 잘 서야 한다.

그들에게는 책 읽을 시간이 없어 보였다. 우리 부서원들은 대부분 2개월가량의 장기 출장을 가곤 했다. 이때 책을 제법 많이 준비해도 부족한 경우가 많았다. 남양연구소[51]나 다른 부서에서 출장 온 일반직 사원들에게 나의 책 목록을 작성한 뒤 바꿔 볼 사람을 찾기도 했다. 쪽지를 돌려보아도 책을 읽는 출장자들이 없었다. 회사 일에 파묻혀 책 읽을 여유가 없는 것 같았다. 그렇게 중역까지 승진하는 것이다.

내 눈에는 대졸 일반직 사원들의 삶이 현장 생산직보다 훨씬 못해 보였다. 한번은 부서원이 모두가 참여하는 산행이 있어 참여했는데 참여자들의 복장을 살펴보니 일반직 사원들의 옷맵시가 어색해 보였

---

51) 경기도 화성시에 있는 현대자동차 남양연구소를 말한다.

노조가 열었던 노동대학원 교육 장면

다. 모처럼 만의 산행인 듯 보였다. 반면 생산직 사원은 대부분 옷맵시가 어울렸다. 휴일을 즐겨본 모습이었다. 보고 싶은 책도 못 보고 가고 싶은 여행도 직장생활에 지쳐 마음 놓고 다닐 수 없는 모습, 그것이 좋은 대학 나와 좋은 직장에 다닌다고 모두가 부러워하는 내가 본 이 땅 엘리트의 이면(裏面)이었다.

현장에서는 부서 상사나 선임자가 반인권적인 용어나 행동을 하면 노동조합 차원에서 대응한다. 특히 여성 조합원들에게 회식이나 회사 업무 중 성적 모욕감이나 무리한 용어를 사용하다 회사를 떠나야 했던 사례가 종종 있었다. 일반직의 상하 관계는 명확하다. 인사고과 권한을 가진 상사가 폭력적인 용어나 행동을 해도 저항할 수 없는 조직 문화를 갖고 있다. 같은 중역끼리라도 업무 지시나 업무 보고 때 쓰는 말도 상상 이상으로 거칠다. 가족을 위해 참는다고 해도 너무 심하다고 우리끼리 이야기하곤 했다. 그들의 수직적인 조직 문화가 최근에 많이 바뀌었다고는 하지만 일반직은 피라미드식 능력주의에 젖어 쉽게 바뀌지 않을 것이다.

일반직은 피라미드의 상층 뾰족한 부분을 자신의 위치로 여기며 하부의 수많은 공간을 지배하고 있다고 착각하는 듯했다. 세상은 갈수록 수평적인 조직과 임금 구조로 발전한다. 특권층의 폭이 좁아지고 약해지고 있다는 것을 인류의 역사가 증명하고 있다. 자본주의의 큰 단점인 현재의 양극화도 인류는 반드시 극복할 것이다.

노예 사회에서는 주인이 노예의 목숨까지도 좌지우지했지만, 봉건주의 시대는 지주와 소작인으로 발전했고, 자본주의 시대인 지금은 과거 노예 신분이 노동자 신분으로 바뀌어 매년 한 번씩 협상을 통해 몸값을 올려 줄 것을 합법적인 공간에서 요구할 수 있다. 협상이 결렬되면 단체행동권인 파업을 할 수도 있다. 돈 안 받고 일 안 하겠다는 것이 파업이다. 노동조합의 힘으로 생산을 정지시킬 수 있는 합법적인 행동을 할 수 있다. 단위사업장에서는 회사를 압박하지만, 민주노총은 노개투를 통해 정부와 국회에서 입법한 법을 철폐시키기도 했다.

노동조합이 노동자 정치 세력화에 성공한다면 국가권력도 진보적

정당을 통해 국민으로부터 위임을 받을 수 있다. 민주주의는 최대 다수의 최대 행복을 추구하는 것이다. 숫자가 가장 많은 노동자, 농민, 어민, 도시 서민, 자영업자, 양심적 지식인과 중소 사업장 사장들의 표를 진보적인 당을 통해 모으면 다수의 행복을 추구하고 사회적 약자를 배려하는 건강한 국가권력을 창출할 수 있다. 나는 이것이 민주노동운동의 전략적 목표라고 확신하고 있다.

티뷰론[52] 축제

일본의 기업 문화 운동[53]은 제2차 세계대전 후 일본 도요타에서 1960년대 만들어져 1970년대 미국 및 유럽 등지에 전파됐다. 이 운동은 경영철학이자 조직 구성원 전체에게 요구되는 기본 원칙으로 자리 잡았다.

어느 날 회사는 기업 문화 운동의 하나인 티뷰론 축제를 열자고 노동조합에 제안했다. 동의하며 다만 노동조합이 참여할 수 있는 공간을 요청했다. 축제 장소 주변에 사업부별 먹을거리를 판매할 수 있도록 노사협의를 했다. 사업부 대의원들이 사업부 특성에 맞게 막걸리를 준비하여 전을 굽고 어묵탕을 끓여 참여하는 분들에게 판매한 후 수익금은 불우이웃돕기에 쓰기로 했다. 지금은 주차장이 된 문화회관 소운동장에서 가수들을 초청해 공연도 하고 가족들이 참여하는 노래자랑도 했다. 이는 도요타의 기업 문화 운동을 회사가 도입한 것이었다.

---

52) 현대자동차에서 1996년부터 2008년까지 생산한 차종이다.
53) 1960~70년대 일본 경제의 고도성장기에 '가족주의, 종신 고용, 연공서열' 등을 강조한 노사 협조 공동체 운동을 일컫는다.

마지막 공연이 끝날 때쯤 사업부별 먹을거리 장터에서 기분 좋게 막걸리를 한잔한 조합원들이 노동가를 부르기 시작했다. 회사가 기획하고 돈 들인 축제가 노동조합의 축제가 돼버린 것이다. 이후 회사는 티뷰론 축제를 중지했다. 회사에 도움이 안 된다고 판단한 듯하다. 회사 행사에도 적극적으로 참여해 우리들의 공간을 만들어 가야 한다는 것을 느꼈다.

독일 자동차 산업의 주당 근무 시간은 35~38시간이다. 동종 업계에서 근무 시간이 가장 짧은 수준이다. 독일 자동차 산업이 노동 시간은 짧지만 높은 경쟁력을 유지할 수 있는 비법은 무엇일까? 노사가 공동 결정하기 때문이다. 그들은 생산과 품질 등의 계획을 노사가 함께 공동위원회에서 결정한다. 이는 노동조합이 강하고 노동조합 간부들의 역량이 높을 때 가능한 것이다. 노동조합을 무력화시키고 노동조합의 단결력을 파괴해야 회사가 잘된다는 생각을 버려야 한다. 회사가 노동조합을 파트너로서 인정한다면 성장과 발전을 위해 협조하면서 적정 분배를 위해 적절한 수준으로 대립할 수 있다. 생산과 품질에 대해 공동 결정하고 분배 방식도 공식적으로 만들어 적정 분배가 이루어진다면 지금보다 높은 생산성과 품질이 보장될 것이다. 그러나 회사는 이를 결코 받아들이려 하지 않는다. 회사는 노동조합의 조직력이 높아지는 게 회사 발전에 저해된다는 생각을 버려야 한다. 공동결정과 적정 분배는 언젠가는 반드시 실현될 수밖에 없을 것이다.

서울역을 지나며 생각한
선전·홍보

　서울역을 지날 때면 두세 명 정도가 십자가를 손에 들거나 목에 걸고 선교를 하고 있다. 예수를 믿으면 천국 가고 믿지 않으면 지옥 간다는 그들의 주장을 많은 사람이 알고 있다. '예수 천국 불신 지옥'은 성경책을 8자로 요약하여 정확하게 전달하고 있다. 선전은 이들처럼 꾸준하고 끈질기게 해야 한다. 다만 수용 여부는 시민들의 몫이다.

　백제의 서동은 '선화 공주님은 남몰래 시집가서 밤이면 서동이를 안고 간다'는 서동요를 지어 신라 경주의 아이들이 부르게 했다. 노래 덕분에 서동이 선화 공주를 아내로 맞이했다는 이야기는 여론을 잘 이끌어야 목적 달성이 수월하다는 것을 말하고 있다.

　조합원 100만의 민주노총이 무엇을 추구하고 무슨 일을 하는 조직인가를 올바르게 인식하고 있는 국민은 얼마나 될까. 민주노총 산하 여러 조직에서 상근하고 있는 노동조합 간부가 수천여 명은 될 텐데, 아직도 우리가 추구하는 길을 국민이 제대로 알지 못하고 있다고 생각한다.

금속노조 때 라디오 광고를 한 적이 있다. 당시 여러 곳에서 '노동조합이 회사냐, 광고하게……' 라는 비판과 비난이 있었지만 강행했다. 나는 노동조합도 국가 체계의 한 부분으로 우리가 추구하는 것을 관철하기 위해 노력해야 한다고 믿었다. 노동조합의 변혁적인 목표를 정확하게 표현하는 당당한 세력임을 명확히 해야 한다고 확신했다. 자본과 정권이 우리를 좌경 불순 세력으로 몬다고 해도 우리 스스로는 그 누구도 무시할 수 없는 올바른 세력이라는 확신이 있어야 한다고 생각했다.

중앙의 문화 담당 상근자와 지부에서 올라온 간부, 그리고 조합원들이 사무실에 스티로폼을 깔고 숙식을 하면서 율동 교육을 받았다. 그 후 광화문 광장, 청계천, 명동 등에서 30여 명이 짧은 공연을 했다. 지나가던 시민들이 음악에 맞추어 일사불란하게 춤과 율동을 하는 것을 구경하자 율동패 동지들이 갑자기 쓰러져서 웅크리고 있다가 일제히 일어나면서 '해고는 살인이다'는 구호가 적힌 작은 현수막을 펼쳤다. 시민들이 박수와 함성으로 동의했다. 시민들은 스마트폰으로 사진과 동영상을 찍어서 카톡으로 여러 사람과 공유했다.

이명박 정권 시절로 쌍용차 정리해고 투쟁이 절정에 이른 때이다. 얼마 지나지 않아 금속노조 율동선전팀보다 뒤에 따라다니는 정보계 경찰이나 여타 기관에서 나온 감시자들이 더 많다는 농담을 했다.

또한 금속노조 때 출근하면 하루도 빠지지 않고 제일 먼저 언론 감시 시민단체 상근자 출신인 강해경 언론 담당 부장을 만나 홈페이지에 올리고 기자들에게 보낼 내용을 논의했다. 처음에는 기자들이 홈페이지에 별로 들어오지 않았다. 그런데 매일 정확한 근거와 사실에 부합한 자료를 올렸더니 노동 담당 기자들이 주시하기 시작했다. 회사나 경제단체, 노동부 등에서 보내주는 것을 그대로 작성해 오다 금속노조에서 올린 글을 보고 비교해 기사를 작성했고, 가끔은 노조가 작성한 글을 인용하기도 했다.

서울에서 3천 명이 모이는 집회를 했을 때, 지방에서 이동하는 경비와 식대 등 1인당 3만 원만 잡아도 비용이 9천만 원이나 들어간다. 집회 후 노동조합에 유리한 신문 기사를 기대하기도 어려웠다. 언론 대부분이 우리 요구와 주장을 제대로 기사화하지 않기 때문이다. 집회는 기사화되지 않아도 압력 수단이며 다른 여러 가지의 효과가 있다. 그러나 우리들의 요구와 주장이 언론을 통해 다수의 국민이 알게 될 때 집회의 의미와 효과는 커질 것이다. 이 때문에 매일 홈페이지에 글을 올리고 기자들에게 문자를 보내줬다. 이에 따라 기사 게재의 횟수가 눈에 띄게 많아졌다. 노동조합이 언론을 대하는 방식을 바꾼다면 예산을 크게 들이지 않고도 선전 효과가 커진다는 것을 실감했다. 홈페이지 자료에 주목하는 것을 보면서 그동안 스스로 우리의 힘을 과소평가했다고 생각했다. 노동조합도 이 나라를 움직이는 큰 힘 가운데 하나라는 것을 스스로 자각하는 사례이기도 하다.

역시 금속노조 때이다. 취약계층 난방 지원을 위한 예산을 배정하고 상근자 모두가 나서서 연탄 배달을 했다. 여기저기서 비판과 부정적인 말들이 있었지만, 대부분이 참석해 함께 땀을 흘렸다. 노동조합은 활동 영역을 넓혀서 우리 사회의 중심 영역으로 나아가야 한다. 부분에서 전면으로 힘을 키워나가야 한다고 나와 함께하는 동지들은 생각했다.

노동조합은 무엇을 해야 하나
– 고르바초프, 오바마의 의견을 읽으며

대다수 자본주의 국가는 양극화 문제가 야기한 사회 분열과 갈등으로 몸살을 앓고 있다. 양극화를 해결할 수 있는 가장 효율적이고 현실적인 방법은 노동조합의 기능과 역할을 확대 강화해 적절한 분배가 이루어질 수 있도록 하는 것이다. 힘있는 노동조합이 존재하는 대기업 조합원들의 임금은 상대적으로 높다. 노동조합이 거대 자본을 견제할 수 있는 가장 큰 세력이기 때문이다.

자본주의와 사회주의의 체제 경쟁에서 자본주의가 승리한 듯하다. 다른 의견이 있다면 『코뮤니스트』를 읽어보길 권한다. 자본주의 종주국인 미국과 사회주의 종주국이었던 구소련을 비교해 보면 노동조합이 가야 할 길은 넓고 깊고 아득하다.

"내 가족의 미래를 보장해 줄 좋은 일자리를 원하나요? 내 뒤를 든든하게 받쳐줄 누군가를 원하나요? 저라면 노동조합에 가입하겠습니다", 이는 버락 오바마 미국의 전 대통령이 2015년 노동절[54] 연설에서 한 말이다. 그는 노동조합이 노동자의 노동 조건을 향상하고 부당한 일을 당했을 때 기댈 수 있는 곳임을 강조했다. 바이든 전 미국 대통령

현장순회

은 2022년 9월 5일 노동절을 맞아 "중산층이 미국을 건설했으며 중산층을 만든 것이 노동조합"이라고 말했다. 그리고 대기업들은 정당한 몫을 지급해야 한다"고 역설했다.

전직 미국 대통령의 말은 자본주의의 종주국이며 세계 패권국이지만 국가 차원에서 자본을 적절히 통제하지 못하고 있다는 것을 스스로 고백한 것이다. 노동조합에 가입해 분배와 고용 복지 등의 문제를

---

54) 미국의 노동절은 1882년 9월 5일 뉴욕시에서 진행된 '노동자 퍼레이드'에서 유래됐다. 이후 1887년 오르건 주(州)에서 최초로 노동절을 주 공휴일로 채택했으며 다른 주로 확산했다. 이에 따라 1894년 9월 첫째 주 월요일 연방 공휴일(Labor Day)로 공식 지정됐다.

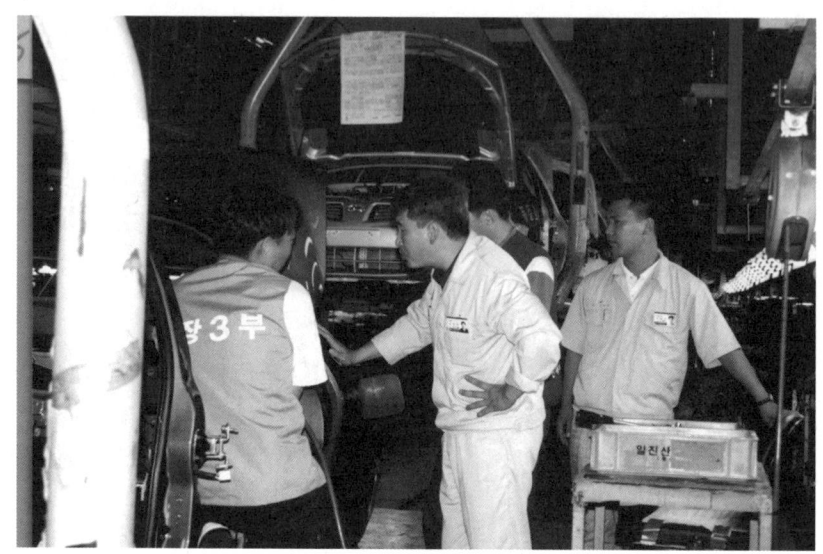

노동자 스스로 해결하라는 것이기 때문이다. 바이든 대통령은 2023년 9월 26일 전미 자동차노조(UAW)가 임금 인상을 요구하며 12일째 파업하고 있을 때, 파업 노동자들과 함께 GM 부품유통센터 앞 피켓라인에 함께했다. 피켓라인은 파업을 촉구하는 대열을 말한다.

1991년 12월 25일 고르바초프 구 소비에트연방 대통령은 연방의 해체를 선언했다. 100개 이상의 민족으로 구성됐으며 지구의 육지 면적 1/6을 차지하는 인구 2억8천만 사회주의 종주국이 막을 내린 것이다. 해체 전 고르바초프는 『페레스트로이카』[55]라는 저서에서 노동조합의

---

55) 러시아어로 재편, 개혁, 개조를 뜻한다.

새로운 역할과 관련해 글을 썼다. 그는 노벨평화상을 수상한 사람이다. 아랫글은 그의 책에 있는 글 중 내게 인상적으로 읽힌 몇 구절 발췌한 것이다.

"노동조합은 관리자의 편리한 협력자가 아니라 관리자의 독주를 견제하는 억제력이 돼야 한다. 지금 일부 기업의 노동 조건은 형편없이 나쁘고 건강 관리는 빈약하고 탈의실은 수준 이하인데도 불구하고 노동조합은 이러한 사항에 이제는 익숙해져 있는 것 같다. 소비에트사회주의연방공화국의 노동조합은 관리자가 고용 계약을 지키고 있는지 감시할 권리를 갖고 있으며 관리자를 비판하고 관리자가 근로 인민의 정당한 이익을 추구하지 않을 때는 그의 해임을 요구할 권리를 갖고 있다. (중략)

사회주의 체제하에서는 노동자를 위한 체제이니만큼 노동자들을 더욱 잘 보호해야 한다. 그래서 노동조합의 책임은 더욱 막중해지는 것이다. 소련 사회는 노동조합이 더 활발하게 활동해 줄 것을 기대하고 있다. (중략)

레닌에 의하면 사회주의와 민주주의는 결코 분리될 수 없다. 민주주의적 자유를 손에 넣음으로써 근로대중은 힘을 가지는 것으로 하게 된다. 그들은 오직 민주주의 체제가 확대된다는 조건 아래에서만 자기의 힘을 공고히 하고 그것을 실현할 수 있다. (중략)"

자본주의의 종주국인 미국도 자본의 지나친 탐욕을 국가가 어찌 못하고 노동조합을 통해 해결하라 하고, 해체 전 사회주의 종주국이었던 소련에서도 기업 관리자들을 통제하지 못해 노동조합의 올바른 대응을 요구하고 있다.

자본주의와 사회주의 종주국인 두 국가의 최고 권력자들 모두 노동조합을 통해 저들의 탐욕을 견제할 것을 주장하고 있다. 사회주의 종주국에서 제 역할을 못 하는 노동조합을 비판하는 것은 상식 밖의 말이다. 인간의 탐욕은 어느 체제의 국가에서도 통제하지 못 했다는 것이다. 노동자 스스로 노동조합을 통해 문제를 해결하라는 주장이라고 이해하며 읽었다.

노동조합을 할 수 있는 권리

　원하청 불공정 거래, 비정규직 문제, 임금의 양극화 등 불평등의 문제는 당사자들이 스스로 나서 투쟁해야 한다. 그리고 상급 단체에 연대 투쟁에 나설 것을 당당히 요구해야 한다. 노동조합이 없는 사업장은 민주노총 지역본부 등을 찾아가 도움을 받을 수 있을 것이다. 노동조합을 설립한 뒤 노사 자율 교섭을 보장받고 올바른 노사 관계 정립을 위해 노력해야 한다. 설립 초기 회사의 방해 공작이 있을 수 있다. 이런 경우 지역본부 등 우호적인 노동단체의 도움을 받아 투쟁으로 극복해야 한다. 노동조합을 하지 못하게 하거나 교섭에 응하지 않는 것은 범법 행위다.

　불공정한 원하청 문제, 산업 안전 등 단위사업장에서 해결하기 어려운 사안은 산별노조나 총연맹을 통한 연대 투쟁으로 극복해야 한다. 또한 의료보험, 국민연금, 세금과 교육 등 사회적 문제는 정치 세력화와 시민단체와 함께 운동의 폭을 넓혀서 해결해야 한다.

　2022년 기준 한국의 노동조합 조직률은 13.1퍼센트로 경제협력개발기구(OECD) 회원국 중 하위권이다. 우리나라 노동자 86.9퍼센트는 노동조합이라는 울타리가 없다. 우리나라는 아직도 법에 보장된 노동조합 활동을 자유롭게 할 수 있는 나라가 아니다. 규모가 있는 사업장의 노동자들은 그나마 보장받지만, 대부분의 영세 사업장에서는 사용자의 탄압으로 노동조합 설립과 활동이 불가능에 가깝다. 그러나 산별노조를 통한다면 가능성은 커진다. 특히 설립 초기에 치열한 투쟁을 통해 회사 측의 탄압을 극복해야 하는데, 조직의 틀을 갖추고 여러 경험이 있는 산별노조의 역할은 충분히 기대할 만하다.

'내 공장은 내가 알아서 한다. 노조 인정하느니 차라리 공장 문 닫겠다'는 경영자가 있다. 맞는 말일까? 국가는 막대한 예산을 쏟아부어 기업을 지원하고 있다. 공장의 문을 닫을 권리가 단순히 사용자에게만 있다고 할 수 없는 것이다. 기업이 정부에 돈을 빌려 쓰는 이자는 개인이 집을 구하기 위해 은행에서 돈을 빌리는 것보다 저렴하다. 기업이 법의 테두리에서 사회적 책무를 다해야 하는 이유이기도 하다. 회사가 내 소유이므로 마음대로 해도 상관없다고 잘못 생각하는 사람은 기업을 운영할 자격이 없다.

현대그룹의 노동조합 활동가나 열성 조합원들은 회사의 각종 폭력과 협박, 그리고 식칼 테러에 굴하지 않았으며 구속, 수배, 해고를 감내하며 노동조합을 인정받고 사수해 왔다. 근래에 노동조합을 설립한 삼성그룹도 최소한 십여 년을 싸워야 기업 내에서 현대그룹의 노조와 같은 위상을 실현할 수 있지 않을까 생각한다.

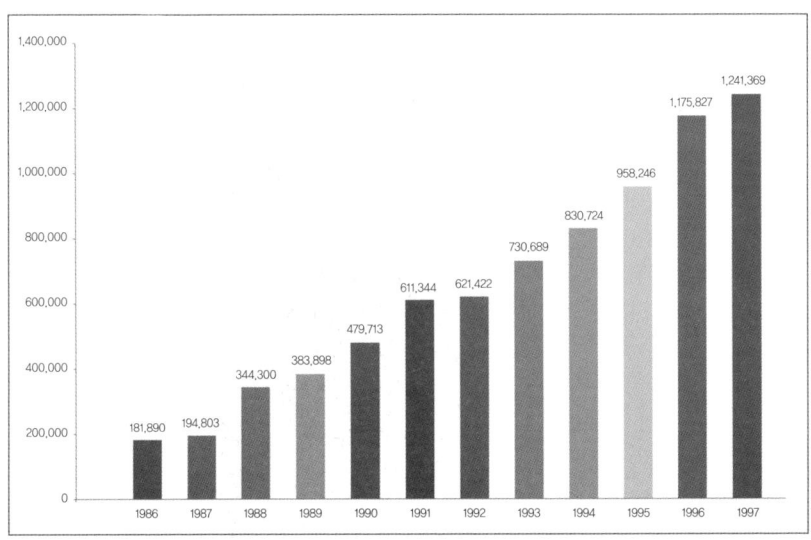

조합원 박문식 동지의 월급봉투에 적힌 월 통상임금 상승 추이. 87년 이후 노동조합의 임금효과, 대기업 노동자 임금상승 추이를 확인시켜준다.

아직도 비정규직과 중소기업 노동자들은 저임금 장시간 노동에 허덕이며 고통스럽게 살고 있다. 그리고 5인 미만 사업장 등 근로기준법의 보호도 받지 못하는 수많은 노동자가 있다. 양대 노총에서 매년 적정 수준의 최저 임금 확보와 5인 미만의 사업장에서도 근로기준법을 적용할 수 있도록 싸우고 있지만, 투쟁에 큰 힘을 싣지 못 하는 게 현실이다.

최저 임금만으로 최소한의 인간적 삶이 보장되는 날이 빨리 올 수 있도록 치열한 투쟁을 해야 한다. 노동조합 설립 전 1986년 임금은 12,931원이 인상됐고 1987년 노동조합 설립 후 임금은 149,497원 인상으로 전년 대비 무려 11.5배나 올랐다. 자본의 탐욕은 힘으로 분배를 관철할 때 억제할 수 있고, 사회적으로 분배 구조의 개선을 이룰 수 있다.

현대자동차 자동화기술부에 근무했던 박문식 조합원의 통상임금(기본급+각종 고정 수당)은 노동조합을 설립했던 1987년 평균 194,803원이었다. 10년 후인 1998년에는 1,222,507원이었다. 무려 6배 넘게 증가한 것이다.

국민 가운데 노동조합을 나쁜 사상에 물들어 이 나라 경제를 망치는 집단으로 인식하고 있는 사람이 있다. 나라의 기본 질서를 파괴하는 불순분자로 여기기도 한다. 그러나 노동자의 임금을 동결했을 때 자영업자의 매출 증가는 기대하기 어렵다. 그런데도 파업으로 임금 많이 올린다고 비난한다. 이는 언론이 국민의 의식을 왜곡했기 때문이다. 임금이 오르면 물가가 오른다는 상식 이하의 여론몰이에 길들어진 것이다. 적정 수준의 인플레이션은 가계와 기업의 경제 활동을 원활하게 하는 윤활유다. 근거 없는 거짓말을 백번 읊어 진실로 둔갑시켰다고 할까? 광고는 기업들이 베푸는 선심성 활동이 됐다. 지역언론은 경영 상태가 열악해 정론·직필을 하다 보면 문을 닫아야 하는 처지에 몰린다. 이렇게 우스운 구조가 우리나라 기업과 언론의 관계다.

또한 노동조합이 파업하면 지역 경제에 해(害)가 된다고 한다. 그러나 노동조합은 전문가의 도움을 받아 회사의 경영 상태를 분석해 무리한 요구는 하지 않는다. 회사가 문 닫으면 자신의 일터도 사라진다는 것을 잘 알고 있기도 하다. 지나친 임금 인상으로 문 닫았다는 기업을 들어본 적 없다. 부품 업체와 성과를 공유하지 못하는 것은 바로 잡아야 할 자본주의의 모순이다. 원·하청 이익 공유제를 입법화하고 양극화된 임금 구조를 극복해야 한다. 이를 위해 더 적극적인 원·하청 연대 투쟁이 필요하다. 부당하게 대우 받는 당사자들의 강고한 투쟁 의지는 물론이며 원·하청 연대 전선이 절실하다.

그리고 노동자의 주머니가 제대로 채워졌을 때 지역 경제는 살아난다는 사실을 알아야 한다. 예를 들어 노동자 허리띠를 졸라매 기업이 1억의 이익을 봤다고 하자. 그 1억 중 그룹 총수는 울산에서 돈을 얼마나 쓸까? 그룹 회장은 한두 번 식사하는 정도일 것이다. 설령, 식사해도 계열사 호텔에서 하는 게 전부일 것이다. 그러나 노동자 100명이 이 돈을 나누어 가졌을 때 그들은 울산에서 그 돈 대부분을 쓰게 된다. 이러한 추론만으로도 결국 노동자가 적절한 임금을 받을 때 지역 경제가 살아난다는 게 맞는 말이다. 그룹 총수가 아무리 돈을 많이 벌어도 지역 경제는 살아나지 않는다. 울산 지역 경제의 성패는 노동자의 호주머니에 좌우되며, 노동자의 지갑이 두둑해졌을 때 울산 경제는 살아난다. 그리고 세금 역시 유리 지갑과 같은 노동자의 임금에서 나온다.

일반직, 관리직들은 지금까지의 선택을 뒤돌아보아야 할 때다

많이 배우고 잘난 사람들이 다수의 행복과 환경 문제, 민주주의의 의사결정을 수호하려고 노력하고 있는가? 소수 약자의 아픔을 공유하며 인권과 도덕적 가치, 법과 원칙을 지키며 불의에 맞서 정의롭게 살아가려고 노력하고 있는가? 내가 지금까지 보아온 그들 대부분은 그렇지 못 했다. 오히려 비굴하고 정직하지 않았다. 그리고 전문 지식을 제외한 인권과 평등, 환경, 분배, 정의 등 넓은 분야에는 관심이 없고 무지했다. 그들 대부분은 자신이 피라미드 상층에 있다고 착각하고 능력에 따라 대우받고 부를 축적하며 지배하면 된다고 생각하고 있었다.

그들 가운데 대부분은 힘의 위계대로 살아가면 된다는 생각에 젖어 있는 듯하다. 힘의 위계를 부정하는 노동조합에 강한 반감을 보였다. 회사에서 내려오는 부당노동 행위에 관한 지시를 비판 없이 따르며 성실히 수행했다. 그것이 범법행위란 사실에 관심조차 없는 듯했다. 가족과 본인을 위해 조직의 일부로서 분업화된 임무를 수행했다. 현장 관리자로서 위엄을 가지려 했지만, 현장에서는 그들을 위엄 있는 자로 보지 않는다. 할 말 못 하고 살아가는 그들의 모습을 보며 왜

노조의 집회를 촬영하던 회사 노무팀의 일상

죽자 살자 공부했는지 모르겠다고 생각했다. 회사의 부당한 지시에도 말 한마디 못 한 채 복종하며, 총명함도 정의로움도 잃어버린 채 거대 조직 속 하나의 부품처럼 생존과 진급을 위해 살아가는 사람들이라는 생각에 안쓰러웠다.

요즘엔 흔하디흔한 게 석사, 박사다. 이중 소수만이 피라미드의 상층부에 진입할 수 있다. 진입한다 해도 언제 잘릴지 모른다. 현대자동차에서 과거 중역이 될 수 있는 확률은 0.8퍼센트 정도였다. 요즘 직제가 바뀌었지만 진입할 확률은 여전히 좁을 것이다. 치열한 경쟁을 통해 1퍼센트도 안 되는 상층 진입을 위해 바동거리는 것보다 양심과 소신에 따라 열심히 일하며 다 함께 잘 사는 세상을 만드는 게 훨씬 나

사측 관리자들, 협력업체 간부들이 노조를 비난하는 선무활동이 일상이었다. 1993년 장면

은 선택이다.

현대차는 현재 대졸 사원으로 입사할 경우 대리까지만 조합원 자격이 부여된다. 이것을 중역 이전까지로 바꿔서 일반직도 고용과 복지를 본인들 스스로 향상하려는 발상의 전환이 필요하다. 이것을 관철하기 위한 그들의 강한 의지와 단결이 중요하다. 경영진은 중역 턱밑까지 조합원 자격이 주어지면 기업이 망한다고 생각하겠지만 이것은 그들의 생각일 뿐이다. 노동조합을 할 수 있는 법에 따라 조합원 범위가 늘어난다고 해도 기업의 문을 닫는 것도 아니다.

기존 질서를 파괴하고 새로운 질서를 만들려면 수많은 고통이 있기 마련이다. 누군가는 나서서 희생할 각오가 필요하다. 부당함은 그 당사자들이 나설 때만 바로잡을 수 있다. 이는 변하지 않는 고금의 진리다.

현대차에서 일반직 노동조합 설립을 시도했지만, 대세를 형성 못 해 실패했다. 일반직 노동조합까지 생기면 회사가 어렵다는 것은 잘못된 생각이다. 노동조합이 없었던 삼성자동차는 해외 매각됐고 강성 노조로 언론의 뭇매를 맞는 현대자동차는 승승장구했다.

가까운 미래에 노사는 생존을 위해 생산 목표와 품질에 관한 것 등을 공동 결정하는 시대를 맞을 것이다. 노사가 공동으로 결정하고 함께 책임지는 시대가 오면 회사가 일방적으로 생산 관리와 품질 관리에 신경 쓸 필요가 없다. 노동조합의 역할이 중요한 이유다. 미래는 자주 관리제를 실현하지 못한 기업은 경쟁력을 상실해 도태하는 시대가 될 것이다. 미래를 내다본다면 현대자동차 일반직도 생각의 전환이 필요하다. 자신들에게 주어진 불합리한 문제를 바로잡고 노동조합을 통한 새로운 방식의 혁신적 기업 경영이라는 기틀을 마련하는 꿈을 꿔야 하는 시대다.

회장 혼자서 방대한 조직을 관리할 수 없으므로 전문성을 갖춘 우수한 두뇌들이 각 분야에서 움직여야 한다. 그들이 없으면 방대한 조직과 엄청난 재산을 유지하거나 불릴 수 없다. 그들의 충성과 협조 없이는 힘과 권력을 지속할 수 없다. 다르게 말하면 그들이 재벌의 생사여탈권을 갖고 있다고 해도 과언이 아니다. 관리직으로 역할 할 수 있는 일반직의 선택에 따라 세상은 달라질 수 있는 것이다.

 열심히 일한 사람이 대접받고 그만큼의 대가를 가져가는 세상, 법 앞에 누구나 평등하며 공평하게 적용받는 올곧은 세상을 우리는 꿈꿔왔다. 평범하지만 아름다운 세상을 위해 일반직, 관리직이 결단해야 한다. 일반직은 세상을 올바르게 운영할 수 있는 축적된 지식을 가진 집단이다. 작은 권력을 위임받은 재벌에게서 벗어나 세상을 변혁하는 주체로 나서야 한다. 자기자신의 주인으로서 권리를 찾고 사회적 약자와 함께해야 한다. 끊임없이 발전해온 인가다운 삶의 역사와 함께해야 한다. 모두가 기다리고 있는 민중의 바다에 함께해야 한다. 다수의 민중이 소수 기득권의 탐욕을 억제하고 부와 권력을 나누어 분배의 정의를 실현해야 한다. 소수의 사회적 약자를 배려해 모두 함께 사는 세상, 다 같이 행복한 미래를 만드는 것이 올바른 민주주의를 실현하는 일임을 명심해야 한다.

재벌의 여론 조성과 언론 통제

노사 교섭 휴식 시간에 노사교섭위원들은 밖으로 나와 담배도 피우고 간단한 음료수를 마시며 가벼운 농담을 나누는 가운데 서로를 탐색한다. 어느 날 휴식 시간에 사장이 '오늘 교섭을 조금 일찍 끝내주었으면 좋겠다'라고 말했다. 본사에서 긴급 임무가 떨어져 자신이 담당하고 있는 ○○언론사의 담당자를 만나야 한다는 것이다.

현대자동차는 제주도에서 강원도까지 생산, 판매, A/S 센터, 부품 공급 업체 등을 거느리는 회사다. 중앙에 있는 공중파 방송이나 일간신문 등의 주요 언론사는 본사 중역들이 담당하고 있었다. 평상시 언론사 관계자와 교류하며 로비를 하다가 비상시 임무가 떨어지면 지침을 관철하는 방식이었다. 지방언론은 전국에 있는 회사의 지역 조직을 이용해 관리했다. 언론을 관리하는 가장 큰 수단은 광고비다.

거대 재벌은 대다수 보수언론과 끈끈한 카르텔을 형성하고 있다. 언론 관리를 제대로 못 하면 담당 중역은 자질 부족으로 평가받는다. 중역들도 한 가정의 가장이며 국민의 한 사람이다. 그들에게 임무를 내리고 수행 능력을 평가하는 거대 재벌은 법과 진실에 아랑곳하지 않는다. 그들의 진실은 돈이며 여론을 그들 방식대로 움직였다.

여론을 조작하고 진실을 왜곡하는 것은 명백한 범죄다. 그런데도 조직 전체가 당연시하고 있다. 제멋대로 언론을 관리하는 것이 반민주적인 범죄임을 인식하는 중역이 몇 명이나 될지 궁금하다. 좋은 대학 나와 좋은 회사에 입사해 1퍼센트도 안 되는 중역까지 진급한 이들이 여론 조작에 노출되어 있다는 것은 씁쓸하다.

히틀러의 지시로 살인 독가스를 개발했던 과학자들이 자기 일에 최선을 다했다고 생각한다는 글을 읽은 적이 있다. 그들은 스스로 자신이 똑똑한 능력자라 생각하고 출세한 자신의 모습을 자랑스러워했을 것이다. 그 반대쪽에서 바라보는 우리들의 눈에는 그들이야말로 하잘것없이 멍청한 자들로 보일 뿐이다. 위에서 버튼만 누르면 발 빠르게 움직이는 로봇처럼 이의 제기하지 않고 임무를 수행하는 가엾은 인생으로 보일 뿐이다. 옳고 그름을 구분하지 않고 비판의식도 없이 일하는 것은 지식인이 행할 도리가 아니다.

노동조합에서 정파란 무엇인가

오늘날 대기업 노동조합의 건강성이 약해졌다고 하지만, 어느 정도 지켜지고 있는 것은 현장 조직을 통한 정파 활동의 힘이 노동조합 운영에 긍정적 영향을 미치고 있기 때문일 것이다.

정당정치는 국회의원의 개별적인 힘으로 거대한 국가권력에 맞설 수 없기 때문에 만들어진 것이다. 정치적 이념과 목표를 공유하는 사람들이 모여 정당을 결성하고 그 정당을 통해 그들의 이념을 실현하는 것이 바로 정치다.

노동운동 역시 다르지 않다. 노동조합에도 다양한 정파가 현장 조직을 만들고 집행부를 견제한다. 그리고 다음 선거에서 집행부로 선택되어 정파의 이념을 실현하려 한다. 이에 따라 집권 중인 집행부보다 원칙적인 노조 운영과 선명성, 투쟁성을 주장한다. 정파마다 자신의 정책을 실천하고 주장함으로써 다음 임원 선거에서 선택받을 기회의 폭을 넓혀가는 것이다. 물론 부정적인 측면도 많이 있다. 과도한 주장으로 집행부를 힘들게 하거나 선거 때마다 이합집산해 혼란스럽게 하는 등 정치권의 모습과 다를 바 없어 조합원들에게 외면받기도 한다.

그러나 현장 조직이 없다면 집행부에 대한 감시와 견제를 제대로 할 수 없다. 회사가 개별적으로 조합 간부나 조합원을 회유하고 협박한다면 올바른 조합 활동을 기대하기 어렵다. 그리고 집행부와 다른 다양한 정책을 구현하는 것은 개개인의 조합원으로서는 쉽지 않은 일이다.

임원 선거 참여 및 각종 유인물과 대자보를 통한 주장도 조직이 없이는 불가능하다. 각종 선거에서 회사가 개입해 결과를 왜곡할 수 있다. 물론 현장 조직이 있어도 그런 일이 벌어지지만, 조직적 대응이 없다면 훨씬 더 심각해질 수 있다. 회사는 선거에 관여하거나 활동가들을 개량시키기 위해 부당노동행위를 해왔고 앞으로도 끊임없이 방법을 모색할 것이다.

현장의 제조직은 낮에는 민주, 밤에는 어용이라는 조합원들의 비웃음을 알아야 한다. 이를 불식하기 위해서는 조직의 건강성을 회복해야 한다. 무엇보다 조직 운영의 투명성이 철저히 지켜져야 한다. 민주적 운영을 통해 조직의 자주성과 투명성, 투쟁성을 회복했을 때 조합원들로부터 선택받을 기회가 많아진다.

조합원들도 선거 때 회사의 입김이나 지연, 학연, 출신 부서 등의 사적인 판단으로 투표해서는 안 된다. 사적인 문제가 선거에 개입하면 노동조합의 건강성이 무너진다. 나는 여러 번의 선거를 치렀지만, 향우회나 동문회에 선거 지원을 요청한 적이 없다. 이것은 노동조합 간부들이 지켜야 할 상식이고 원칙이다. 사적인 관계가 배제된 투쟁성을 가진 노동조합은 조합원들의 미래를 위해 최선의 노력을 다할 것이다. 나는 건강한 현장 조직이 노동조합을 튼튼히 하는 주춧돌이고 미래의 노동조합을 이끌어갈 중요한 자산이라고 생각한다.

노사 관계는 무엇인가

회사가 노동조합을 인정하고 동반자로 생각할 때 노사는 서로의 이익을 위해 노력한다. 분배 문제는 상호 대립할 수밖에 없지만, 회사의 발전은 사용자에게는 돈을 벌기 위한 바탕이고 조합원에게는 고용과 임금, 복지의 원천이기 때문에 서로 극단적으로 선택하지 않을 것이다. 다만 회사가 노동조합을 무시하거나 무력화하려 한다면 노조는 당연히 노동기본권과 생존권 사수 문제로 접근할 것이고, 전 조합원들이 힘을 모아 투쟁에 나설 수밖에 없다. 과거 회사가 노동조합을 파괴하려 했을 때 조합원들은 치열하게 투쟁하여 노동조합을 지켜왔다.

회사와 어용노조의 탄압에 맞서 하나밖에 없는 목숨까지 불태우며 불의에 항거한 아픈 경험도 있다. 1998년 회사는 당기 순이익을 400억 원이나 냈음에도 1만2천여 명을 희망퇴직이란 이름으로 정리해고 했다. 말로만 미래를 약속하며 양보를 요구하는 것은 아무런 효용성이 없다. 1998년, 원칙도 정당성도 없이 잔인하게 짓밟혔던 아픔을 조합원들과 일반직 사원들은 지금도 기억하고 있다. 이 때문에 나는 노사 화합이라는 말을 싫어한다. 노동조합은 매년 경영 성과에 따른 적절한 분배를 요구하는데 회사는 이를 진지하게 받아들여야 한다. 그

어린이 여름학교 강사교육 장면

리고 하청 업체의 부품 납품 단가 역시 우선해 적절하게 조정해야 한다. 그들도 적정 수준의 보상을 받아야 할 당연한 권리가 있다.

노사협상은 서로의 강점을 부각하고 상대의 단점을 지적하고, 때로 치열한 전쟁터가 되기도 한다. 노사가 교섭장에서 긴 시간 협상한다는 것은 서로 피곤한 일이다. 나는 협상할 때 소변이 붉게 타서 나온 경험이 있다. 그만큼 신경이 곤두섰기 때문이다. 노사 50여 명이 협상하느라 긴 시간을 소비하는 방식에 대해 한때는 비효율적이라는 생각도 했다.

협상장에서는 서로 각종 통계 자료나 유리한 정보를 갖고 공격하고

노조 수련회에서 댄스를 배우던 장면이 흐뭇하게 기억된다.

방어한다. 노조는 회사 경영의 무능함과 회사가 기획하는 비전 등의 단점을 지적하며 공정한 이익 분배를 요구한다. 회사는 생산과 품질 문제를 부각하고 근무 태도를 지적하며 품질 실명제를 주장하기도 한다. 그리고 당근과 채찍을 적절히 사용하는 경영 방식을 받아들이라고 한다. 6만의 거대한 조직에서 일어나는 각종 비효율과 비리를 드러내며 서로가 공격하고 방어한다.

교섭 테이블에 앉아 있는 노사 양측 대표 뒤에 자료를 쌓아놓고 신경전을 벌이기도 한다. 노사 양측의 실무자들은 분야별 전문 영역의 자료들을 갖고 교섭 중 필요한 영역의 조언을 한다. 그리고 본사의 재무나 인사 담당자는 교섭 상황을 상부에 보고한다. 우리는 안정적인 고용 안정과 노동의 인간화, 산업 안전과 자동차 산업의 발전 전망에 대한 인식과 회사의 투자 계획과 해외 투자로 인한 국내 생산량 축소 여부와 신기술 도입에 따른 투자 및 인원 변동 여부 등을 질문한다. 회사도 조합원들의 근무 상태나 조기 출퇴근, 조기 식사 등을 지적하며 노동조합을 압박한다. 근무 시간에 근무 위치를 이탈하거나 생산과 무관한 컴퓨터 검색 등을 지적하면서 조합원들의 불량한 근무 태도를 시정해야 한다는 등 사소한 것들까지 제기한다.

이런 논란을 통해 노사는 각자 해야 할 것과 하지 말아야 할 것을 파악한다. 그렇게 서로 대립하기도 하고 서로 양보하기도 하면서 노사는 발전해 왔다. 임금과 단체협약 교섭장은 소통과 공유의 자리다. 그리고 미래에 대한 서로의 꿈을 교환하는 장(場)이기도 하다. 물론 결렬을 선언하고 돌아설 때는 분노와 갈등의 표출 장소가 되기도 한다.

기존 질서의 파괴 없이는
새로운 질서를 만들 수 없다

　노동조합 설립 후 조장, 반장, 과장, 부장, 사업본부장, 공장장으로 이어지는 회사의 위계질서가 급속하게 무너졌다. 이를 두고 회사와 외부 경영 관련 학자들은 현장 권력이 노동조합으로 넘어간다고 우려했다. 노동조합 설립 이전에는 조에서 문제가 발생하면 조장이 반장에게 알리고 반장은 과장에게 과장은 부장에게 부장은 사업본부장에게 사업본부장은 공장장에게 보고했다. 만일 보고가 건너뛰어서 행해졌을 때 모르고 있었던 직속 상관은 불쾌하게 생각하거나 체계를 무시했다며 노발대발했다. 그리고 인사고과를 할 때 그에 상응한 권한을 행사했다.

　현대차노조 대의원은 조합원 100명당 1명이다. 생산 현장에서 문제가 발생하면 대의원들이 바로 부서장이나 사업본부장에게 찾아가서 해결을 요구한다. 이 때문에 중간에 있는 조장, 반장, 과장, 부장은 문제점을 인지하지도 못하는 일이 발생한다. 문제점을 파악하지 못한 관리자는 상부로부터 추궁받았을 것이다. 상급자에게 해결 지시를 받아야 하는 형국이 됐다. 중간 관리자 고유의 권한과 결정권은 서서히 무너졌다. 이에 대한 그들의 불편함은 노동조합에 대한 분노로 표출

됐으며 노동조합의 각종 선거에서 보수적인 방향을 드러내기도 했다.

여러 단계를 거쳐 상황이 보고될 때 어느 단계에서 내용이 축소 또는 과장될 수 있다. 오남용할 수도 있다. 자신에게 유리한 내용은 과장하고 불리한 내용은 축소해 자신의 위치를 보전하거나 진급의 기회로 삼으려고 했을 수도 있다. 직책에 따른 단계별 업무 보고는 그들의 보호막이 돼 주기도 했다. 예를 들어 여러 단계의 직급이 함께 회의할 때 자신의 직책 수준을 넘어선 의견제시나 발언은 상급자를 모독하고 짓밟는 것으로 낙인찍힐 수 있어 다양한 의견제시가 불가능하기도 하다. 노조가 없었을 때는 부장의 능력이 부족하면 그 부서가 엉망이 되고, 과장이 올바르지 못하면 그 과가 뒤죽박죽된다는 말이 있을 정도였으니 그들의 권한이 어땠는지 짐작할 수 있다.

노조 설립 이전 회사의 중역이나 관리자들은 현장 작업자를 사병(士兵) 정도로 생각하고 있었던 것 같았다. 현장에서는 사업부 본부장과 부서장은 대단한 권한을 가진 사람으로 인식했다. 사업부 본부장이 현장을 순시하면 모든 부서 관리자가 긴장된 상태로 현장 작업자들에게 질서 유지와 현장 청소 등을 지시하거나 시간이 없으면 관리자 자신이 직접 빗자루를 들고 청소를 하기도 했다. 이는 생산과 품질을 향상하는 게 아니라 도리어 퇴보시키는 비효율적 행위였다.

일반직 사원 중에는 장교로 군 복무한 사람이 많았고, 현장 생산직은 일반 병으로 군 생활을 많이 했다. 나는 군사 문화가 생산 문화에도 반영됐다고 생각한다. 초기 산업화에서는 일사불란함과 질서정연한 특성이 많이 접목됐다. 이런 방식의 비효율성은 노동조합 설립 이후 사라져갔다.

노동조합이 만들어지고 두발 단속은 물론 식당 이용 시 차별하던 관리직과 현장직의 구분도 없어졌으며 색깔이 달랐던 안전모도 같아졌다. 이제는 중간 관리자들이 잔업 특근을 강요하거나 특혜를 줄 수도 없다. 사업부 노사협의회 과정에서 거의 모든 정보가 공유되면서 직책에 대한 권위가 서서히 무너졌다. 조장, 반장은 노조 설립 초기에 회사에 자신들의 권한을 지켜 달라고 요구했다. 회사 차원에서 현장 권력이 노동조합에 넘어가는 것을 막기 위해 반장들의 모임인 반우회를 만들었다. 반우회는 부서 내에서뿐만 아니라 사업부, 공장 전체로 체계화되기도 했다. 반우회 대표들이 사업본부장이나 공장장과 협의를 통해 무너져가는 자신의 권력을 지키기 위해 안달했으나 결국 노동조합의 힘을 막지 못했다.

노동조합에 의해 수직적이고 비효율적 조직 문화는 타파됐다. 회사 조직에서 일사불란한 보고와 수직적 방식은 최고의 방식이 아니다. 생산력과 품질의 향상은 수평적인 작업자의 요구로 빠르게 반영되고 개선됐다. 작업 시스템의 변화가 혁명적이라고 할 정도로 신속하게 이뤄졌다.

회사 조직의 운영으로는 속도감 있게 할 수 없는 것들을 사업부 노사협의회나 부서 협의회에서 해결했다. 협의회는 대의원들이 현장의 요구 사항을 접수하고 그 내용을 생산 현장 최고 결정권자에게 전달해 반영하는 시스템이 되었다. 복잡한 보고 단계는 사라졌다. 이것을 회사는 현장 권력이 노동조합으로 넘어갔다고 한탄했지만, 오히려 현대자동차 발전의 원동력이 됐다고 말할 수 있다.

임명직은 자신보다 상위 권한을 가진 자에게 직책을 부여받는다. 원칙적으로는 해당 분야의 전문성과 경력 등을 종합적으로 평가해 보직이 주어져야 한다. 그러나 임명권자의 정책 목표에 충실해야 선택받을 수 있다. 이런 과정에서 객관적이지 못한 판단이 존재할 가능성이 커진다. 능력보다 학연, 지연, 충성심에 의해 임명되기도 한다. 본사나 생산공장에서 ○○공대 라인이 다 잡고 있다거나 ○○대학이 장악하고 있다는 말이 횡행했다. 그리고 임명직은 명시적 권한은 갖고 있지만, 구성원들에게 인정을 받지 못할 경우도 있다. 충성심이나 비위 맞추는 능력으로 선택받은 자들이 조직을 운영한다면 효율성은 떨어질 수밖에 없다. 능력, 태도, 성격, 장래성, 업적 평가, 직무 수행도 등을 객관적으로 판단해 인사고과가 결정된다고 믿는 자가 있을까? 애초에 완벽하게 공정한 인사고과는 기대할 수 없다고 생각하는 것이 맞는 것 같다.

그러나 선출직은 구성원의 요구에 민감하게 반응하고 공약 이행에 신경을 쓸 수밖에 없다. 선출 절차를 거치면 구성원에 대한 정책 결정과 집행 과정에서 투명하고 공정하며, 책임성 있는 행동을 하도록 만든다. 그리고 임기가 끝나면 재평가를 받는다. 물론 선출직도 단점이 있겠지만 임명직보다 적다는 것은 역사가 증명하고 있다. 통수권자가 임명직에 가까운 전제군주제는 무너지고 선출에 의한 민주공화국이 현재 대부분 국가의 정치형태다. 독재는 일사불란했지만 말 많고 시끄러운 민주주의를 이기지 못했다.

노동조합 결성 이후 현대자동차에서는 임명직 시스템이 상층 중역과 일반직을 제외하고 무력화됐다. 100여 명이 선출한 노동조합 대의원 조직이 회사의 각종 반칙을 바로잡는 데 힘을 발휘했고, 생산 현장의 다양한 문제점을 빠르게 개선했다. 검은 고양이든 흰 고양이든 쥐만 잘 잡으면 된다, 이 힘이 현대자동차 품질 경영을 가능하게 했던 가장 큰 원동력이 됐다.

어느 날 회장이 나에게 명함을 주면서 잘못된 것이나 고쳐야 할 것이 있다면 팩스로 보내 달라고 했다. 팩스를 본인이 직접 확인해 개선하겠다고 약속까지 했다. 그러나 나는 단 한 번도 그 팩스 번호를 사용하지 않았다. 공장장이나 사업본부장을 통해 문제를 풀어갔다. 현장에서 문제가 발생하고 그 해결도 현장에서 할 수 있다는 믿음을 갖고 있기 때문이다.

파트장과 그룹장은 소속된 구성원들이 직접 선출해야 한다. 회사는 "대의원 선출하자는 것이냐, 인기 투표하자는 것이냐"고 볼멘소리를 했다. 회사가 분임조 활동을 장려할 때 분임 내에서 직접 결정했다.

주간연속 2교대제를 주장하던 노동조합의 홍보선전물

2005년 주간연속2교대쟁취 홍보선전물

임명권자에게 충성하는 사람을 꽂는 임명 방식보다 직접 선출 방식이 조직 운영을 더 바람직하게 한다. 특히 자동차 생산공장은 아이디어를 모으고 현장의 요구에 속도감 있게 대응해 변화에 적응해야 한다. 퇴직 후 일반직의 직제가 변경되고 인사고과도 상급자와 조직 구성원이 함께 참여하는 시스템으로 바뀠다는 소식을 접했다. 35년 전 노동조합의 힘으로 권위주의 조직이 무력화되고 민주화된 것을 이제 회사도 받아들인다고 생각했다. 나는 아직도 반쪽짜리 선출 시스템이라 표현한다. 세월이 흘러 회장까지 다양한 방식의 선출이 현실화할 때 생산성과 품질은 세계 최고의 수준이 될 것으로 확신한다.

내가 위원장으로 있을 때가 아니므로 여기에 상세히 기록하지 않은 부분이 있다. 정부와 국회도 못 한 장시간 노동의 폐해를 극복하고 생산성 향상이란 과제를 노사 합의를 통해 이룩한 주간 연속 2교대제 합의다. 요약하면 하루 연장 잔업 포함 10시간분의 생산량을 8시간에 처리하고 10시간분의 임금을 받는다는 기본 원칙으로 설계한 근무 형태다. 노사 양측 모두가 서로의 이익을 극대화한 위대한 대타협이었다. 유럽에서 이렇게 노사가 타협했다면 학계와 언론이 대대적으로 보도했을 것이다. 그러나 세계 10대 경제국에 진입한 이 나라에서는 제대로 보도하지 않았다. 노동과 분배에 대한 사회적 인식 수준이 낮기 때문이다. 그저 부끄럽다.

수요일은 '가정의 날'이다. 이날은 잔업 없이 가족과 함께하겠다는 노동조합의 선언에서 시작됐는데 그 의미가 새삼스럽다. '가정의 날'

을 되뇌면 가슴이 따뜻해진다. 이 선언이 있고 난 뒤 현재는 대부분 업종에서 시행하고 있다. 심지어 개인 병원이나 자영업 하시는 분들도 실천하고 있다. 장시간 노동을 개선해 이 땅 2천 9백만 노동자의 삶의 질을 높였고 생산성 향상에도 이바지한 현대자동차 노동운동의 위대한 성과를 연구 분석해 기록으로 남겼으면 좋겠다.

글을 닫으며

 사람의 기억력은 한계가 있다는 것을 새삼 느꼈다. 사진이나 신문, 잡지 등에 분명하게 남아있는 일조차 제대로 기억하지 못하는 일이 하나둘이 아니었다. 자료 검색과 검토 등을 통해 진실을 정확하게 기술하기 위해 노력했지만, 본의 아니게 나의 글로 상처를 받는 사람이 있을 수 있겠다는 마음에 조심스럽다. 혹여 그런 분이 있다면 그것은 본의 아니었음을 밝혀 두며 미안함을 전한다.

 퇴직 후 2년 동안 울산도서관에 매일 출퇴근하다시피 했다. 그곳에서 노조 활동하며 궁금했던 부분들을 풀기 위해 사회과학과 경제 관련 서적들을 뒤적였다. 그리고 우리가 실천했던 민주노조운동의 한계와 미래의 방향에 대해 지난 일들을 회상하며 자료를 정리했다. 그때만 해도 자서전을 써야겠다는 계획이 없었다.

 자서전을 쓰면서 짧게는 며칠씩, 길게는 몇 달 동안 한 글자도 쓰지 못할 때가 있었다. 특히 양봉수 열사에 대한 기억을 정리할 때는 가슴을 울리는 안타까움으로 밤을 지새웠다. 당연히 법으로 보장된 것조차 물리력에 짓밟히면서 양봉수 동지가 느꼈을 절망감에 몸을 떨었다. 자신의 생명을 던져서라도 부당한 횡포에 마침표를 찍고 말겠다는 결단의 순간을 가늠하며 거듭 깊이 공감했고 많이 아팠다.

가족과 주변 사람들을 하나하나 생각하며 자신의 처지가 서러워서 흐느껴 울지는 않았을까, 저항을 멈추고 조용히 살고 싶은 유혹도 있었을 것이다. 이 모든 생각을 던져 버리고 모질게 마지막 순간을 준비하며 양봉수 동지가 느꼈을 심정을 생각했을 때는 글 쓰는 것을 포기하고 싶었다.

당시 가해자였던 회사의 지시를 이행한 노무 담당자와 노동자의 최후 보루인 노동조합을 제대로 이끌지 않은 집행부는 분신으로 부당함에 저항했던 처절한 이 사건을 기억이나 하고 있을까? 부모는 사랑하는 자식을 떠나보내야 했고, 동지들은 구속과 해고를 감내해야 했던 모진 세월을 그들은 어떻게 기억하고 있을까, 묻고 싶었다.

살아서 그 절박했던 순간을 기록하고 있다는 사실을 부끄러워해야 할까, 아니면 그 고통의 순간을 기억하면서 담담하게 풀어내는 게 나의 소임일까, 머리가 혼란스럽고 가슴이 답답해 한동안 정신이 아득했다. 그 아득함 속에서도 노동운동이 자본주의의 모순을 해결하고 민주주의를 완성해 가는 가장 큰 힘이라는 신념이 불끈불끈 솟아나곤 했다. 그 힘으로 다시 키보드를 두들겼다.

여전히 한국 사회는 고통스럽다. 전 세계에서 노동자가 일하다 가

동료가 정년퇴직 직전 내 작업 모습을 찍어서 건네주었다.

장 많이 죽고 자살률도 가장 높은 국가다. 올해도 20조에 가까운 엄청난 금액을 저출산 관련 예산으로 편성했지만 개선될 희망이 보이지 않는다. 고통 사회에서 출산하고 싶겠는가? 몇몇 부자와 소수의 정치 엘리트들이 장악하고 있는 이 나라의 시스템이 다수의 국민을 절망으로 몰아가고 있다.

이 나라에는 소수이지만 사회를 올바르게 만들기 위해 노력하고 있는 시민사회가 있다. 그 가운데 노동운동의 역할이 주력군으로서 제 역할을 다 할 때 사회 변혁은 가속화될 것이라는 믿음은 변함없다. 서울과 부산에서 경주에 있는 나를 찾아와 함께 토론하고 격려해 주신 박태주 박사와 한겨레신문 신동명 기자는 내가 무엇을 기록해야 할 것인가를 결정할 수 있게 해 줬다. 두 분의 열정과 동지적 의리에 머리 숙여 깊은 감사를 드린다. 본인들의 강한 손사래를 핑계 삼아 차비를 한 번도 챙겨드리지 못했다,

먼저 이 책이 나올 수 있도록 여러모로 도와주신 '김 선생님'께 감사드린다. 평생을 교육에 바치신 김 선생님은 이름이 알려지는 걸 바라지 않으셔서 이렇게만 적는다. 사실 확인과 다양한 의견을 보태준 정영숙 동지, 글을 정리하는 데 함께해 준 『96~97 총파업을 말하다』를 쓴 김형식 동지에게도 고마움을 전한다. 끝으로 출판을 맡아준 노항래 은빛기획 대표와 관계자들의 노력에 마음의 인사를 보낸다.

최근 윤석열 퇴진 집회에 조용히 참석하면서 MZ세대의 주장을 몸

으로 접했다. 과격한 용어와 힘찬 팔뚝질로 저항했던 세대가 우리었다면, 지금 세대는 주권자로서 당당하게 퇴진을 요구하고 명령하며 여유 있게 즐기는 듯했다. 우리와는 다른 방식이었지만 냉철하게 상황을 분석하고 판단해 스마트폰을 들고 발언하는 모습을 보면서 이 땅의 민주주의가 많이 성숙했다고 느꼈다. 더 나은 민주주의를 실현하기 위해 노력하는 그들의 모습에서 미래의 희망을 봤다.

이 책의 발간으로 지난 기억에서 나 스스로 해방할 수 있기를 간절히 바란다. 민주노총 1세대 산업 노동자로 자본과 정권의 부당함에 저항해온 내 인생을 이 책을 통해 정리하는 것으로 나의 투쟁을 마무리하고 싶다. 그동안 함께했던 모든 동지께 위로와 감사의 말을 드린다.
시간이 있을 때 자본이 어떻게 노동조합을 개량화하고 조합 간부를 회유하는지를 나의 경험과 동시대에 활동했던 여러 조합 간부들의 경험을 깊이 있게 파고들어 기록하고 싶다.

마지막으로 남편의 부재를 담담하게 감당해 준 아내와 아버지 없는 시간에도 잘 살아 준 딸 런이와 아들 근이에게도 미안하고 고맙다는 말을 전한다.

1984년 입사해 금형부 사상2반에 배치돼 구속, 수배, 해고, 복직, 노동조합 근무 등을 하다 2018년 사상2반에서 사상공으로 34년간 회사 생활을 마치며 공구실에 공구를 반납하고 정년퇴직했다. 나는 금형사상공이었다. 그 이상도 그 이하도 아니다.

금형사상공
나의 삶 나의 꿈

초판 1쇄 발행일	2025년 7월 25일
지은이	정갑득
디자인	서용석
펴낸이	이재정
펴낸곳	도서출판 은빛
출판등록	2013년 4월 26일
주소	서울특별시 용산구 한강대로38가길 17, 201호
홈페이지	www.mylifestory.kr
전화번호	070-8770-5100
ISBN	979-11-87232-41-4 03810

* 이 책의 내용은 저작권법의 보호를 받는 저작물이므로 무단전재와 복제를 금합니다.
* 잘못 만들어진 책은 구입처에서 바꿔 드립니다.
* 책값은 뒤표지에 있습니다.